복음과 가족치유

KB190168

이 소중한 책을

특별히 _____님께

드립니다.

복음과 가족치유

가족의 깊은 상처를 치료하여
참된 행복을 누리게 하는 복음의 능력 10가지

이순희 목사 지음

나침반

가정은 인생의 뿌리입니다.

성격의 뿌리, 습관의 뿌리, 가치관의 뿌리, 태도의 뿌리, 외모의 뿌리, 체질의 뿌리가 모두 가정 안에 있습니다. 갓 태어난 아기에게 부모의 표정, 말투, 태도, 분위기는 절대적인 것입니다. 자녀들은 성장하면서 부모로부터 직간접적인 영향을 받으면서 또 다른 부모가 되어 갑니다.

또한 가정은 인생의 피난처요, 안식처입니다. 아무리 어렵고 힘든 일을 만나도 가정의 울타리 안에서 위로와 쉼을 얻을 수 있다면 다시 일어설 수 있습니다. 냉정하고 치열한 세상을 살아가도 가정 안에서 따뜻한 사랑과 격려를 경험하면 흔들림 없이 전진할 수 있습니다.

그런데 오늘날 수많은 가정이 본래의 기능을 잃고 붕괴되고 있습니다. 사랑이 있어야 할 곳에 상처가 난무하고, 평안이 있어야 할 곳에 비극적인 사건이 산재합니다. 너무도 많은 사람들이 가정의 상처로 신음하며 해결할 길을 찾지 못해 방황하고 있습니다.

저는 27여 년 동안 세계를 다니며 영혼구원, 제자양성, 세계선교에 초점을 맞추어 영적인 사역을 이어가면서 모든 문제의 근원이 가정에 있는 경우가 많다는 것을 목도하게 되었습니다. 또한 영적인 치유는 곧 가정의 치유로 연결됨을 보았습니다. 그래서 2016년부터 명절마다 가족치유부흥회를 인도하며 많은 가정이 성령께서 주도하시는 치유와 회복을 누리도록 했습니다. 살아계신 하나님은 가족치유부흥회를 통해 깨어진 가정을 회복시키셨고, 가정의 뿌리 깊은 영적인 문제를 해결하셨습니다.

『복음과 가족치유』에는 지금까지 이루어진 가족치유사역의 핵심적인 설교가 담겨있습니다. 다양한 가정의 문제를 해결하는 영적인 진리가 담겨있고, 복음적이고 실천적인 가르침이 담겨있습니다. 각 설교의 끝에는 설교를 바탕으로 만들어진 자작곡 찬양 악보와 큐알코드를 담았습니다. 이제 『복음과 가족치유』를 만나는 독자마다 가정의 회복과 행복을 누리시길 기도합니다. 가족치유를 통해 인생의 근원적인 문제를 해결 받고 궁극적인 기쁨과 만족 속에 많은 영혼을 살리는 인생으로 전진하시길 바랍니다.

『복음과 영적전쟁』, 『복음과 내적치유』, 『복음과 인생설계』에 이어 『복음과 가족치유』가 나오기까지 끊임없는 지지와 사랑을 보내준 남편 김광옥 장로와 두 아들 성훈, 성민에게 깊은 감사를 전합니다. 출판비 전액을 후원해 주신 안영권, 석경아 집사 부부에게 감사드리고, 편집과 교정작업을 도와준 배지희 목사와 출판부에게 감사를 표합니다. 변함없는 믿음과 열정으로 영혼구원, 제자양성, 세계선교의 사명을 향해 함께해 주시는 영혼의샘 세계선교센터와 백송교회의 모든 성도님들에게 감사의 인사를 올립니다.

생명의 기운이 가득할 때, 백송교회 목양실에서
이순희 목사

이순희 4집 음반
전체 듣기

이순희 5집 음반
전체 듣기

이순희 6집 음반
전체 듣기

복음과 인생설계
수록곡
전체 듣기

"치유의 은혜가 넘치는
가정이 되어야 합니다."

김주헌 목사 / 기독교대한성결교회 총회장

가정은 교회의 가장 작은 단위이며 천국의 축소판입니다.

우리는 가장 먼저 어머니의 머리맡에서 성경의 영웅들을 만나고 아버지의 손을 잡고 교회로 갑니다. 아이들은 부모의 교회 생활을 흉내 내며 신앙을 배우고, 부모와의 관계를 통해 우리의 아버지가 되신 하나님을 이해합니다. 그렇게 우리는 또 부모가 되어 우리의 자녀들에게 믿음의 전수자가 되는 것입니다.

그런데 이 가정이 병들고 있습니다.

개인적인 이유로 사회적인 이유로 불행한 선택을 하는 가정이 매일 같이 뉴스의 한 꼭지를 장식하고 있습니다. '가정교육이 잘못되어 저렇다'라는 소리는 이제 더 이상 사용하지 않을 정도로 우리 사회에서 가정의 역할은 축소되고 부모의 설 자리는 사라지고 있으며 자녀는 무한 경쟁에 내몰려 허덕거리고 있습니다.

『복음과 가족치유』는 이러한 우리의 가정을 어떻게 바로 세울 것인가에 대한 성경적인 해답을 찾기 위한 이순희 목사의 수고가 담겨 있는 책입니다. 복음 외에 아무것도 생각하지 않는 열정가이자 뛰어난 설교자이며 부흥사인 이순희 목사님이 심혈을 기울이는 내적치유사역의 결정판이라 할 수 있을 것입니다.

『복음과 가족치유』가 하나님께서 친히 만들어주신 아름다운 가정이 더 이상 흔들리지 않도록, 가정의 울타리를 허무는 여우가 더 이상 판치지 못하도록 든든한 버팀목이자 친절한 안내서가 될 것입니다.

이 책과 함께하는 가정마다 가족 구성원 서로가 치유의 능력이 되는 그런 역사가 이 책을 통해 일어날 것이라 믿습니다.

"복음과 가족치유"

황덕형 목사 / 서울신학대학교 총장

이 세상에 살면서 주님의 사랑이 가장 친밀하게 느껴지는 곳은 역시 가정입니다. 하나님의 놀라운 계획이 가정을 통하여 어떻게 전수되고 그 가정들을 통하여 성취되는 것을 보게 될 때 우리는 하나님의 놀라운 섭리를 찬양합니다. 그러나 동시에 이 세상의 많은 슬픔과 고통이 바로 가정에서부터 시작되는 것을 보면서 마음이 무거워지는 것이 현실입니다. 이런저런 이유로 바로 그 가정이 온전히 작동하지 못했기에 고통을 받고 있는 이웃들을 발견합니다.

얼마나 많은 눈물의 사연들이 바로 그 깨진 가정으로부터 야기되고 있습니까? 어떤 사람들은 자신의 부모 때문에, 또 어떤 이는 자식들 때문에 말 못 할 고통을 받고 있습니다. 그리고 그렇게 고통을 받게 되는 구체적인 이유도 너무나 많습니다. 경제적인 이유나 성격적 결함, 아니면 상처 입은 영혼이 흘려내는 잔인한 말들, 자신도 모르게 행하게 되는 냉소적인 언사들, 부족한 자존감에서 비롯되는 우울증, 혼자 감추고 있는 열등감 등… 하나님의 온전한 축복의 통로로서 창조된 하나님의 가정들이 악한 영의 여러 가지 공격으로 무너지는 것은 정말 안타까운 일입니다.

바로 이런 깊은 위기의 가정들을 치유와 회복으로 인도한 많은 경험을 갖고 계신 이순희 목사님께서 귀한 저서를 내셨습니다.

이 목사님의 글 속에서는 영적 능력이 함께 합니다. 많은 쓰라린 경험과 주님과 함께 하신 진솔한 경험, 그리스도 예수 안에서 성령님의 뜨거운 역사가 거기 증거 되어 있습니다. 이를 통하여 하나님이 어떻게 그 위기의 가정들을 다시 복음의 역사 속으로 회복시키시는 것을 보게 되고 증언하게 될 것입니다. 주님의 은혜와 사랑이 넘치는 교제가 회복되는 모든 가정들이 되기를 간절하게 말하며 이순희 목사님의 본 저서를 통해 그 치유의 역사가 증거 되기를 간구합니다.

목차

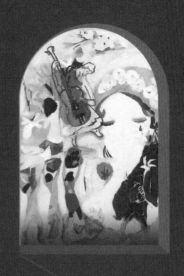

1

독을 품은 부모, 복을 품은 부모

사무엘상 2장 27-30절

"하나님의 사람이 엘리에게 와서 그에게 이르되 여호와의 말씀에 너희 조상의 집이 애굽에서 바로의 집에 속하였을 때에 내가 그들에게 나타나지 아니하였느냐 이스라엘 모든 지파 중에서 내가 그를 택하여 내 제사장으로 삼아 그가 내 제단에 올라 분향하며 내 앞에서 에봇을 입게 하지 아니하였느냐 이스라엘 자손이 드리는 모든 화제를 내가 네 조상의 집에 주지 아니하였느냐 너희는 어찌하여 내가 내 처소에서 명령한 내 제물과 예물을 밟으며 네 아들들을 나보다 더 중히 여겨 내 백성 이스라엘이 드리는 가장 좋은 것으로 너희들을 살지게 하느냐 그러므로 이스라엘의 하나님 나 여호와가 말하노라 내가 전에 네 집과 네 조상의 집이 내 앞에 영원히 행하리라 하였으나 이제 나 여호와가 말하노니 결단코 그렇게 하지 아니하리라 나를 존중히 여기는 자를 내가 존중히 여기고 나를 멸시하는 자를 내가 경멸하리라"

1

독을 품은 부모,
복을 품은 부모

가정은 사람이 접촉하는 최초의 사회적 환경으로, 사람에게 가장 친밀한 혈연집단입니다. 자녀는 세상에 태어나 처음으로 부모를 만나고, 부모의 보살핌 속에 자라나게 됩니다. 그래서 사람에게 처음으로 즐거움을 느끼게 하고, 성장을 가능하게 하는 곳이 바로 가정이라고 할 수 있습니다.

사람은 가정을 통해 몸과 마음이 성장하며 어른이 되어갑니다. 그래서 사무엘 스마일즈는 "행실이 사람을 만든다는 격언이 있다. 그리고 마음이 사람을 만든다는 격언이 있다. 그러나 이 말보다 더 진실한 제3의 격언은 '가정이 사람을 만든다'라는 격언이다"라고 했습니다.

태초에 천지를 창조하신 하나님은 아담에게 돕는 배필 하와를 허락하시고 가정을 이루도록 하셨습니다. 그리고 가정 위에 넘치는 복을 부으셨습니다. 하나님은 가정 위에 생육의 복, 번성의 복, 충만의 복, 정복의 복, 다스림의 복을 부어주시고, 가정을 통해 하나님의 뜻을 이루기를 원하셨습니다.

> "하나님이 그들에게 복을 주시며 하나님이 그들에게 이르시되 생육하고 번성하여 땅에 충만하라, 땅을 정복하라, 바다의 물고기와 하늘의 새와 땅에 움직이는 모든 생물을 다스리라 하시니라"(창 1:28)

태초에 하나님이 만드신 가정은 천국의 축소판이었습니다. 하나님은 가정 안에 하나님의 사랑을 녹여 놓고 사람이 가정을 통해 천국을 맛보도록 디자인하셨습니다. 사람이 태어나 일평생 부모를 통해, 형제를 통해, 부부를 통해 하나님의 사랑을 주고받도록 만드신 것입니다. **사람이 세상의 모진 비바람 속에 괴로움을 당해도 가정 안에서는 조건 없는 사랑을 누리며 안식하게 하셨고, 상황과 환경에 흔들리지 않는 절대적인 신뢰와 지지를 경험하도록 계획하셨습니다.** 그런 의미에서 웨브는 "가정은 고달픈 인생의 안식처요, 사랑의 보금자리요, 의지와 사랑의 샘터다"라고 말했습니다.

하나님이 디자인하신 가정은 천국에 뿌리내린 가정입니다. 하나님은 가정의 뿌리를 천국에 두고 '천국의 사랑, 천국의 능력, 천국의 평안'의 양분을 공급받고 이 땅에서도 천국의 기쁨을 누리도록 하셨습니다. 그런데 오늘날 너무도 많은 가정이 천국에 뿌리내리지 못하고 지옥에 뿌리를 내리고 살아갑니다. 그래서 지옥에서부터 풍겨오는 분노와 미움, 원망과 불평, 분쟁과 다툼이 가득한 가정이 너무도 많습니다.

지금 우리의 가정은 어디에 심겨져 있습니까?

나무는 뿌리를 내린 그 자리에서 일평생 살아갑니다.

산에 뿌리내린 나무는 산에서 살고, 평지에 뿌리내린 나무는 평지에서 살아갑니다. 또 시냇가에 뿌리내린 나무는 시냇가에서 살아갑니다. 그리고 뿌리내린 곳의 영양분을 공급받으며 살아갑니다. 기름진 땅에 심겨진 나무는 토양의 비옥한 양분을 빨아들이고 척박한 땅에 심겨진 나무는 척박한 땅에서 힘겹게 살아갑니다.

그렇기에 좋은 땅에 심겨진 나무는 좋은 열매를 맺고, 오염된 땅에 심겨진 나무는 오염된 열매를 맺습니다. 나무에게 중요한 것은 '어디에 심겨지는가' 하는 것입니다. 지옥에 뿌리내린 가정은 아무리 화목하고 행복한 가정을 만들려고 노력하고 몸부림쳐도 결국 상처의 결론에 이르게 됩니다.

지옥에 뿌리내린 가정은 평안을 추구해도 불안하고, 연합을 원해도 분열되고, 기쁨을 갈구해도 괴로움을 면치 못합니다. 그러므로 오늘 우리는 천국에 뿌리내린 가정을 세우고 우리의 가정을 천국으로 만들어야 합니다.

"그러므로 너희가 그리스도 예수를 주로 받았으니 그 안에서 행하되 그 안에 뿌리를 박으며 세움을 받아 교훈을 받은 대로 믿음에 굳게 서서 감사함을 넘치게 하라"(골 2:6-7)

한때 우리나라에는 'SKY 캐슬' 열풍이 불었습니다.

JTBC 드라마 'SKY 캐슬'이 폭풍적인 인기몰이를 하며 'SKY 캐슬' 열풍을 만들어낸 것입니다. 1.727%에서 시작해 23.8%까지 치솟은 시청률은 가히 신드롬 수준이었습니다.

드라마 'SKY 캐슬'은 대한민국 최고 명문대 출신 정교수 의사 집안만 거주할 수 있는 'SKY 캐슬'에 사는 대한민국 상위 0.1%의 사람들이 자녀들을 명문대에 보내기 위해 수단과 방법을 가리지 않는 치열한 모습을 보여주며 우리나라의 입시문화를 풍자했습니다.

극 중 주인공들은 자신의 자녀를 명문대 의대에 합격시키기 위해 수단과 방법을 가리지 않았습니다. 최고급 아파트 한 채 값을 쓰며 전문 코디네이터를 붙여서 자녀교육에 올인하고, 명문대 진학 노하우를 얻기 위해 혈안이 된 채 전전긍긍했습니다. 그들은 자녀들이 명문대에 진학하고 남들의 부러움을 받아야 'SKY' 곧 천국 같은 삶을 살 수 있다고 믿었습니다. 하지만 정작 그들의 삶은 비참했습니다. 천국의 성이라는 뜻을 가진 'SKY 캐슬'은 온통 불안, 시기, 미움, 원망이 가득하고 심지어 자살과 살인이라는 끔찍한 일까지 일어난 '지옥 캐슬'이 되고 말았습니다.

어리석은 사람들은 지금도 'SKY 캐슬'을 꿈꾸며 자기 힘으로 자녀를 잘 키워보려고, 행복한 가정을 만들려고 애씁니다. 하지만 인간은 결코 자기 힘으로 천국의 가정을 만들 수 없습니다. 천국의 가정을 원한다면 우리는 하나님의 뜻대로 살아야 합니다. 하나님께 가정의 운전대를 맡기고, 가정의 보좌에 하나님을 모셔야 합니다.

하나님이 통치하시는 가정, 하나님이 함께하시는 가정, 하나님이 기뻐하시는 가정이 바로 천국에 뿌리내린 가정이요, 천국의 기쁨을 맛보는 가정입니다.

천국에 뿌리내린 가정을 세우기 위해 먼저 우리는 독을 품은 부모가 아니라 복을 품은 부모가 되어야 합니다. 좋은 부모가 되기 위해 우리의 영혼 안에 있는 독을 제거하고 하나님이 주시는 복을 받아야 합니다.

독을 품은 부모는 아무리 자녀를 잘 키우려고 해도 자녀에게 상처를 줍니다. 하지만 복을 품은 부모는 존재 자체가 자녀에게 전달되는 축복이 됩니다.

"또 아비들아 너희 자녀를 노엽게 하지 말고 오직 주의 교훈과 훈계로 양육하라"(엡 6:4)

세상 모든 부모는 본능적으로 자녀를 사랑합니다.

자녀를 향한 부모의 사랑은 인간의 힘을 초월한 지극하고도 뜨거운 사랑이며, 영원한 사랑입니다.

어머니와 단둘이 사는 아들이 있었습니다.

어느 날, 이 아들이 외출을 나갔다가 교통사고를 당하게 되고, 그 사고로 두 눈을 실명하게 되었습니다. 멀쩡하던 두 눈을 순식간에 잃어버린 아들은 절망 가운데 빠져 살게 되었습니다. 그 아들은 아무와도 말하려고 하지 않고, 우울하게 하루하루를 보내고 있었습니다. 그 모습을 바라보는 어머니의 가슴은 말할 수 없이 아팠습니다.

그러던 어느 날, 그 아들에게 기쁜 소식이 전해졌습니다.

아들에게 이식할 한쪽 눈을 구했다는 것입니다. 아들은 그 소식을 듣고도, 두 눈이 아닌 한쪽 눈밖에 수술할 수 없다는 사실에 절망했습니다. 차라리 수술을 안 하는 게 낫겠다고 투정을 부렸지만, 어머니의 간곡한 부탁으로 수술을 받게 되었습니다.

한쪽 눈 이식 수술을 무사히 마쳤지만, 그 아들은 수술한 눈을 붕대로 가리고 얼마 동안 있어야 했습니다. 그때도 그 아들은 간호하는 어머니께 "창피해서 어떻게 애꾸눈으로 살아가요"라며 불평했습니다.

복음과 가족치유

시간이 지난 후, 드디어 붕대를 푸는 날이 되었습니다.

붕대를 풀고 어렴풋이 앞이 보이기 시작할 때, 아들의 눈에서 굵은 눈물이 떨어지고 말았습니다. 아들 앞에는 한쪽 눈을 붕대로 두른 어머니가 자신을 애틋하게 바라보고 있었던 것입니다.

그리고 어머니가 이렇게 말했습니다.

"두 눈을 다 주고 싶었지만, 그러면, 장님이 된 내가, 너에게 너무 큰 짐이 될 것 같아서 그렇게 하지 못했단다. 미안하구나, 아들아…."

부모는 자기가 배고파도 자녀가 배부르면 배부르고, 자기는 얇게 입어도 자녀가 따뜻하면 자신도 따뜻하며, 자신은 피곤해도 자녀가 푹 자는 모습을 보면 피곤하지 않습니다. 사람은 누구나 부모가 되는 순간부터 자녀를 사랑하며 자녀를 보호하고 자녀에게 가장 좋은 것만을 주려고 노력합니다. 그래서 아이를 잉태한 것을 알게 된 산모는 모든 생활을 절제하며 뱃속의 아이가 건강하게 자랄 수 있도록 태교에 정성을 쏟습니다.

이전까지 담배를 피우고 술을 마시며 무절제한 삶을 살았던 사람이라 할지라도 뱃속에 아이가 생기면 곧바로 이전의 삶을 청산하고 아이를 위한 삶을 삽니다. 감기에 걸려도 함부로 약도 먹지 않고, 음식을 먹을 때도 아이에게 좋은 양분을 전달하기 위해 음식을 먹습니다. 그리고 아이가 태어날 날이 가까워지면 아이가 머물 환경을 깨끗하게 정돈하며 준비합니다. 아이가 입을 옷을 빨고 아이가 쓸 모든 물건을 소독합니다. 행여나 오염물질이 아이한테 닿을까 염려하며 위생관리에 신경을 씁니다.

특별히 미세먼지를 비롯한 각종 환경오염이 극에 달한 시대를 살아가는 현대의 부모들은 자녀를 보다 더 깨끗한 환경에서 키우려고 노력합니다.

2011년 우리나라에서 가습기 살균제 흡입으로 수많은 사망자와 피해자가 발생한 끔찍한 일이 벌어졌습니다.

2021년 1월 12일까지 신고된 사망자가 1,740명, 부상자가 5,902명입니다. 사망자 중 70%는 '옥시 레킷벤키저사'의 가습기 살균제를 사용했습니다. 당시 '옥시싹싹' 550ml의 라벨에는 이런 문구가 쓰여 있었습니다.

"인체에 안전한 성분을 사용하여 안심하고 사용할 수 있습니다."

소비자는 그 문구를 믿고 가습기에 물과 함께 가습기 살균제를 넣고 사용하다 변을 당했습니다. 후에 옥시사가 카펫 소독에 쓰는 맹독성 화학물질을 안전성 확인도 거치지 않은 채 용도를 변경하여 가습기 살균제로 만든 사실이 밝혀졌습니다. 이러한 내막을 알지 못한 채 가습기 살균제를 사용했던 소비자들은 물 분자와 함께 치명적인 독을 서서히 흡입하게 되었습니다. 그 결과는 참혹했습니다. 피해의 주요 대상자는 30대 산모와 영유아였습니다.

그야말로 현대는 온통 독으로 가득합니다.

먹는 것, 입는 것, 마시는 것부터 시작해서 우리의 주거환경 전체에 인체를 해치는 독이 스며들어 우리를 위협하고 있습니다. 독(毒)은 생체에 해를 주는 물질입니다. 독이 들어가면 좋았던 것도 나빠지고, 유익했던 것도 해로워집니다. 그래서 많은 부모들이 독소가 자녀에게 영향을 줄까 봐 전전긍긍합니다.

지금 세계적으로 유통되는 화학물질은 10만여 종에 이르고, 현재 한국에서 사용되는 화학물질은 4만 3천여 종이라고 합니다. 아이들이 좋아하는 과자, 아이스크림, 패스트푸드는 물론이고, 아이들이 생활하는 공간 어디에나 유해성분이 촘촘하게 녹아있습니다. 그야말로 현대는 독성물질의 과잉시대입니다. 아무리 공기청정기를 사용하고 가습기를 틀며 환경을 깨끗하게 하려고 노력해도 안전지대는 없습니다.

그런데 먹고 마시는데서 흡수되는 독보다 더욱 치명적인 것이 있습니다. 바로 부모의 내면에서 풍겨 나오는 독입니다. 사람은 누구나 마음에 쌓은 것을 밖으로 표출하며 살아갑니다.

제1장 독을 품은 부모, 복을 품은 부모

"선한 사람은 그 쌓은 선에서 선한 것을 내고 악한 사람은 그 쌓은 악에서 악한 것을 내느니라"(마 12:35)

마음에 독을 쌓은 사람은 아무리 부드럽게 말하고, 선하게 행동하려 해도 독을 뿜어냅니다. 마음에 가득 찬 독이 눈빛으로, 말투로, 분위기로 풍겨 나오는 것입니다. 그러므로 우리는 자녀가 먹고 마시는 것보다 부모 속에서 나오는 독이 자녀에게 더 치명적인 맹독이 될 수 있음을 깨달아야 합니다.

"예수께서 이르시되 너희도 이렇게 깨달음이 없느냐 무엇이든지 밖에서 들어가는 것이 능히 사람을 더럽게 하지 못함을 알지 못하느냐 이는 마음으로 들어가지 아니하고 배로 들어가 뒤로 나감이라 이러므로 모든 음식물을 깨끗하다 하시니라 또 이르시되 사람에게서 나오는 그것이 사람을 더럽게 하느니라 속에서 곧 사람의 마음에서 나오는 것은 악한 생각 곧 음란과 도둑질과 살인과 간음과 탐욕과 악독과 속임과 음탕과 질투와 비방과 교만과 우매함이니 이 모든 악한 것이 다 속에서 나와서 사람을 더럽게 하느니라"
(막 7:18-23)

현대에는 독을 품은 부모가 많습니다.

독을 품은 부모들은 자녀를 사랑한다는 명목 아래 자녀를 억압하고 말과 행동으로 상처를 줍니다.

요즘 어린이 울화병, 분노조절장애, 소아 우울증을 앓는 자녀들의 연령이 갈수록 낮아지고 있습니다.

복음과 가족치유

지금 우리나라는 OECD 가입국 중 청소년 행복지수 최하위권에 있고 청소년 자살률도 높습니다. 이 배후에는 독을 품은 부모들이 있습니다.

우리는 종종 뉴스를 통해 부천 초등학생 살인사건, 고준희 양 시신 유기사건, 광주 삼남매 화재 사건, 칠곡 계모 살인사건 등 끔찍한 사건을 접하면서 '어떻게 부모가 저럴 수가 있을까'라고 혀를 차며 탄식하지만, 독이 넘치도록 차면 부모라도 사탄(마귀)의 수하가 되어 그런 악행을 저지를 수 있습니다. 그러므로 오늘 우리는 빨리 내면에 있는 독을 제거해야 합니다. 모두가 성령님의 맑은 물을 맞음으로 마음의 독을 씻어내기를 소원합니다.

"맑은 물을 너희에게 뿌려서 너희로 정결하게 하되 곧 너희 모든 더러운 것에서와 모든 우상 숭배에서 너희를 정결하게 할 것이며 또 새 영을 너희 속에 두고 새 마음을 너희에게 주되 너희 육신에서 굳은 마음을 제거하고 부드러운 마음을 줄 것이며 또 내 영을 너희 속에 두어 너희로 내 율례를 행하게 하리니 너희가 내 규례를 지켜 행할지라"(겔 36:25-27)

1980년대 수잔 포워드라는 미국의 심리학자는 '독이 되는 부모'라는 표현을 처음으로 사용했습니다. 수잔 포워드의 저서 『독이 되는 부모가 되지 마라』에서 그가 말한 **'독이 되는 부모의 유형'**은 다음과 같습니다.

(1) 신처럼 군림하는 부모

사춘기와 청소년기를 맞이한 자녀들은 이 시기에 부모의 권위에 저항하는 모습을 보입니다. 독이 되는 부모는 자신의 권위를 내세워 강압적으로 반항을 막습니다. 신처럼 군림하는 부모 밑에서 자란 아이들은 늘 자신을 약하다고 생각하고, 자기 생각은 틀리다고 여깁니다. 그리하여 더욱 의존적인 모습으로 성장합니다.

(2) 자식을 조종하는 부모

아이는 자라면서 혼자 행동, 탐구, 실패를 감수하며 체득해야 하는데 부모가 끊임없이 도움을 주고 간섭하면 아이는 혼자서는 아무것도 할 수 없는 어른으로 자랍니다. 부모는 "다 너 잘되라고 그러는 거야", "그만큼 널 사랑하기 때문이야"라고 말하면서 어른이 다 된 자녀에게까지 간섭을 하며 조종하려 합니다. 이런 부모 밑에서 자란 자녀는 시시때때로 정체성의 혼란을 느끼며 무기력한 삶을 삽니다.

(3) 잔인한 말로 상처 주는 부모

잔인한 말이나 비난은 아이에게 부정적 자아상을 심어주어 낮은 자존감을 갖게 합니다. 어린아이들은 말의 진정한 의미를 파악할 능력이 없기에 부모가 하는 농담조의 비난이나 우스갯소리조차 곧이곧대로 받아들입니다. 독이 되는 부모들은 좋지 않은 농담을 자주 반복하며 아이를 학대합니다.

복음과 가족치유

독을 품은 부모는 숨결까지도 독소를 내뿜습니다.

엘머 게이츠 박사는 분노가 담긴 숨결의 독성을 오래전에 이미 실험으로 증명했습니다. 그는 특정 감정 상태에서 내쉰 숨을 냉각한 침전물의 색상이 다름을 밝혔습니다.

분노하는 사람의 숨은 밤색, 슬퍼하고 고통스러워하는 사람의 숨은 회색, 후회와 가책에 시달리는 사람의 숨은 분홍색, 기뻐하는 사람의 숨은 청색이었습니다. 그리고 분노하는 사람의 숨의 침전물을 쥐에게 주사했더니, 불과 몇 분 만에 죽어버렸습니다. 그러니 독을 품은 부모 밑에서 자라는 아이가 영육으로 건강할 수 있겠습니까?

그런데 사실 독을 품은 부모가 되고 싶은 사람은 한 사람도 없습니다. 누가 고의적으로 독을 품고 자녀에게 상처를 주기를 원하겠습니까? 사람들은 누구도 자기 속을 독으로 채우기를 원하지 않고, 독을 내뿜는 것도 원하지 않습니다. 하지만 자기도 모르게 독으로 채워진 사람들은 원하지 않는 독설을 내뱉고, 악독한 마음을 드러내며, 표독스러운 얼굴로 살아갑니다. 이는 사람의 배후에 역사하는 어둠의 영들이 죄를 통해 인간의 영혼 깊은 곳까지 독을 주입하기 때문입니다. 악한 영들은 죄와 상한 감정을 재료로 삼아 독을 만듭니다.

오늘 우리는 예수 그리스도의 보혈을 의지하여 모든 독을 씻어내야 합니다. 해독되지 않은 영혼의 독은 시간이 지날수록 강력한 독성을 가진 분노로 발전하여 자기 영혼을 무너뜨리고 가정을 무너뜨리며 사회 전체에 악영향을 미칩니다.

"의인의 입은 생명의 샘이라도 악인의 입은 독을 머금었느니라 미움은 다툼을 일으켜도 사랑은 모든 허물을 가리느니라"(잠 10:11-12)

1. 감당할 수 없는 상처가 독의 원재료가 됩니다.

이 땅에 존재하는 모든 생명체는 나름대로의 방어체계를 가지고 있습니다. 날카로운 이빨, 두껍고 딱딱한 껍질, 예리한 발톱 등을 가지고 자신을 보호하고 적을 공격합니다. 그러나 변변한 보호 장비가 없는 동식물들은 '독'을 만듭니다. '독'으로 자신을 보호할 방편을 삼는 것입니다.

사람도 마찬가지입니다.

어린 시절 상처를 많이 받았거나 성장 과정에서 큰 상처를 받은 사람들은 세상을 향하여, 사람들을 향하여 독을 품습니다. 그리고 한 번 크게 당한 상처 때문에 이후의 작은 충격에도 또 상처를 받을까 봐 이내 독을 뿜으며 살아갑니다. 상처로 인한 독은 분노로 표출되기도 하고 무관심으로 표출되기도 합니다.

또 어떤 사람은 남자친구 혹은 여자친구에게 배신을 당하고 평생 이성에 대해 무관심한 채 살아가기도 합니다.

부모님으로부터 받은 상처로 인해 일생 독을 품고 살아가는 사람도 많습니다.

많은 상처 중에서도 부모에게 받은 상처는 대개 무의식 세계까지 사로잡아서 인생을 지배합니다. 어린 자녀에게는 부모가 절대자이기 때문에 부모가 잘못됐다는 것을 알기 힘들기 때문입니다.

설령 부모가 자기에게 상처를 줬다는 것을 안다고 해도 자녀에게는 상처를 극복할 힘이 없습니다. 받아들이거나 극복하지 못한 어린 시절의 상처는 곧장 그 영혼의 잠재의식을 사로잡고 인생을 결박합니다. 그래서 성인이 되어서도 부모로부터 받은 폭력, 폭언, 무관심, 과도한 기대, 차별 등이 감당할 수 없는 트라우마로 작용하여 현재의 삶을 어렵게 만드는 경우가 많습니다.

어릴 때 생긴 트라우마가 기억 속에 깊게 새겨진 유령처럼 그 사람의 일부가 되어 어디든 따라다니며 그때의 생생한 감정에 휩싸이는 고통을 느끼게 하는 것입니다. 그래서 라 로슈푸코는 "마음에 생긴 장애와 흠집은 육체의 상처와도 같다. 상처를 치료하려고 가능한 한 모든 방법을 동원하지만 흉터는 영원히 남는다"라고 말했습니다.

오늘날 수많은 부모들이 자신의 부모에게서 받은 상처를 해결하지 못해 독을 품습니다. 그 독은 다시 자신의 자녀에게 전가되어 또 다른, 그러나 더 강한 독을 만들어냅니다.

상처로 인해 독이 가득한 사람들은 상처가 오기가 되어 독한 사람이 되어버립니다. 너덜너덜해진 내면을 독기로라도 방어해 보려고 몸부림치게 되는 것입니다. 하지만 그러면 그럴수록 독소만 더 강해지고 자기 영혼이 더 비참해집니다.

오늘 어떤 상처를 받고 어떤 독을 품고 살아오셨습니까?

예수 그리스도의 보혈로 모든 상처를 씻음 받고 모든 독기를 제거하시기 바랍니다.

"모든 사람과 더불어 화평함과 거룩함을 따르라 이것이 없이는 아무도 주를 보지 못하리라 너희는 하나님의 은혜에 이르지 못하는 자가 없도록 하고 또 쓴 뿌리가 나서 괴롭게 하여 많은 사람이 이로 말미암아 더럽게 되지 않게 하며 음행하는 자와 혹 한 그릇 음식을 위하여 장자의 명분을 판 에서와 같이 망령된 자가 없도록 살피라"(히 12:14-16)

2. 넘치는 욕심이 독의 원재료가 됩니다.

욕심이 생기면 독이 만들어져서 눈이 멀고, 우둔해지며, 만족을 모르게 됩니다. 욕심은 수단과 방법을 가리지 않고 더 많은 것을 얻기 위해 발버둥 치게 만들고 그로 인해 죄에 대

복음과 가족치유

한 감각까지 잃어버리게 만듭니다.

"오직 각 사람이 시험을 받는 것은 자기 욕심에 끌려 미혹됨이니 욕심이 잉태한즉 죄를 낳고 죄가 장성한즉 사망을 낳느니라 내 사랑하는 형제들아 속지 말라"(약 1:14-16)

욕심으로 독이 가득 찬 부모는 자녀를 자신의 욕구를 충족시켜줄 대상으로 여깁니다. 그래서 자신의 못다 이룬 꿈을 이루기 위해 자식을 사랑하고, 자신의 체면을 위해 자녀를 돌봅니다. 그리고 계속해서 자녀에게 '좋은 대학에 가라, 부모의 얼굴에 먹칠하지 마라, 부모의 기대를 충족시켜라'의 메시지를 주입시키면서 자녀를 괴롭게 합니다.

언제나 기억하십시오.
자녀는 하나님이 주신 선물입니다.
자녀는 부모의 소유가 아닙니다.
우리는 하나님이 우리에게 맡겨주신 자녀를 하나님의 사랑으로 사랑하며 조건 없이 품어주어야 합니다. 자녀를 한 인격체로 인정하여 자녀를 존중하고 배려해야 하며, 자녀가 하나님의 뜻에 부합하는 삶을 살 수 있도록 도와주어야 합니다. 우리 모두가 모든 욕심을 버리고 자녀를 주님께 맡기는 은혜를 누리기 바랍니다.

3. 타고난 원죄가 독의 원재료가 됩니다.

우리는 태어날 때부터 죄성을 가지고 태어납니다. 그래서 인간은 노력하지 않아도 죄를 짓고, 배우지 않아도 죄를 터득합니다.

"너희는 너희 아비 마귀에게서 났으니 너희 아비의 욕심대로 너희도 행하고자 하느니라 그는 처음부터 살인한 자요 진리가 그 속에 없으므로 진리에 서지 못하고 거짓을 말할 때마다 제 것으로 말하나니 이는 그가 거짓말쟁이요 거짓의 아비가 되었음이라"(요 8:44)

타고난 원죄는 우리 속에 독이 되어 곁길로 가게하고 거짓을 말하도록 조장합니다.

"악인은 모태에서부터 멀어졌음이여 나면서부터 곁길로 나아가 거짓을 말하는도다 그들의 독은 뱀의 독 같으며 그들은 귀를 막은 귀머거리 독사 같으니"(시 58:3-4)
"그들의 목구멍은 열린 무덤이요 그 혀로는 속임을 일삼으며 그 입술에는 독사의 독이 있고 그 입에는 저주와 악독이 가득하고"(롬 3:13-14)

그래서 인간은 가만히 내버려 두면 이기적이고 자기중심적인 삶을 살게 되고 죄를 짓는 인생으로 추락하게 됩니다. 자녀들은 부모의 말보다 부모의 뒷모습을 보고 따라옵니다. 자녀들은 정직하게 살지도 못하면서 자신들에게 정직하게 살라고 하는 부모의 모순을 압니다. 그래서 부모에게 분노합니다.

부모가 자신들은 여전히 악하게 살고 죄의 길로 달려가면서도 자녀에게 훈계만 할 때 자녀의 마음에는 분함이 생기고 억울함이 생깁니다. 그러므로 우리는 우리 존재 자체가 독을 품기 쉬운 존재라는 것을 인정하고 날마다 예수 그리스도의 십자가에 자신을 내려놓는 삶을 살아야 합니다.

가장 좋은 부모는 날마다 '나는 죽고 예수님으로 사는 부모'입니다. 인간의 죄악된 본성으로는 좋은 부모가 되는 일이 불가능하기 때문입니다. 우리 모두가 철저하게 깨어지고 부서져서 모든 내면의 독소를 제거하기 바랍니다. 그래서 더 이상 독을 품은 부모로 살지 않고, 이제는 복을 품은 부모로 살아 복을 물려주는 아름다운 인생이 되기를 소원합니다.

본문의 주인공인 엘리는 제사장이었지만 마음에 독을 품은 사람이었습니다. 엘리의 내면에는 게으름의 독, 영적 무감각의 독, 탐욕의 독이 있었고 무엇보다 자녀들을 하나님보다 더 사랑하여 자녀를 우상 삼는 독이 있었습니다.

당시 제사장은 제사의식을 집전하는 사람으로서 하나님과 사람 사이에서 중보적인 역할을 했던 사람입니다. 제사장은 백성을 대신해서 하나님께 제사 드리는 일을 담당함으로 하

나님과 백성들을 이어주는 역할을 했습니다. 그런데 이런 제
사장의 마음에 독이 가득하니 엘리가 하나님을 섬길 때는 하
나님의 말씀이 희귀하여 영적으로 메마른 시대가 되고 말았
습니다.

"아이 사무엘이 엘리 앞에서 여호와를 섬길 때에는 여호와의 말씀이 희귀
하여 이상이 흔히 보이지 않았더라"(삼상 3:1)

독을 품은 제사장이 영적으로 메마른 시대를 만들고, 독을
품은 부모는 영적으로 병든 가정을 만듭니다. 엘리는 그의 마
음에 품은 독으로 말미암아 나라 전체를 영적 침체에 빠뜨리
고 그의 가정도 무너지게 만들었습니다.
엘리에게는 홉니와 비느하스라는 두 아들이 있었습니다.
성경은 홉니와 비느하스의 행실이 나빴다고 평가하고 있습
니다.

"엘리의 아들들은 행실이 나빠 여호와를 알지 못하더라"(삼상 2:12)

엘리는 아들들에게 아버지로서의 역할을 충실히 하지 못했
습니다. 그는 자녀들에게 필요한 훈육을 하기는커녕 자녀들이
어떤 삶을 살고 있는지조차 파악하지 못했습니다. 홉니와 비
느하스는 제사장의 아들이면서도 제사를 멸시했고, 제사를
위해 백성들이 가지고 오는 제물을 탈취했습니다. 심지어 회

복음과 가족치유

막 문에서 수종 드는 여인들과 동침하기까지 했습니다. 그런데도 엘리는 모든 백성이 이 사실을 알 때까지 눈치채지 못했습니다. 엘리는 모든 백성들이 엘리의 자녀들의 악행을 수군거리며 비방하는 것을 듣고서야 자녀들의 심각한 상태를 파악했습니다.

"엘리가 매우 늙었더니 그의 아들들이 온 이스라엘에게 행한 모든 일과 회막 문에서 수종 드는 여인과 동침하였음을 듣고 그들에게 이르되 너희가 어찌하여 이런 일을 하느냐 내가 너희의 악행을 이 모든 백성에게서 듣노라 내 아들들아 그리하지 말라 내게 들리는 소문이 좋지 아니하니라 너희가 여호와의 백성으로 범죄하게 하는도다 사람이 사람에게 범죄하면 하나님이 심판하시려니와 만일 사람이 여호와께 범죄하면 누가 그를 위하여 간구하겠느냐 하되 그들이 자기 아버지의 말을 듣지 아니하였으니 이는 여호와께서 그들을 죽이기로 뜻하셨음이더라"(삼상 2:22-25)

엘리가 자녀들에게 훈계할 때는 이미 너무 늦은 때였습니다. 자녀들은 이미 아버지 엘리의 악한 삶을 보았고, 아버지의 말에 무게를 두지 않았습니다. 아버지로서의 권위를 잃어버린 엘리는 자녀들에게 엄격한 징계를 내리거나 따끔한 가르침을 줄 수 없었습니다. 그래서 그는 자녀들이 그렇게 극악무도한 행동을 해도 크게 혼내지 못했습니다. 왜냐하면 엘리 안에 영혼의 독이 가득했기 때문이었습니다.

제1장 독을 품은 부모, 복을 품은 부모

엘리는 제사장이었지만 영적으로 둔했습니다.

그래서 한나가 너무 간절히 기도하여 소리는 내지 않고 입술만 움직일 때, 엘리는 한나가 취했다고 생각했습니다.

"한나가 속으로 말하매 입술만 움직이고 음성은 들리지 아니하므로 엘리는 그가 취한 줄로 생각한지라 엘리가 그에게 이르되 네가 언제까지 취하여 있겠느냐 포도주를 끊으라 하니"(삼상 1:13-14)

제사장이 얼마나 기도를 안했으면 기도하는 사람을 향해 포도주를 끊으라는 소리를 하겠습니까? 엘리는 영적인 안일함에 빠져 기도하지 않았고 사명에 게으른 삶을 살았습니다.

성경에 등장하는 엘리의 모습은 언제나 게을렀습니다. 그는 늘 의자에 앉아있는 모습으로 나옵니다. 이것은 그가 체형이 뚱뚱하여 비둔하고 게으르다는 사실만 말하는 것이 아닙니다. 성경은 그러한 표현을 통해 그의 영적인 상태를 지적하는 것입니다. 그는 육적으로도 게으른 사람이었지만, 영적으로도 게으른 사람이었습니다.

엘리는 게을러서 기도하지 못했습니다.

게을러서 기도를 못하게 되는 것은 한순간에 그렇게 되는 것이 아닙니다. 게으름이 삶의 태도로 자리를 잡을 때 그렇게 되는 것입니다. 엘리가 나이가 아주 많고 눈이 어두워 보이지 않으며, 몸이 비둔하여 의자에 앉아있었는데, 그때 그의 나이는 98세였습니다. 물론 나이가 많아 그럴수도 있겠지만, 모세를 보십시오.

"모세가 죽을 때 나이 백이십 세였으나 그의 눈이 흐리지 아니하였고 기력이 쇠하지 아니하였더라"(신 34:7)

모세는 그의 나이와 상관없이 영적으로 깨어 있었고 건강했습니다. 하지만 엘리는 게을렀고, 영적으로 잠들어 있었습니다. 그래서 그는 하나님의 말씀을 듣지 못했습니다. 어린 사무엘을 부르는 하나님의 소리를 분별하지도 못했고, 자신을 찾아온 하나님의 사람이 해준 예언을 제대로 받지도 못했습니다. 하나님은 엘리가 빨리 내면의 독을 제거하고 회복 받을 수 있도록 기회를 주셨습니다.

본문은 엘리를 위해 특별히 하나님의 사람이 와서 예언해준 내용입니다. 엘리에게 찾아온 하나님의 사람은 엘리에게 "어찌하여 내가 내 처소에서 명령한 내 제물과 예물을 밟으며 네 아들들을 나보다 더 중히 여겨 내 백성 이스라엘이 드리는 가장 좋은 것으로 너희들을 살지게 하느냐"하고 책망했습니다. 이로 말미암아 엘리의 팔과 조상의 집의 팔을 끊어 집에 노인이 하나도 없게 한다고 저주하셨습니다.

"하나님의 사람이 엘리에게 와서 그에게 이르되 여호와의 말씀에 너희 조상의 집이 애굽에서 바로의 집에 속하였을 때에 내가 그들에게 나타나지 아니하였느냐 이스라엘 모든 지파 중에서 내가 그를 택하여 내 제사장으로 삼아 그가 내 제단에 올라 분향하며 내 앞에서 에봇을 입게 하지 아니하였 느냐 이스라엘 자손이 드리는 모든 화제를 내가 네 조상의 집에 주지 아니 하였느냐 너희는 어찌하여 내가 내 처소에서 명령한 내 제물과 예물을 밟 으며 네 아들들을 나보다 더 중히 여겨 내 백성 이스라엘이 드리는 가장 좋 은 것으로 너희들을 살지게 하느냐 그러므로 이스라엘의 하나님 나 여호 와가 말하노라 내가 전에 네 집과 네 조상의 집이 내 앞에 영원히 행하리라 하였으나 이제 나 여호와가 말하노니 결단코 그렇게 하지 아니하리라 나를 존중히 여기는 자를 내가 존중히 여기고 나를 멸시하는 자를 내가 경멸하 리라"(삼상 2:27-30)

엘리는 홉니와 비느하스를 우상 삼았습니다. **우상은 하나님보다 더 사랑하고, 하나님보다 더 추구하며, 하나님보다 더 의지하는 대상입니다.** 하나님은 우상 숭배를 가장 싫어하십니다. 하나님은 하나님을 경외하는 자를 축복 하시고 우상을 섬기는 자를 저주하십니다. 하나님은 불타는 듯한 질투로 우상 숭배를 경멸하십니다.

"네 하나님 여호와는 소멸하는 불이시요 질투하시는 하나님이시니라"(신 4:24)
"만군의 여호와가 이같이 말하노라 내가 시온을 위하여 크게 질투하며 그 를 위하여 크게 분노함으로 질투하노라"(슥 8:2)

하나님의 질투는 비교와 경쟁에서 나오는 질투가 아닙니다. 하나님의 질투는 하나님을 떠나 거짓된 신을 섬기고 우상 앞에 절하는 인간의 무분별과 부패에 대한 한탄과 진노의 감정입니다. 사랑하는 자가 파멸의 길에 치닫는 것을 그냥 내버려 두고 볼 수 없는 열정적인 사랑의 표현이 하나님의 질투입니다. 만약 하나님의 이러한 질투가 없다면 패역한 인생들은 다 한가지로 치우쳐 우상을 숭배하여 멸망케 되고 말 것입니다. 하나님의 질투는 죽음에서 생명으로 살리는 질투이며, 절망에서 행복으로 바꾸어놓는 회복의 질투입니다.

"너희는 하나님이 우리 속에 거하게 하신 성령이 시기하기까지 사모한다 하신 말씀을 헛된 줄로 생각하느냐"(약 4:5)

자녀를 망치는 지름길이 바로 마음에 독을 품고 자녀를 우상 삼는 것입니다. 자녀를 우상 삼은 부모들은 자녀의 모습을 객관적으로 볼 수 없고, 자녀를 사랑한다고 하면서 오히려 상처를 주기 쉽습니다. 자녀를 우상 삼아서 하나님과의 관계가 무너진 사람들은 사탄의 지배를 받게 되기 때문입니다. 그래서 하나님은 아브라함에게도 독자 이삭을 내려놓으라고 하셨습니다.

아브라함은 100세에 독자 이삭을 얻었습니다.
그동안 아브라함의 삶은 약속의 아들 이삭을 기다리는 삶

제1장 독을 품은 부모, 복을 품은 부모

이었다고 해도 과언이 아니었습니다. 오랜 시간에 걸친 절망과 소망의 반복, 의심과 믿음의 교차 속에서 마침내 이삭이 태어났습니다. 그것도 사라가 생물학적으로 아이를 낳을 수 없는 나이에 이삭을 낳았습니다. 그러니 아브라함에게 이삭이 얼마나 귀했겠습니까?

정말 자기 생명보다 귀했을 것입니다.

아브라함은 하나님의 능력으로 낳은 기적의 아들 이삭을 참으로 사랑했습니다. 그러던 어느 날 하나님은 그에게 이삭을 번제물로 바치라는 청천벽력과 같은 말씀을 하셨습니다.

"여호와께서 이르시되 네 아들 네 사랑하는 독자 이삭을 데리고 모리아 땅으로 가서 내가 네게 일러 준 한 산 거기서 그를 번제로 드리라"(창 22:2)

아브라함은 하나님의 말씀을 듣고 이삭을 우상 삼았던 마음을 내려놓고, 믿음으로 번제물로 바치려 했습니다. 하지만 그때 여호와의 사자가 하늘에서부터 아브라함을 두 번이나 불렀습니다. 그리고 이삭에게 손을 대지 말라고 했습니다.

"여호와의 사자가 하늘에서부터 그를 불러 이르시되 아브라함아 아브라함아 하시는지라 아브라함이 이르되 내가 여기 있나이다 하매 사자가 이르시되 그 아이에게 네 손을 대지 말라 그에게 아무 일도 하지 말라 네가 네 아들 네 독자까지도 내게 아끼지 아니하였으니 내가 이제야 네가 하나님을 경외하는 줄을 아노라"(창 22:11-12)

복음과 가족치유

아브라함이 이삭을 내려놓았을 때, 하나님은 이삭을 대신할 숫양을 예비하셨고, 이삭의 인생을 형통하도록 축복하셨습니다. 이삭은 그런 아브라함을 보면서 믿음의 순종을 배웠습니다. 백 마디 말보다 중요한 것이 한 번의 행동입니다. 부모가 먼저 자녀들에게 예수를 믿어 행복한 삶을 보여주고, 예수님의 말씀에 순종하는 행동을 보여준다면, 자녀들은 다른 잔소리를 듣지 않아도 그 믿음의 길을 본받게 됩니다.

그러나 엘리는 아무리 권면을 받아도 자신의 모습을 깨닫지 못했습니다. 하나님이 특별히 사신을 보내서 말씀해 주셔도 자신을 돌아보지 않았습니다. 엘리 내면을 채우고 있었던 영적 무감각의 독, 탐욕의 독이 엘리로 하여금 말씀을 듣지 못하도록 만들었기 때문입니다. 뿐만 아니라 엘리는 어린 사무엘을 통해 하나님이 주신 말씀을 듣고도 깨닫지 못했습니다. 하나님은 어린 사무엘을 불러서 엘리에 대한 말씀을 주셨습니다.

"내가 엘리의 집에 대하여 말한 것을 처음부터 끝까지 그 날에 그에게 다 이루리라 내가 그의 집을 영원토록 심판하겠다고 그에게 말한 것은 그가 아는 죄악 때문이니 이는 그가 자기의 아들들이 저주를 자청하되 금하지 아니하였음이니라 그러므로 내가 엘리의 집에 대하여 맹세하기를 엘리 집의 죄악은 제물로나 예물로나 영원히 속죄함을 받지 못하리라 하였노라 하셨더라"(삼상 3:12-14)

하나님은 엘리의 독을 제거해 주시려고 하나님의 사람을 통해, 또 어린 사무엘을 통해 말씀해 주셨지만 엘리는 듣지 못했습니다. 그는 죄의 독에 매여서 죄의 종이 되어버렸습니다. 그래서 자녀들이 저주를 자청해도 금하지 못했습니다.

후에 자녀들이 하나님의 언약궤를 이용할 목적으로 블레셋 전투에 가지고 나갔을 때도 엘리는 그들을 말리지 못했습니다. 결국 언약궤를 가지고 나갔던 이스라엘 군대는 삼만 명이 죽고, 엘리 제사장의 두 아들 홉니와 비느하스까지 죽었습니다. 설상가상으로 그들은 언약궤를 블레셋에게 빼앗겼고, 이 소식을 들은 엘리 제사장도 충격을 받아 죽고 말았습니다.

"소식을 전하는 자가 대답하여 이르되 이스라엘이 블레셋 사람들 앞에서 도망하였고 백성 중에는 큰 살륙이 있었고 당신의 두 아들 홉니와 비느하스도 죽임을 당하였고 하나님의 궤는 빼앗겼나이다 하나님의 궤를 말할 때에 엘리가 자기 의자에서 뒤로 넘어져 문 곁에서 목이 부러져 죽었으니 나이가 많고 비대한 까닭이라 그가 이스라엘의 사사가 된 지 사십 년이었더라"(삼상 4:17–18)

언약궤도 빼앗기고, 제사장도 죽은 이스라엘은 이제 하나님의 영광이 떠난 나라가 되고 말았습니다. 엘리의 며느리는 비극적인 소식을 듣고 충격으로 갑자기 아들을 낳으면서 그 아들 이름을 '이가봇(אִי־כָבוֹד)'이라고 지었습니다. 하나님의 영광이 떠난 이스라엘의 상황을 천명한 것입니다.

"이르기를 영광이 이스라엘에서 떠났다 하고 아이 이름을 이가봇이라 하였으니 하나님의 궤가 빼앗겼고 그의 시아버지와 남편이 죽었기 때문이며 또 이르기를 하나님의 궤를 빼앗겼으므로 영광이 이스라엘에서 떠났다 하였더라"(삼상 4:21-22)

독을 품은 부모는 사랑해도 독이 나오고, 친절해도 독소가 뿜어져 나옵니다. **독을 품은 부모는 그 존재만으로도 독한 영향을 미치게 됩니다.** 그러므로 우리는 자녀들에게 비싼 학원비를 주고 최신 유행하는 선물을 사주는 것보다 더 시급한 일이 부모의 내면에 있는 독을 제거하는 일이라는 사실을 알아야 합니다. 사무엘은 엘리의 아들 홉니, 비느하스와 달랐습니다. 사무엘은 어머니 한나와 아버지 엘가나의 품에서 오래 자라지도 못했습니다.

한나는 자신이 하나님께 서원하여 낳은 아들인 사무엘이 태어난 후에 사무엘이 젖을 뗄 때까지 길렀습니다. 그리고 젖 뗀 사무엘을 엘리의 집에 맡기며 하나님께 바쳤습니다. 그리고 한나는 매년 제사를 드릴 때마다 사무엘을 위한 작은 겉옷을 지어주었습니다.

"사무엘은 어렸을 때에 세마포 에봇을 입고 여호와 앞에서 섬겼더라 그의 어머니가 매년 드리는 제사를 드리러 그의 남편과 함께 올라갈 때마다 작은 겉옷을 지어다가 그에게 주었더니"(삼상 2:18-19)

한나는 독을 품은 부모가 아니라 복을 품은 부모였습니다. 그는 사무엘을 잉태하기 전에 하나님 앞에 오래 기도하며 그의 마음속에 있던 모든 상처의 독, 분노의 독, 괴로움의 독을 쏟아냈습니다. 그리고 하나님이 주시는 복으로 그의 심령을 채웠습니다. 한나는 아들 사무엘 옆에 오랜 시간 함께 있어 주지 못했지만 사무엘에게 복을 물려 주었습니다.

이제 막 젖을 뗀 아들을 곁에 두고 보지 못하는 엄마의 마음이 얼마나 아프고 시렸겠습니까? 매년 사무엘 또래의 아이들을 눈여겨보며 사무엘의 키와 체격을 가늠해보고 겉옷을 짓는 한나의 마음이 쉽지만은 않았을 것입니다. 그러나 한나는 복을 품은 마음을 가지고 사무엘의 옷을 지었고, 사무엘은 그 옷을 받고 엄마의 사랑을 풍족하게 느꼈을 것입니다. 사무엘은 엄마 한나의 삶을 본받았고, 한나가 사랑을 담아 지어 준 겉옷을 입고 하나님을 섬겼습니다.

자녀 양육은 함께하는 시간이 많다고, 쏟는 돈이 많다고 잘하는 것이 아닙니다. **먼저 우리가 복이 있는 부모가 되면 잠깐 같이 있어도 충분한 사랑을 전해줄 수 있고, 최고의 신앙 유산을 물려줄 수 있습니다.** 부모가 아무리 자녀를 사랑해도, 언제까지나 부모가 자녀와 함께 있을 수는 없습니다. 최고의 자녀 양육은 하나님만이 하실 수 있습니다. 우리는 먼저 하나님을 경외하고 섬기는 부모가 되어 자녀를 하나님께 맡기고 하나님의 뜻대로 자녀를 양육해야 합니다.

우리 모두가 천국에 뿌리내린 가정을 이루기 위해 먼저 내면의 독을 제거하는 부모가 되기를 바랍니다. 독을 품은 부모에게서 나오는 모든 것은 독입니다. 탐욕과 게으름으로 영적무감각의 독을 품고 있던 엘리는 자녀들에게 부정적인 영향만 미쳤습니다. 그래서 본인이 제사장이면서도 자녀들을 악한길로 가게 했고, 파멸의 길로 치닫는 자녀들을 되돌리지 못했습니다. 하지만 복을 품은 부모인 한나는 짧은 시간 아들 사무엘과 함께 했지만 건강한 사랑을 쏟아부었고, 사무엘이 하나님 손에 성장하여 위대한 선지자가 되게 했습니다.

우리 모두가 마음에 품은 모든 독을 제거하고 하나님이 주시는 복을 채워 존재만으로도 자녀에게 축복을 유통하고 천국에 뿌리내린 가정을 세우는 기적의 주인공이 되기를 주님의 이름으로 축원합니다.

주님과 동행하는 기쁨 나누기

1. 영혼과 가정을 무너뜨리고, 사회에 악영향을 주는 독의 원재료들은 무엇일까요?

( ) 안에 맞는 단어는 무엇입니까?

(1) 감당할 수 없는 ( )가 독의 원재료가 됩니다.

어린 시절 상처를 많이 받았거나 성장 과정에서 큰 상처를 받은 사람들은 세상을 향하여, 사람들을 향하여 독을 품습니다. 그리고 한 번 크게 당한 상처 때문에 이후의 작은 충격에도 또 상처를 받을까 봐서 이내 독을 뿜으며 살아갑니다.

● 아직도 치유되지 않은 과거의 상처는 무엇입니까?

(2) 넘치는 ( )이 독의 원재료가 됩니다.

욕심이 생기면 독이 만들어져서 눈이 멀고, 우둔해지며, 만족을 모르는 괴물로 변질됩니다. 욕심은 수단과 방법을 가리지 않고 더 많은 것을 얻기 위해 발버둥 치게 만들고 그로 인해 죄에 대한 감각까지 잃어버리게 만듭니다.

● 요즘 내게 있는 욕심은 무엇입니까?

(3) 타고난 ( )가 독의 원재료가 됩니다.

우리는 태어날 때부터 죄성을 가지고 태어납니다. 그래서 인간은 노력하지 않아도 죄를 짓고, 배우지 않아도 죄를 터득합니다. 타고난 원죄는 우리 속에 독이 되어 곁길로 가게하고 거짓을 말하도록 조장합니다.

● 당신의 원죄와 자범죄가 예수님의 보혈로 다 용서됨을 믿습니까?

2. 아래 성구를 보고 당신의 삶에 일어난 일들을 나누십시오.

(1) 창세기 1장 28절 – "하나님이 그들에게 복을 주시며 하나님이 그들에게 이르시되 생육하고 번성하여 땅에 충만하라, 땅을 정복하라, 바다의 물고기와 하늘의 새와 땅에 움직이는 모든 생물을 다스리라 하시니라"

(2) 골로새서 2장 6, 7절 – "그러므로 너희가 그리스도 예수를 주로 받았으니 그 안에서 행하되 그 안에 뿌리를 박으며 세움을 받아 교훈을 받은 대로 믿음에 굳게 서서 감사함을 넘치게 하라"

(3) 잠언 10장 11, 12절 – "의인의 입은 생명의 샘이라도 악인의 입은 독을 머금었느니라 미움은 다툼을 일으켜도 사랑은 모든 허물을 가리느니라"

3. 아래 성구의 (   )에 맞는 단어를 넣고 가능하면 암송합시다.

"하나님이 그들에게 (   )을 주시며 하나님이 그들에게 이르시되 생육하고 (   )하여 땅에 (   )하라, 땅을 (   )하라, 바다의 물고기와 하늘의 새와 땅에 움직이는 모든 (   )을 다스리라 하시니라"(창 1:28)

1-1 하나님은 가정 위에

작사/작곡 이순희

복음과 가족치유

1-2 인생의 시작

작사/작곡 이순희

인 생의 시작 생 명의 시작 우 리 의 가 정

가 정의 행복 참 된 만족은 주 님 께 있 네

성 장의 시작 — 존 재의 시작 — 가 정의 회복 은

하 — 나 님의 권능 이 회 복 될 때 이루 어 지 네

어 — 둠을 몰아 내 고 사 랑하는 가정지키 세

하 나 님 말씀 생 명의 말씀 지 켜 행 하 세

성 령의 불로 죄 를 멸하고 행 복 누 리 세

제1장 독을 품은 부모, 복을 품은 부모

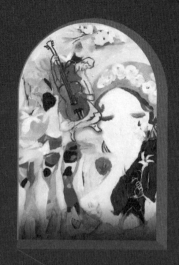

2

역기능 가정의 치유

창세기 19장 30-38절

"롯이 소알에 거주하기를 두려워하여 두 딸과 함께 소알에서 나와 산에 올라가 거주하되 그 두 딸과 함께 굴에 거주하였더니 큰 딸이 작은 딸에게 이르되 우리 아버지는 늙으셨고 온 세상의 도리를 따라 우리의 배필 될 사람이 이 땅에는 없으니 우리가 우리 아버지에게 술을 마시게 하고 동침하여 우리 아버지로 말미암아 후손을 이어가자 하고 그 밤에 그들이 아버지에게 술을 마시게 하고 큰 딸이 들어가서 그 아버지와 동침하니라 그러나 그 아버지는 그 딸이 눕고 일어나는 것을 깨닫지 못하였더라 이튿날 큰 딸이 작은 딸에게 이르되 어제 밤에는 내가 우리 아버지와 동침하였으니 오늘 밤에도 우리가 아버지에게 술을 마시게 하고 네가 들어가 동침하고 우리가 아버지로 말미암아 후손을 이어가자 하고 그 밤에도 그들이 아버지에게 술을 마시게 하고 작은 딸이 일어나 아버지와 동침하니라 그러나 아버지는 그 딸이 눕고 일어나는 것을 깨닫지 못하였더라 롯의 두 딸이 아버지로 말미암아 임신하고 큰 딸은 아들을 낳아 이름을 모압이라 하였으니 오늘날 모압의 조상이요 작은 딸도 아들을 낳아 이름을 벤암미라 하였으니 오늘날 암몬 자손의 조상이었더라"

2

역기능 가정의 치유

가정은 천국의 축소판입니다.

하나님은 우리가 가정을 통해 최고의 사랑, 최고의 평안, 최고의 기쁨을 맛보게 하셨고, 가정을 통해 세상을 살아나갈 힘을 얻도록 하셨습니다. 가정 안에서 하나님의 사랑과 유사한 부모의 사랑을 경험하게 하셨고, 천국과 흡사한 아이들의 웃음소리를 듣게 하셨으며, 삼위일체 하나님의 사귐과 비슷한 가족 간의 교제를 나누게 하셨습니다. **행복한 가정은 명문 대학에서도 배울 수 없는 사랑과 지혜를 제공하고, 건강한 가정은 많은 돈으로도 살 수 없는 건강한 내면을 소유하게 합니다.**

유명한 교육학자 에디 쉐이퍼는 **'건강한 가정의 기능'**을 다음과 같이 설명했습니다.

첫째, 가정은 인간이 태어나서 성장하는 곳이다.

둘째, 가정은 가족들의 피난처요, 보금자리이다.

셋째, 가정은 사람에게 필요한 돈을 벌고 쓰는 곳이다.

넷째, 가정은 문화를 창조하는 중심지이다.

다섯째, 가정은 인간생활에 가장 귀중한 것들을 기억하게 하는 기억의 박물관이다.

여섯째, 가정은 영원한 인간관계가 형성되고 출발하는 곳이다.

일곱째, 가정은 신앙의 출발지이면서 완성지이다.

그런데 많은 가정들이 천국을 경험하게 하는 순기능을 다하지 못하고, 지옥을 경험하게 하는 역기능을 합니다. 현대의 가정에는 부부가 서로 사랑하고 서로에게 힘이 되어주기보다는, 서로 미워하고 서로에게 상처를 주는 일이 많습니다. 부모도 건강한 사랑과 충분한 관심으로 자녀를 양육하기보다는 왜곡된 사랑 혹은 무관심으로 자녀를 고통스럽게 하는 일이 많습니다. 그뿐만 아니라 부모를 존경하며 사랑해야 할 자녀는 부모를 미워하고 부모를 원망하는 경우가 많고, 서로에게 버팀목이 되어주어야 할 형제자매는 악한 이기심으로 다투는 일이 많습니다.

참으로 많은 가정들이 감당하기 힘든 상처 속에 병들어 가고 있습니다. 거짓, 분노, 욕심, 이기심, 다툼 등으로 병든 가정이 세상에 만연합니다. 게다가 현대에는 가정의 해체가 급증하고 있습니다. 결혼을 기피하는 사람들이 많아졌고, 결혼을 해도 아이를 낳지 않는 사람들이 많아졌습니다.

우리나라에 역기능 가정이 급증하고 있습니다.
높은 이혼율, 자살률, 실업률은 곧바로 가정에 치명적인 결과를 초래하여 가정의 존립을 위태롭게 하고, 가정의 순기능을 상실하게 합니다. 그뿐만 아니라 알코올, 성, 폭력, 도박, 담배, 마약, 이단 등에 중독되는 사람이 많아지고 우울증, 공황장애, 대인기피증 등의 정신질환에 빠지는 사람들이 증가하는 것도 역기능 가정의 증가를 초래합니다. 그러므로 우리는 성령의 능력으로 역기능 가정의 상처를 치료받고 가족들의 내면을 치유하여 영육으로 건강한 가정을 세워야 합니다.

살아계신 하나님은 치료의 하나님이십니다.
하나님의 독생자 예수 그리스도는 성육신하시고 십자가에 죽으심으로 우리 가정의 모든 죄와 상처를 담당하셨고 우리의 영혼을 자유롭게 하셨습니다.

"그는 실로 우리의 질고를 지고 우리의 슬픔을 당하였거늘 우리는 생각하기를 그는 징벌을 받아 하나님께 맞으며 고난을 당한다 하였노라 그가 찔림은 우리의 허물 때문이요 그가 상함은 우리의 죄악 때문이라 그가 징계

를 받으므로 우리는 평화를 누리고 그가 채찍에 맞으므로 우리는 나음을 받았도다"(사 53:4-5)

인간의 모든 일에는 한계가 있고 연약함이 있지만 하나님은 한계가 없으시며, 전지전능하십니다. **참으로 하나님의 치료는 완전한 치료이며 최상의 치료입니다.** 그러므로 지혜로운 사람은 자기 힘으로 가정의 문제를 해결하려고 발버둥 치지 않습니다. 지혜의 근원은 하나님을 아는 것이고, 지혜의 절정은 하나님을 의지하는 것에서 드러납니다.

우리는 오직 하나님을 의지하여 하나님이 주시는 치료와 회복의 능력을 경험해야 합니다. 살아계신 하나님의 능력으로 깨어진 가정, 상한 가정, 무너진 가정을 치료받고 하나님의 능력으로 가정을 새롭게 해야 합니다. 우리의 가정 위에 하나님의 강력한 치료의 광선이 비추기를 소원합니다.

"내 이름을 경외하는 너희에게는 공의로운 해가 떠올라서 치료하는 광선을 비추리니 너희가 나가서 외양간에서 나온 송아지 같이 뛰리라"(말 4:2)

역기능 가정은 정상적인 기능을 하지 못하는 가정을 뜻하는 말입니다. 일반적으로 심리학자들은 알코올 중독자나 일 중독자 혹은 도박에 빠진 가족이 있거나 외도에 빠진 남편이나 아내가 있는 가정을 역기능 가정이라고 부릅니다. 또 순기능 가정에 비해 부모가 불화하여 잦은 다툼이 있거나 그로 인해 이혼 및 재혼하여 편모, 편부, 계모의 부모가 있는 가정, 기본적인 의식주 영위가 어려울 정도로 가난한 가정, 의처증이나 의부증 증세를 보이는 부모나 지나치게 엄격하고 강압적인 부모가 있는 가정과 중풍이나 뇌성마비와 같은 중병을 앓는 환자가 있는 가정을 통틀어 '역기능 가정'이라고 부릅니다. 그리고 역기능 가정에서 자란 모든 사람들을 '성인 아이'라고 부릅니다.

역기능 가정이 만들어지는 가장 큰 이유는 건강하지 못한 부부 관계입니다. 부부가 사랑 없이 필요에 의해 결혼하거나 서로의 가치관이 맞지 않을 때 가정은 쉽게 위기를 맞게 됩니다. 또 남편이나 아내가 외도를 하거나 서로를 향해 무관심 혹은 증오, 원망의 감정을 갖게 될 때 역기능 가정이 만들어지게 됩니다. 더불어 가족 구성원의 내면이 여러 가지 이유로 병들 때 역기능 가정이 만들어지게 됩니다.

데이비드 스투프는 이러한 **역기능 가정을 네 종류**로 구분했습니다.

첫째는 혼돈된 가정입니다. 이 가정에는 권위도 없고 질서도 없고 훈련도 없습니다. 지도자 역할을 해야 할 부모가 리더십을 잃고 무책임한 모습을 보이기에 가족 구성원들은 각자 자신이 원하는 대로 행하며 기준 없는 삶을 삽니다.

둘째는 경직된 가정으로 혼돈된 가정과 반대되는 유형입니다. 즉 너무 완고하고 율법적이고 권위주의적인 가정입니다. 이 가정에서는 한 사람이 강압적인 권위와 결정권을 갖고 가정을 이끌어 나갑니다.

셋째는 밀착된 가정으로 가족끼리 밀착되어 엉켜있는 가정입니다. 이런 가정에서 살아가는 가족들은 "너 없으면 나는 못 살아"라고 하면서 서로에게 집착합니다. 부모는 자녀에게 집착하고, 자녀는 부모에게 집착하고, 부부는 서로에게 집착합니다. 이러한 가정에서는 한 가족원이 문제가 생기면 가족 전체가 함께 문제에 빠져들어 같이 헤매기 때문에 문제가 생긴 가족원을 올바로 도울 수 없습니다.

넷째는 유리된 가정으로 밀착된 가정과 반대된 모습으로 가족 구성원들이 서로 뿔뿔이 흩어져서 제 갈 길로 가는 가정입니다. 이 가정은 누가 무엇을 해도 상관이 없고 누가 무엇을 하는지도 모릅니다.

우리의 가정은 어떻습니까?
우리의 가정이 나타내는 역기능은 무엇입니까?
사실 이 세상에는 완전한 순기능 가정이나 역기능 가정은 없습니다. 최선의 가정에도 부족함은 존재하고 최악의 가정에서도 얻을 것은 있습니다. 그런 의미에서 세상에 존재하는 대부분의 가정은 순기능과 역기능이 혼합되어 있다고 할 수 있습니다. 물론 역기능의 정도는 가정마다 다양합니다.

미국인들이 일반적으로 『대통령을 평가하는 몇 가지 기준』이 있는데 그것은 다음과 같습니다.

첫째, 어느 가문 출신인가?

둘째, 어느 학교 출신인가?

셋째, 경제력은 어느 정도인가?

넷째, 부인의 지성과 인격은 어떤가?

미국의 역대 대통령 중에 이 평가 기준에 가장 잘 맞는 대통령으로 꼽히는 사람이 존 F. 케네디입니다. 그는 전통적인 가톨릭 명문가의 태생이었고, 지금까지도 일류대학으로 꼽히는 하버드 대학교를 졸업했으며, 재벌가의 아들로 정치자금을 충분히 활용했던 사람이었습니다. 게다가 그의 부인 재클린은 어떤 대통령의 부인과도 비교할 수 없는 지성과 매력을 겸비한 여인이었습니다.

이와는 반대로 위의 평가 기준에 전혀 맞지 않는 대통령이 한 사람 있었는데, 그가 바로 에이브러햄 링컨입니다. 그는 가난한 농부의 집에서 태어나 중학교는 고사하고 초등학교도 제대로 졸업하지 못했습니다. 주경야독의 독학생이었던 그에게서 대학이라는 빛나는 상아탑의 권위는 찾아볼 수 없었습니다. 그렇지만 아직도 미국인들에게 가장 큰 존경을 받는 대통령은 압도적으로 에이브러햄 링컨이 손꼽힙니다.

링컨에게는 부유한 명문가 출신은 아니었지만 그의 어머니가 죽으면서 남겨준 성경책 한 권이 있었습니다. **링컨은 늘 성경을 가까이함으로 예수 그리스도의 마음을 닮은 대통령이 될 수 있었습니다.** 참으로 세상에는 완벽한 부모도, 완벽한 가정도 없습니다. 또 최악의 부모를 만나 비참한 환경 속에서 살아도 예수 그리스도를 만나면 모든 환경을 초월하여 위대한 삶을 살 수 있습니다.

"그런즉 누구든지 그리스도 안에 있으면 새로운 피조물이라 이전 것은 지나갔으니 보라 새 것이 되었도다"(고후 5:17)

모든 가정에는 크든 작든 역기능이 있습니다.

태초의 가정인 아담과 하와의 가정도 범죄로 인해 역기능 가정이 되었습니다. 그들의 가정에는 두려움, 원망, 수치 그리고 저주가 있었습니다. 아담과 하와의 가정 안에 있었던 역기능은 이후의 모든 가정에 영향을 미치게 되었습니다. 죄를 가지고 태어나 죄를 지으며 살아가는 인간은 죄로 얼룩진 가정을 이루게 된 것입니다.

게리 콜린스는 "모든 가정은 불순종, 타락함으로 인해 하나님께서 의도하신 가정이 아니기에 역기능 가정이다"라고 했습니다.

데이브 카더는 그의 책 『가계도의 비밀』에서 "어쩌면 당신은 아버지가 알코올 중독자가 아니었기 때문에 당신의 가족은 역기능적이지 않았다고 느낄지도 모른다. 그러나 모든 부모들의 타락한 본성으로 인해 모든 가족들은 흠을 지니고 있으며 어떤 수준이든 역기능적이라는 것이 진리이다. 중독적이고 충동적인 행동들은 '가장 근사한 가정'에서 조차 매우 빈번히 나타난다. 그리고 그러한 행동은 거의 언제나 어떤 모습으로든 역기능 가정 배경과 관련이 있다"라고 말했습니다.

그러므로 모든 가정은 하나님의 치료가 필요합니다.

단 한 사람도 빠짐없이 우리 모두는 죄로 물든 영혼을 예수 그리스도의 보혈로 씻음 받아야 하고, 상처로 얼룩진 마음을 성령의 물로 정결하게 해야 합니다. 우리의 영혼과 가정이 예수 그리스도의 십자가의 능력과 성령의 권능으로 말미암는 강력한 치료와 회복을 경험하기를 소원합니다.

가정의 역기능은 수많은 문제와 상처를 만들어냅니다.

역기능 가정 속의 역기능 부모는 역기능 자녀를 만들고 역기능 자녀는 장성하여 또 다른 역기능 가정을 만들기 쉽습니다. 역기능 가정에서 자란 사람이 정치를 하면 역기능 정치를 하기 쉽고, 사업을 하면 역기능 사업을 하기 쉽습니다. 또 역기능 가정에서 자란 사람이 교육을 하면 역기능 교육을 하기 쉽고, 목회를 하면 역기능 목회를 하기가 쉽습니다.

팀 슬레지 박사는 그의 책 『가족치유 마음치유』를 통해 **『역기능 가정의 특징』**을 다음과 같은 7가지로 정리했습니다.

역기능 가정의 특징

(1) 역기능 가정은 정서적으로 문제가 있는 가족에게 집중되어 있습니다.

알코올 중독 아버지가 있는 가정은 아버지의 술주정이 끝나지 않는 한 평안을 누리지 못합니다. 알코올 중독 아버지의 정서가 가족 분위기 전체를 좌우하는 것입니다. 조울증으로 분노하는 어머니가 있는 가정도 마찬가지입니다. 온갖 욕설로 화를 쏟아놓는 어머니가 잠잠해져야 가정이 비로소 안정을 되찾습니다. **가족 중 누구 한 사람이 정서적으로 폭발하면 다른 모든 가족들은 이 한 사람으로 인해 고통받는 것입니다.**

(2) 역기능 가정은 감정표현을 제한합니다.

역기능 가정 속의 가족들은 건강하게 분노하고 슬퍼하는

방법을 모릅니다. 이들은 그저 자신들 마음속에 올라오는 어두운 감정들을 수치스러워하면서 억제해야 한다고 생각합니다. 이렇게 **억눌러 놓은 감정은 영혼의 독소가 되어 영혼의 생명력을 빼앗아갑니다.**

(3) 역기능 가정은 명백한 문제가 있음에도 불구하고 공개적인 대화를 피합니다.

역기능 가정에는 늘 소통의 어려움이 있습니다. 특별히 가정의 중요한 문제에 대해 이야기를 나누는 것이 어렵습니다. 역기능 가정에 속한 가족들은 가정의 중대한 문제에 대한 이슈를 꺼내면 자기들을 공격하고 비난한다고 생각해서 **대화를 회피하고 화를 내거나 침묵하는 등의 무책임한 반응을 보이는 경우가 대부분입니다.**

(4) 역기능 가정은 가정 내의 자녀들에게 파괴적인 역할을 하게 합니다.

부모들이 자주 다투게 되면 자녀들은 불안과 두려움에 떨며 '우리를 버리고 떠나지는 않을까, 저러다가 부모가 헤어지는 것은 아닌가?' 등의 생존본능의 위기를 어려서부터 경험하게 됩니다. 이럴 때 자녀들의 마음은 슬프고 힘들지만 부모가 헤어지지 않도록 또는 싸우지 않도록 그리고 자기들을 버리지 않도록 하기 위해 재롱을 피우면서 광대 노릇을 하기도 합니다. **또 엄마가 아빠로부터 학대받고 자기들을 버리고 떠나**

지 않도록 하기 위해 대리 배우자 역할을 하면서 엄마를 위로하고 엄마의 마음을 달래기 위해 온갖 정성을 다하기도 합니다.

(5) 역기능 가정은 자녀의 성장 발달단계에 필요한 적절한 양육을 제공하지 못합니다.

역기능 가정 속의 부모는 대부분 자기 상처에 함몰되어 자녀의 발달 정도를 이해하지 못하고 자녀들의 마음을 공감하지 못합니다. 그래서 **자녀에게 필요한 양육을 하지 못하고 자신들이 옳다고 여기는 방식으로 자녀를 대합니다.**

(6) 역기능 가정은 외부세계와 단절되어 있습니다.

가정 안에 비밀이 많은 것은 한마디로 역기능 가정의 대표적 모습입니다. 역기능 가정은 심각하고 치명적인 정서적 문제를 가지고 있으면서도 남이 알지 못하게 숨기고, 바깥에 알리지 못하도록 협박하면서 스스로 문제를 해결해 보겠다고 고집을 부립니다. 그리고 **교회에 나와도 가식의 옷을 입고 괜찮은 척, 행복한 척을 하고 하나님 앞에서도 진실한 내면을 드러내지 못합니다.**

(7) 역기능 가정은 사람을 신뢰하지 못합니다.

역기능 가정의 부모들은 정직하지 못하고, 투명하지 못합니다. 이들은 자주 말을 바꾸고, 사실을 숨기고, 불리한 것은 감추며, 진실을 이야기하지 못하게 하는 등의 방식으로 자녀를 양육합니다. 그때 자녀들은 부모를 믿지 못할 뿐 아니라 사람들을 믿지 못하고 의심하게 되며, **나아가 어려운 일이나 곤란한 일이나 자기에게 불리한 일이 생기면 거짓말을 밥 먹듯이 하는 역기능적 삶을 살게 됩니다.**

우리는 우리 가정 내의 모든 역기능적인 모습을 치료받아야 합니다. 모든 위선과 가식을 벗고 진실하고 투명한 가정을 세워야 하고, 불통을 깨뜨리고 소통의 문을 열어야 합니다. 특히 부모가 먼저 역기능적인 모습을 버려야 합니다. **부모가 역기능을 깨뜨리지 못하면 건강한 가정, 건강한 성인, 건강한 자녀가 세워지는 것은 거의 불가능합니다.** 고장 난 기계는 불량품을 생산할 수밖에 없는 것처럼 역기능 가정은 상처 난 사람을 만드는 공장과도 같습니다.

낸시 커티스는 그의 책 『생존의 너머서(beyond survival)』에서 이렇게 말했습니다.

"아이들은 자신의 불행의 원인이 무엇인지 모른다.

사실, 아이들은 그들이 역기능 가정이 비정상적이라는 것을 깨닫지 못한다. 어릴 때는 신체적인 학대를 받는 아이들조차도 정상적인 부모는 자녀들을 때리지 않는다는 것을 깨닫지 못한다. 그들은 다르게 살아가는 방식은 없다고 생각한다."

이렇게 역기능 가정에서 자란 자녀들은 자신들도 모르게 역기능을 학습합니다.

미국의 정신과 의사이자 심리치료사 엘버트 엘리스와 심리치료사 로버트 해퍼는 역기능 가족에서 자란 아이들이 다음과 같은 문제를 겪을 수 있다고 말합니다.

(1) **부적절한 감정조절:** 부모나 보호자로부터 받은 부정적인 자극에 대한 정상적인 대처 방식을 배우지 못하므로, 감정을 표현하는 것이 어렵고, 감정을 조절하는 능력이 떨어질 수 있습니다.

(2) **낮은 자존감:** 자신을 부정하는 말과 행동에 노출될 가능성이 많으므로 자존감이 낮아질 수 있습니다.

(3) **대인관계 문제:** 부모나 보호자와의 대인관계에서 건강한 균형과 경계를 학습하지 못하므로, 친밀한 대인관계를 형성하는 것이 어려울 수 있습니다.

(4) **문제 해결 능력의 결핍:** 부모나 보호자로부터 올바른 문제 해결 방법을 배우지 못하므로, 문제를 해결하는 능력이 떨어질 수 있습니다.

(5) **책임감 부족:** 자신의 책임과 의무를 강제로 부여받기보

다는 무책임한 행동을 보일 가능성이 높습니다.

(6) 대인기피: 대인 관계를 유지하는 것이 불안정하고, 불안정한 상황을 회피하기 때문에 대인기피 증세를 보일 수 있습니다.

본문의 롯의 가정은 여러 가지로 강한 역기능을 나타내는 가정입니다. 본문 속에서 롯과 두 딸은 소돔의 심판 속에서 하나님의 은혜로 구원받고 소알 성에 머무르고 있었습니다. 그런데 롯의 두 딸은 소돔의 멸망으로 남자는 아버지 밖에 안 남았으니 어떻게 자손을 이어갈 것인지 '염려'했습니다. 그래서 결국 지극히 인간적인 방법을 생각해냈습니다.

> "큰 딸이 작은 딸에게 이르되 우리 아버지는 늙으셨고 온 세상의 도리를 따라 우리의 배필 될 사람이 이 땅에는 없으니 우리가 우리 아버지에게 술을 마시게 하고 동침하여 우리 아버지로 말미암아 후손을 이어가자 하고"(창 19:31-32)

롯의 두 딸이 이렇게 황당한 이야기를 한 후, 바로 그 밤에 그들은 아버지에게 술을 마시게 하고 첫째 딸이 아버지와 동침했습니다. 그리고 다음 날 아버지에게 술을 마시게 하고 둘째 딸도 아버지와 동침했습니다.

이들은 일반적인 사람으로는 상상도 할 수 없는 일을 계획하고 실행하는 일에 주저함이 없었습니다. 근친상간의 죄를 저지르면서도 어떤 수치심이나 죄책감도 없었습니다. 그렇게 큰딸이 아버지의 씨를 받아 아들을 낳아 이름을 모압이라 했고, 이 아들은 후에 모압의 조상이 되었습니다. 작은딸도 아버지의 씨를 받아 아들을 낳아 이름을 벤암미라고 하였고, 이 아들은 후에 암몬의 조상이 되었습니다.

> "롯의 두 딸이 아버지로 말미암아 임신하고 큰 딸은 아들을 낳아 이름을 모압이라 하였으니 오늘날 모압의 조상이요 작은 딸도 아들을 낳아 이름을 벤암미라 하였으니 오늘날 암몬 자손의 조상이었더라"(창 19:36-38)

모압이라는 말은 '아버지로부터'라는 뜻이고, 벤암미라는 말은 '우리의 아버지에 의하여'라는 뜻입니다. 이를 통해 우리는 롯의 두 딸이 근친상간으로 아들을 낳은 것에 대해 전혀 부끄러움이 없었고, 오히려 이를 당당히 드러내고 있는 것을 알 수 있습니다. 이런 롯의 두 딸의 행동은 하나님이 보시기에 아주 악한 것이었습니다.

롯의 두 딸의 행동은 아브라함이 나중에 이삭을 결혼시키기 위해 나홀의 성에 있는 하나님을 믿는 친척에게로 종을 보내 리브가를 구한 것과 크게 대조됩니다. 그들은 후손의 문제에 하나님의 방법을 의지하지 않고 육적인 방법을 따랐습니다. 그들이 맺은 열매는 하나님께 분명 죄가 되는 열매였습니

복음과 가족치유

다. 그런데 롯의 두 딸이 행한 악은 하루아침에 만들어진 것이 아닙니다. 그들이 부끄러움이나 망설임 없이 악을 행할 수 있었던 것은 오랜 세월에 걸쳐 역기능 가정을 통해 학습된 악이 있었기 때문이었습니다.

로버트 서비는 "우리들 대부분은 '난 절대로 부모님처럼 하지는 않을 거야'라고 반항적으로 맹세하면서 집을 떠났다. 불행하게도, 내가 누구인지는 내가 무엇을 습득했는지에 달려 있다. 결국 부모들은 우리 속에 자리잡게 마련이다. 시간이 흐르고 성인이 되고 나서야 우리는 자신이 진정으로 집을 떠난 적은 한 번도 없다는 것을 깨닫는다.

사실 많은 면에서 우리는 우리 부모들의 복사판이다.

같은 게임을 하지만 다른 이름을 사용할 뿐이다. 모두 '혼란 속에 길 잃은' 동반 의존적인 유산의 산물이다"라고 했습니다.
어린 자녀들에게 부모는 그들 세상의 전부입니다.

자녀는 부모의 모든 것을 절대적으로 받아들이며 부모의 길을 따라갑니다.

불평을 잘하는 부모 밑에서 자라는 아이들은 부정적인 성격을 배우고, 악의와 오기를 자주 보이는 부모 밑에서 자라는 아이들은 난폭한 성품을 키우게 됩니다.

자주 핀잔을 주는 버릇이 있는 부모에게서는 지나치게 수줍어하는 성격을 가진 아이가 자라나고, 쉽게 정죄하는 부모 밑에서 자라는 아이는 쉽게 죄책감에 빠지게 됩니다.

하지만 역경을 잘 견디는 부모의 모습을 보며 자란 아이에게는 인내심과 지구력이 생깁니다.

부모로부터 자주 격려를 받는 아이들은 자신감이 넘치는 삶을 살게 되고, 아낌없는 칭찬을 자주 받으며 자라난 아이는 남에게 감사할 줄 아는 성품을 갖게 됩니다. 공평하게 대하는 부모 밑에서 자란 아이들은 정의를 터득하고, 아늑하고 따뜻한 가정에서 성장한 아이들은 남을 믿는 안정된 성격을 지니게 됩니다. 백지와 같은 아이들의 마음 안에 부모의 가르침과 삶이 고스란히 그려지는 것입니다.

이런 맥락에서 존 로크는 "부모들은 샘을 오염시켜 놓고 시냇물이 왜 쓸쓸한지 궁금하게 여긴다"라고 했습니다. 우리는 빨리 우리 가정 안에 있는 역기능적인 모습들을 깨뜨리고 가정의 순기능을 회복해야 합니다. 롯의 두 딸은 어릴 때부터 가정의 역기능을 배워왔습니다.

● **롯의 두 딸은 육의 길을 따라가는 아버지의 모습을 보고 배웠습니다.**

본래 롯은 아브라함을 쫓아 믿음의 여정에 동참하고 있었습니다. 아브라함이 하나님의 부름을 받아 고향을 떠나 약속의 땅으로 갈 때 롯도 함께 했던 것입니다. 그런데 롯은 육적인 사람이었습니다. 그래서 아브라함과 롯이 둘 다 소유가 많아 함께 동거할 수 없을 때 육신의 눈에 보기 좋은 곳을 찾아 갔습니다.

"이에 롯이 눈을 들어 요단 지역을 바라본즉 소알까지 온 땅에 물이 넉넉하니 여호와께서 소돔과 고모라를 멸하시기 전이었으므로 여호와의 동산 같고 애굽 땅과 같았더라 그러므로 롯이 요단 온 지역을 택하고 동으로 옮기니 그들이 서로 떠난지라"(창 13:10-11)

롯은 삼촌 아브라함에게 먼저 좋은 곳을 택하시라고 한 번 권해보지도 않고, 하나님이 기뻐하시는 곳이 어디인지 묻지도 않았습니다. 그저 그는 자기 눈에 좋아 보이는 곳을 선택했습니다. 롯은 온 땅에 물이 넉넉한 곳, 여호와의 동산 같고 애굽 땅같이 보이는 땅을 택했습니다. 물이 많아서 살기 좋고 목축업을 이어가기에 안성맞춤인 곳일 뿐만 아니라 여호와의 동산이 가진 영적인 충만함과 애굽 땅이 가진 육적인 화려함을 다 가지고 있는 땅을 택한 것이었습니다.

그러나 롯은 그가 거할 소돔과 고모라가 장차 하나님께 멸망당할 곳이라는 사실을 보지 못했습니다. 보이는 육의 이면에 감춰진 영적 실상을 보지 못한 것이었습니다. **소돔과 고모라는 실로 악이 관영한 곳이었습니다.**
소돔 사람들은 무법한 자들이요, 음란한 행실과 불법의 행실을 감행하던 자들이었습니다. 결국 롯은 그의 잘못된 선택으로 인해 쓰디쓴 고통을 당해야 했습니다. 그는 소돔과 고모라의 음란한 행실로 인해 고통당하다가 하나님이 소돔과 고모라를 멸망시키실 때 하나님이 아브라함으로 인해 허락한 은총을 받고 천사의 손에 이끌려 나와 간신히 목숨을 건졌습니다.

> "소돔과 고모라 성을 멸망하기로 정하여 재가 되게 하사 후세에 경건하지 아니할 자들에게 본을 삼으셨으며 무법한 자들의 음란한 행실로 말미암아 고통 당하는 의로운 롯을 건지셨으니 (이는 이 의인이 그들 중에 거하여 날마다 저 불법한 행실을 보고 들음으로 그 의로운 심령이 상함이라)"(벧후 2:6–8)

우리는 롯을 통해 욕심이 지혜로운 분별을 가로막는다는 사실을 깨달아야 합니다. 최고의 분별은 성결을 통해 이루어지는 것입니다. 성도가 성결하기만 하면 노력하지 않아도 선과 악을 분별할 수 있고, 애쓰지 않아도 영들의 출처를 분별하게 됩니다. 그런데 욕심이 가득한 사람은 자기 욕심에 속아서 육신의 것을 쫓음으로 영적인 궁핍에 처하게 됩니다.

> "오직 각 사람이 시험을 받는 것은 자기 욕심에 끌려 미혹됨이니 욕심이 잉태한즉 죄를 낳고 죄가 장성한즉 사망을 낳느니라 내 사랑하는 형제들아 속지 말라"(약 1:14–16)

복음과 가족치유

롯의 두 딸은 롯이 육신의 욕심에 이끌려 소돔과 고모라를 택하는 것을 보았고 이로 인해 롯의 육적인 가치관을 배우게 되었습니다. 그뿐만 아니라 롯은 소돔과 고모라가 멸망당해서 천사가 그에게 빨리 떠나라고 재촉할 때 지체하는 모습을 보였습니다. 하나님이 자비를 더하여 천사가 억지로 끌어당겨 성 밖에 두었기에 망정이지, 여지없이 심판의 유황불에 죽을 뻔했습니다. 이를 보아 롯에게는 심판을 당해도 버릴 수 없는 육적인 소욕이 강하게 있었음을 알 수 있습니다.

"동틀 때에 천사가 롯을 재촉하여 이르되 일어나 여기 있는 네 아내와 두 딸을 이끌어 내라 이 성의 죄악 중에 함께 멸망할까 하노라 그러나 롯이 지체하매 그 사람들이 롯의 손과 그 아내의 손과 두 딸의 손을 잡아 인도하여 성 밖에 두니 여호와께서 그에게 자비를 더하심이었더라"(창 19:15-16)

또 롯은 천사가 전한 "산으로 도망하라"라는 말씀을 액면 그대로 순종하지 않고, 자기 편의에 맞게 산 중턱에 작은 성읍으로 도망가게 해달라고 소원했습니다. 소돔의 심판에서 구원하신 하나님이 앞으로도 보호하고 인도하실 것이라는 것을 믿지 못하고 자기 잔꾀를 부린 것입니다.

"주의 종이 주께 은혜를 입었고 주께서 큰 인자를 내게 베푸사 내 생명을 구원하시오나 내가 도망하여 산에까지 갈 수 없나이다 두렵건대 재앙을 만나 죽을까 하나이다 보소서 저 성읍은 도망하기에 가깝고 작기도 하오니

나를 그 곳으로 도망하게 하소서 이는 작은 성읍이 아니니이까 내 생명이

보존되리이다"(창 19:19-20)

롯의 두 딸은 육적인 생각으로 온전히 순종하지 못하는 아버지를 보면서 염려와 두려움을 배웠을 것입니다. 그래서 하나님의 은혜로 소돔의 심판에서 건짐 받았으면서도 자신들의 육적인 판단 아래에 자식을 낳으려면 아버지와 동침하는 수밖에 없겠다는 지극히 육적인 생각을 하게 된 것입니다.

우리는 우리의 자녀에게 무엇을 가르치고 있습니까?

자녀들은 부모의 말이 아니라 부모의 삶을 배웁니다.

우리는 자녀들에게 먼저 하나님의 나라와 하나님의 의를 구하는 삶, 천국에 소망을 두는 삶, 주님을 기쁘시게 하는 삶을 사는 모습을 보여야 합니다. 그래서 자녀들이 영원하고 참된 가치를 쫓는 삶을 살게 해야 합니다.

● **롯의 두 딸은 타락한 소돔에서 자라며 소돔의 죄악을 배웠습니다.**

롯의 가정이 살았던 소돔은 성적인 타락이 심각한 곳이었습니다. 소돔의 타락은 실로 말세를 살아가는 우리가 보기에도 이해하지 못할 타락이었습니다.

소돔을 찾은 두 천사가 롯의 간청으로 롯의 집에서 유숙하자 소돔의 백성들이 노소를 막론하고 원근에서 다 모여서 롯을 불러 그 사람들을 내놓으라고 행패를 부렸습니다. 소돔의

복음과 가족치유

성적 타락은 낯선 사람을 상대로 집단적으로 동성애의 쾌락을 즐기려는 데까지 미쳤고, 그들의 욕구를 이루기 위해서라면 거침없이 문을 부수려 할 만큼 폭력적이었습니다.

"이르되 청하노니 내 형제들아 이런 악을 행하지 말라 내게 남자를 가까이 하지 아니한 두 딸이 있노라 청하건대 내가 그들을 너희에게로 이끌어 내리니 너희 눈에 좋을 대로 그들에게 행하고 이 사람들은 내 집에 들어왔은즉 이 사람들에게는 아무 일도 저지르지 말라 그들이 이르되 너는 물러나라 또 이르되 이 자가 들어와서 거류하면서 우리의 법관이 되려 하는도다 이제 우리가 그들보다 너를 더 해하리라 하고 롯을 밀치며 가까이 가서 그 문을 부수려고 하는지라"(창 19:7-9)

롯은 이렇게 막무가내로 나오는 소돔 사람들을 상대할 길이 없어서 자신의 두 딸을 그들에게 내어주겠다고 했습니다. 그럼에도 불구하고 소돔 사람들은 폭주하는 기관차처럼 그들의 무서운 정욕과 분노를 드러냈습니다. 소돔은 음란과 폭력으로 총체적으로 부패한 성이었습니다. 롯의 두 딸은 이와 같이 죄악으로 관영한 환경 속에 살면서 자신도 모르는 사이에 병적인 음란성에 물들어갔을 것입니다. 그래서 롯의 두 딸은 아버지에게 술을 먹이고 아버지와 동침할 끔찍한 생각을 아무런 죄의식 없이 하게 되었고, 망설임 없이 실행하게 되었을 것입니다.

● 롯의 두 딸은 소돔에 미련을 두는 어머니, 하나님의 말씀을 무시하는 예비 남편을 봤습니다.

'부전자전', '모전여전'이라는 말이 있듯이 자녀는 부모를 닮습니다. 롯의 두 딸은 아버지 롯에게 육적인 가치관을 배웠고, 어머니에게 세상에 미련을 두는 모습을 배웠습니다. 소돔과 고모라의 심판 때 빨리 산으로 도망하면서 뒤돌아보지 말라고 천사가 지시했음에도 불구하고, 롯의 아내는 말씀을 잊고 멸망하는 소돔 성을 향해 뒤를 돌아보다가 그만 소금 기둥이 되고 말았습니다.

"롯의 아내는 뒤를 돌아보았으므로 소금 기둥이 되었더라"(창 19:26)

롯의 아내에게는 소돔에 대한 미련과 애착, 소돔에 남겨두고 온 패물과 재산, 소돔에서 누렸던 쾌락에 대한 향수가 남아있었습니다. 그뿐만 아니라 롯의 두 딸이 정혼했던 남자들도 소돔의 문화권 아래에서 하나님의 말씀을 무시하는 사람들이었습니다.

"롯이 나가서 그 딸들과 결혼할 사위들에게 말하여 이르기를 여호와께서 이 성을 멸하실 터이니 너희는 일어나 이 곳에서 떠나라 하되 그의 사위들은 농담으로 여겼더라"(창 19:14)

이렇게 롯의 두 딸은 비신앙적인 가정, 역기능적인 가정에서

복음과 가족치유

성장하여 하나님의 뜻을 무시하고 육신의 정욕을 따라 육신의 방법을 취하는 것이 익숙한 사람들로 성장했습니다. 그래서 본문에서 이와 같이 무서운 악을 행하는 데까지 이른 것입니다.

기억합시다!

원인 없는 결과는 없습니다.

우리는 우리 가정이 가지고 있는 역기능이 역기능 자녀를 만들 수 있다는 사실을 알고 빨리 모든 역기능을 치료받아야 합니다. 가정 안에 남아있는 모든 죄와 상처를 버리고 가정의 순기능을 회복해야 합니다. 또 역기능 부모 밑에서 자라고 있는 자녀의 경우에는 부모의 모습을 객관적으로 바라볼 수 있는 시각이 필요합니다.

로버트 서비는 "회복에 있어서 필수적인 부분은 우리를 키운 사람들에 대해 균형 있는 시각을 갖는 것이다. 우리는 자신의 눈에서 부정의 베일을 벗고 '옛날에 이랬더라면' 하는 바람대로 과거를 바라보지 않고, 실제로 그대로 바라볼 필요가 있다"라고 말했습니다.

세상에 완벽한 부모는 없습니다.

완벽한 가정도 없습니다.

그러므로 우리는 가정의 모든 역기능을 예수 그리스도의 보혈로 씻어내어 십자가로 가정을 새롭게 해야 합니다. 자주 다투는 부모, 외도하는 부모, 이혼한 부모, 중독에 빠진 부모라도 예수 그리스도의 보혈로 치료받으면 약함 중에 온전하게 하시는 은혜를 경험할 수 있습니다. 심각한 우울증, 조울증, 공황장애, 대인기피증을 앓고 있는 자녀라도 십자가의 은혜로 거듭나면 이전의 삶을 청산하고 새 인생을 살 수 있습니다. **가족 중 한 사람이라도 먼저 모든 역기능을 청산하고 하나님의 마음에 맞는 삶을 산다면 하나님은 그로 인해 온 가족을 건져주실 것입니다.** 사실 롯의 가정이 소돔 심판에서 건짐 받은 것도 아브라함 한 사람 때문이었습니다.

아브라함은 소돔이 심판받는다는 것을 알게 된 후 소돔 온 지역이 하나님께 용서받도록 간청을 했습니다. 결국 하나님은 아브라함으로 인해 롯의 가정을 구원하기로 하셨고, 성경은 이에 대해 이렇게 기록하고 있습니다.

"하나님이 그 지역의 성을 멸하실 때 곧 롯이 거주하는 성을 엎으실 때에 하나님이 아브라함을 생각하사 롯을 그 엎으시는 중에서 내보내셨더라"(창 19:29)

각자가 자신의 가정을 위한 아브라함이 되기를 바랍니다. 세상을 쫓고 육을 쫓으며 만들어진 모든 역기능을 청산하고 하나님의 나라와 하나님의 의를 구하며 순기능을 나타내는

복음과 가족치유

가정을 세우기를 바랍니다.

윌리엄 홀은 캐나다 출신으로 자수성가해서 의대를 마치고 의사가 되었습니다. 그는 뉴욕 빈민가에서 의료 봉사를 하면서 조선 선교를 준비하던 의사 로제타를 만나 서울에서 결혼했습니다. 이들은 평양에서 의료 봉사를 하면서 교회를 개척했습니다.

그런데 윌리엄은 1894년 평양에서 벌어진 청일전쟁의 부상자들과 환자들을 치료하기 위해서 불철주야 노력하다가 전염병에 걸려 한국에 온 지 3년 만인 1894년 소천했습니다.

윌리엄의 부인 로제타는 남편이 죽었음에도 낙심하지 않고 남편의 사역을 이어갔습니다. 그녀는 평양에 남편을 기념하는 「기홀병원」을 설립했으며, 한 여성을 미국으로 유학시켜 한국 최초의 여의사(박에스더)로 육성했습니다. 그뿐만 아니라 로제타는 한글 맞춤법에 맞는 점자법을 개발하였고, 평양에 최초의 맹아학교를 세웠습니다.

또 로제타는 화상으로 세 손가락이 붙은 조선여자를 치료하기 위해 자기 피부를 떼어주는 헌신을 보임으로 '조선여자에게 자기 살을 떼준 여자'로 불리기도 했습니다. 그녀는 우리 민족을 복음화시키기 위한 희생적 헌신을 45년이나 지속했습니다. 이들의 아들, 셔우드 홀은 토론토 의대를 졸업하고 역시 의사이던 아내 마리안과 함께 한국에 와서 16년 동안 의료 선교를 했습니다. 그는 해주에 우리나라 최초의 폐결핵 요양원을 세워 환자들을 돌보았으며, 크리스마스 씰을 발행해서 결핵퇴치운동을 펼쳤습니다.

양화진에는 윌리엄 홀 부부와 아들 셔우드 홀 부부를 비롯해 모두 6명의 가족이 묻혀 있으며, 셔우드 홀 박사 공적비가 있습니다. 그들의 가족묘에 세워진 묘비에는 다음과 같은 말씀이 새겨져 있습니다.

"우리가 살아도 주를 위하여 살고 죽어도 주를 위하여 죽나니 그러므로 사나 죽으나 우리가 주의 것이로다"(롬 14:8)

기억합시다.
이 세상에는 온통 역기능 가정이 만연합니다. 역기능 가정 속에서 죄를 가지고 태어난 인간은 또 다른 역기능 가정을 만들며 역기능을 반복해나갑니다. 현대에는 이기심, 욕심, 분노, 시기, 거짓, 음란 등으로 인한 이혼, 중독, 외도, 폭력, 학대가 증가하여 역기능 가정이 증가하고 가정 해체가 이어져 역기능이 만든 상처가 범람하고 있습니다. 그러므로 우리는 예수 그리스도의 보혈로 가정의 모든 역기능을 치료받고 가정을 새롭게 함으로 더 이상의 역기능이 만들어지지 않게 해야 합니다.

롯의 두 딸은 음란한 소돔에서 자라면서 어머니, 아버지의 육적인 모습, 예비 남편의 악한 모습을 고스란히 답습하여 하나님이 보시기에 악한 죄를 저질렀습니다. 역기능 가정의 치유를 위해 먼저 우리 자신이 십자가의 보혈로 새로워져야 하고, 하나님의 마음에 합한 사람이 되어야 합니다. 그리하여 아브라함으로 인해 롯의 가정이 구원받았듯이, 우리를 통해 우리 가정이 복을 받아야 합니다.

우리 모두가 모든 역기능을 십자가에 못 박고 하나님이 기뻐하시는 믿음의 가정, 축복의 가정, 권세의 가정을 세우기를 주님의 이름으로 축원합니다.

주님과 동행하는 기쁨 나누기

1. 역기능 가정의 특징 중 몇 가지가 아래에 기록되어 있습니다.

( ) 안에 맞는 단어는 무엇입니까?

(1) 역기능 가정은 정서적으로 (   )가 있는 가족에게 집중되어 있습니다.
가족 중 누구 한 사람이 정서적으로 폭발하면 다른 모든 가족들은 이 한 사람으로 인해 고통받습니다.
● 주변에서 위와 같은 경우를 보면서 느낀 점은 무엇입니까?

(2) 역기능 가정은 (   )표현을 제한합니다.
자신들 마음속에 올라오는 어두운 감정들을 수치스러워하면서 억제해야 한다고 생각합니다. 이렇게 억눌러 놓은 감정은 영혼의 독소가 되어 영혼의 생명력을 빼앗아 갑니다.
● 주변에서 위와 같은 경우를 보면서 느낀 점은 무엇입니까?

(3) 역기능 가정은 (   )을 신뢰하지 못합니다.
이들은 정직하지 못하고, 투명하지 못하며, 자주 말을 바꾸고, 사실을 숨기고, 불리한 것은 감추며, 진실을 이야기하지 못하게 합니다. 나아가 어려운 일이나 곤란한 일이나 자기에게 불리한 일이 생기면 거짓말을 밥 먹듯이 하는 삶을 살게 됩니다.

2. 아래 성구를 보고 당신의 삶에 일어난 일을 나누십시오.

(1) 고린도후서 5장 17절 – "그런즉 누구든지 그리스도 안에 있으면 새

로운 피조물이라 이전 것은 지나갔으니 보라 새 것이 되었도다"

(2) 야고보서 1장 14-16절 – "오직 각 사람이 시험을 받는 것은 자기 욕심에 끌려 미혹됨이니 욕심이 잉태한즉 죄를 낳고 죄가 장성한즉 사망을 낳느니라 내 사랑하는 형제들아 속지 말라"

(3) 로마서 14장 8절 – "우리가 살아도 주를 위하여 살고 죽어도 주를 위하여 죽나니 그러므로 사나 죽으나 우리가 주의 것이로다"

3. 아래 성구의 (   )에 맞는 단어를 넣고 가능하면 암송합시다.

"내 이름을 경외하는 너희에게는 공의로운 (   )가 떠올라서 (   ) 하는 광선을 비추리니 너희가 나가서 (   )에서 나온 송아지 같이 뛰리라"(말 4:2)

2-1 하나님과 멀어져

작사/작곡 이순희

♩ = 80

Am ... /C ... Dm ... E ... /G#

하 나 님과 멀 어 져 　 외 로 운 영 혼
외 로 움 달 래 려 고 　 헤 매 는 영 혼

5　Am ... E/G# ... Dm/F ... E ... Am ... /E

고 아 같은 마음으 로 — 　 고 단 한 영 혼
불 안 했던 영 — 혼 아 — 　 주 께 로 오 라

9　Am ... E/G# ... Am ... Dm/F ... E

죄 로 인해 무 너 진 　 우 리 의 마음과가 정

13　Dm ... E ... F ... E

아 가 페 그 사 랑 　 영 원 한 그 사 랑

17　E/G# ... Dm/F ... Am/E ... Dm ... E ... /G# ... Am

그 놀 라 운 사 랑으 로 — 　 고 쳐 주 시 네

복음과 가족치유

2-2 가정은 천국의 모형

작사/작곡 이순희

3

가족 우울증의 뿌리를 뽑아라

잠언 15:13-17

"마음의 즐거움은 얼굴을 빛나게 하여도 마음의 근심은 심령을 상하게 하느니라 명철
한 자의 마음은 지식을 요구하고 미련한 자의 입은 미련한 것을 즐기느니라 고난 받는
자는 그 날이 다 험악하나 마음이 즐거운 자는 항상 잔치하느니라 가산이 적어도 여호
와를 경외하는 것이 크게 부하고 번뇌하는 것보다 나으니라 채소를 먹으며 서로 사랑
하는 것이 살진 소를 먹으며 서로 미워하는 것보다 나으니라"

3

가족 우울증의 뿌리를 뽑아라

지금 세계는 우울증의 폭격을 당하고 있습니다.

과거의 사람들을 위협했던 것이 가난, 전쟁, 기근, 전염병이었다면, 현대의 사람들을 압도적으로 위협하는 것은 바로 우울증입니다.

우울증은 슬픈 감정이 단순히 기분상의 문제를 넘어서 오래 지속되는 것을 의미합니다.

우울증은 개인생활이나 사회생활에 영향을 주어서 내면세계가 무너지는 병입니다. 정신 의학에서는 '우울감의 지속, 흥미나 즐거움 저하, 식욕과 체중의 감소나 증가, 불면이나 수면과다, 마음의 초조함과 행동의 둔화, 피곤함과 기력 상실, 가치감 상실과 죄책감, 사고력과 집중력의 저하, 자살 생각과 충동 등' 9가지 증상 중 5가지 이상이 2주 이상 지속되면 '우울증'

이라고 합니다. 지금 현대인들은 누구나 할 것 없이 우울감을 느끼며 우울증의 범주에서 살아갑니다.

세계보건기구(WHO)는 2020년에는 '우울증 대란'이 일어날 것이며 우울증이 미래의 질병 1위로 급부상할 것이라고 말했습니다. 아니나 다를까 2022년 우리나라는 매달 1,000명 혹은 그 이상의 사람들이 자살했습니다. 코로나19 장기화로 인한 우울감 및 자살 생각률이 증가하면서 매년 우울증 진료환자의 수도 증가하고 있습니다. 10대에서 30대 사망원인의 1위가 자살로 나타나며 한국의 자살률은 OECD 국가 평균 11.3명의 2배 이상으로, OECD 국가 중 자살률 1위의 오명을 벗지 못하고 있습니다.

이러한 비극적인 결과의 배후에는 우울증이 있습니다.
자살하는 사람들의 80%는 우울증으로 인해 자살한다고 합니다. 우울증에 빠지면 별 대수롭지 않은 일에도 심각한 좌절과 연민을 느끼며 인생을 힘겹게 느끼게 됩니다. 또 인생의 목적과 비전을 상실하게 되고 인생을 살아가면서 느끼는 활력과 기쁨을 잃어버리게 됩니다. 그뿐만 아니라 우울증에 걸리면 많은 돈과 명예, 지식과 건강이 아무런 소용이 없어집니다.

우울증에 빠지면 어떤 좋은 조건과 여유로운 환경 속에 있어도 지옥의 웅덩이에 갇힌 것과 같은 삶을 살게 됩니다. 이러한 **우울증은 개인의 문제에서 그치지 않습니다.** 가족 중 한 사람이라도 우울증에 빠지게 되면 온 가족이 우울증의 덫에 걸려서 자유롭지 못한 삶을 살게 됩니다. 우울증에 빠진 사람은 온 가족에게 우울의 분위기를 전가할 뿐 아니라 자신이 정상적인 삶을 영위하지 못하기에 가족들에게 고통을 줍니다. 오늘날 참으로 많은 사람들이 자신 혹은 가족의 우울증으로 인한 자기 비관, 폭력, 폭언, 망상, 조울, 자살 충동, 자살 등으로 고통 속에서 살아가고 있습니다.

자살 유가족인 에이미 맥도웰 말로우(Amy McDowell Marlow)는 워싱턴포스트지에 다음과 같은 글을 기고했습니다.

"세탁방에 목을 매고 숨겨있던 아버지를 본 그 순간부터, 제 인생은 송두리째 달라졌습니다. 그 장면은 오랜 세월이 지난 지금도 잊을 수 없고, 그 순간의 고통은 오늘도 여전히 저를 괴롭힙니다. 저는 그 당시 13세에 불과했습니다.

아버지는 저의 영웅이었습니다.

베트남 전 참전 용사였고, 명문 미시건 대학을 졸업한, 록 음악을 사랑하던 남자였습니다. 어렸던 저는 우울증이 어떤 것인지도 몰랐고, 아버지가 정신 건강상의 문제로 수년간 힘겨워했다는 사실도 몰랐습니다. 그저 막연하게 아버지가 늘 피곤해 보였고, 위축되어 보였으며, 슬퍼 보였습니다.

갑작스럽게 아버지가 죽은 후 제 삶은 트라우마로 가득하게 되었습니다. 저는 세탁방에 매달린 아버지를 발견하는 그 순간을 지속적으로 다시 경험하곤 했습니다. 공포에 질려 잠에서 깨곤 했고, 다시 잠들면 또 다른 비극이 우리 가족을 덮칠까 봐 두려워서 잠을 못 이루곤 했습니다. 그리고 시간이 흐름에 따라 저는 아버지에 대해서 이야기하지 않게 되었습니다.

저를 후벼 파던 고통과 트라우마, 그리고 부끄러움과 죄책감까지 모두 제 안의 깊은 곳에 묻어두었습니다. 10대와 20대 내내 저는 제 안의 고통을 잠자는 한 마리 용과 같이 취급했습니다. 마음속 깊이 그것이 있다는 사실은 알았지만, 깨우지 않으려고 부단히 노력했습니다. 삶은 그렇게 계속되었습니다. 제 주위엔 많은 친구가 있었고, 저는 명문 대학을 우수한 성적으로 졸업했습니다. 겉보기에는 모든 게 좋아 보였습니다.

그런데 제가 스물두 살이 되던 해, 저의 어머니는 암 진단을 받았습니다. 그리고 마침내, 참아왔던 제 내면의 고통이 터져 나오기 시작했습니다. 어머니마저 잃을지 모른다는 생각에 저는 먹기를 거부했고 잠을 이루지 못했습니다. 끊임없이 차 안에서 똑같은 슬픈 노래들을 반복해 들으며 눈물을 흘렸습니다. 그때부터 저의 삶은 아버지의 우울증 증세를 그대로 재현해내고 있는 듯했습니다.

저는 저 자신을 통제할 수 없음을 느꼈습니다.

지난 시간의 슬픔과 불안, 죄책감과 트라우마가 마치 쓰나미(Tsunami)처럼 저를 덮쳐왔습니다. 공황 발작이 시작되었고, 죽을 것 같다는 공포감에 휩싸였습니다. 그렇게 지금까지 20년째 우울증과 불안장애에 시달리며 정신과 치료에 의존해서 살고 있습니다."

현대의 우울증은 더 이상 남의 이야기가 아닙니다.

우리는 너무도 자주 우울증으로 인해 자살한 유명 정치인과 경제인, 연예인의 비극적인 이야기를 뉴스를 통해 접합니다. 그뿐만 아니라 유명하고 유능한 목사가 우울증으로 자살했다는 믿을 수 없는 이야기를 접하기도 합니다. 심지어 자살방지 사역을 하던 목회자가 자살한 뉴스까지 들립니다.

미국에서 자살 방지 사역을 하던 목회자가 스스로 삶을 끊는 비극적인 사건이 발생했다고 미국 크리스천포스트지가 2017년 12월 6일에 보도했습니다. 그의 나이는 60세였고, 수개월간 우울증을 앓아온 것으로 알려졌습니다.

교회 측은 "무거운 마음으로, 슬픈 소식을 알리지 않을 수 없다. 사랑하는 빌 렌즈 담임 목사님이 12월 4일 오후 돌아가셨다. 빌 목사님은 지난 3개월 동안 우울증으로 고통을 받아오셨다. 상담사와 의사를 만나고 친구들에게 도움을 구했으나 결국 우울증이 이 땅에서 그분의 생명을 가져가셨다"라고 전했습니다.

렌즈 목사의 자살이 더욱 충격적이었던 것은 그가 자살 방지 활동에 매우 적극적인 인물이었기 때문이었습니다. 그는 해마다 미국 전역에 걸친 50만 명의 10대들과 성인들을 대상으로 자살 방지 특강을 하고, 신앙을 바탕으로 한 야외활동과 행사들을 진행했습니다.

현 시대를 살아가고 있는 사람은 누구나 우울증의 공격에서 자유롭지 않습니다. 그러므로 우리는 심각하고 진지하게 우울증과의 전쟁을 직시하고 이 전쟁에서 승리해야 합니다. 인생을 지키기 위해, 가정을 지키기 위해, 사회와 국가 그리고 세계를 지키기 위해 우리는 우울증과의 전쟁에서 승리하고 영혼 건강을 지켜야 합니다.

영혼 건강은 그 어떤 부귀, 명예, 권세와 견줄 수 없는 최우선적인 가치입니다. 모든 사람에게, 모든 영역에서 가장 중요한 것이 영혼 건강입니다. 자녀 양육에 있어서 가장 강조할 1순위는 영혼 건강입니다. 배우자 및 인생의 중요한 일을 같이 할 사람을 선택할 때도 역시 영혼의 건강을 가장 중요하게 생각해야 합니다.

건강한 영혼은 하나님의 뜻을 알고, 하나님의 능력을 공급

받으며, 하나님의 마음을 느낍니다. 그렇기에 건강한 영혼은 어떤 열악한 환경과 상황 속에 있어도 헤쳐 나갈 수 있으며 인내할 수 있고 마침내 역전의 역사를 이루어 낼 수 있습니다.

"우리가 이 보배를 질그릇에 가졌으니 이는 심히 큰 능력은 하나님께 있고 우리에게 있지 아니함을 알게 하려 함이라 우리가 사방으로 우겨쌈을 당하여도 싸이지 아니하며 답답한 일을 당하여도 낙심하지 아니하며 박해를 받아도 버린 바 되지 아니하며 거꾸러뜨림을 당하여도 망하지 아니하고 우리가 항상 예수의 죽음을 몸에 짊어짐은 예수의 생명이 또한 우리 몸에 나타나게 하려 함이라"(고후 4:7-10)

클라우스 랑에는 "우울증이란 우리를 내적인 나락으로 이끄는 유혹의 손길이다"라고 했습니다.

게오르크 짐멜은 "많은 사람들은 우울 속에서 생활한다. 높은 곳에 오른 사람은 밝음과 어둠 속에서 산다. 우울이란 밝음과 어둠 사이에 있는 흐릿한 발전 없는 혼돈이다"라고 했습니다.

우리는 영혼에 틈탄 모든 우울증을 예수님의 이름으로 몰아내고, 가정에 틈탄 우울증을 몰아낼 수 있는 능력을 받아야 합니다. 알게 모르게 우리의 영혼을 좀 먹고 있었던 우울증, 공황장애, 대인기피, 불안장애, 망상, 환청, 환시 등 모든 정신질환이 떠나가는 능력의 역사가 바로 지금 예수 그리스도의 이름으로 일어나기를 소원합니다. **십자가는 모든 영육의**

병을 고치는 능력입니다.

"이는 선지자 이사야를 통하여 하신 말씀에 우리의 연약한 것을 친히 담당 하시고 병을 짊어지셨도다 함을 이루려 하심이더라"(마 8:17)

세상은 지금 빠른 속도로 우울증으로 뒤덮이고 있습니다.

대표적인 우울증의 종류

(1) 청소년 우울증

10대 사망원인 1위가 자살이라는 비극적인 통계 결과가 보여주듯이 청소년 우울증은 상당히 심각합니다.

2020년 건강보험심사평가원의 조사에 의하면 19세 이하 아동 청소년 정신진료 환자 수가 2016년 22만 명에서 2020년 27만 명으로 늘었습니다. 특히 우울증은 2017년 29,534명에서 2020년 48,221명으로 3년 만에 63% 급증했습니다.

청소년들이 우울해하는 주된 이유는 가정불화, 학교 성적, 친구 관계로 밝혀졌는데 가정불화가 압도적인 이유로 밝혀졌습니다. 이를 통해 우리는 한국의 높은 이혼율과 청소년 우울증, 청소년 자살이 깊은 상관관계가 있다는 것을 알 수 있습니다.

그러므로 우리는 무엇보다 우선적으로 가정을 회복해야 합니다. 부부 사이가 깨어지면 자녀의 심령이 깨어지고, 가정의 영성이 무너지면 자녀의 영성이 무너집니다. 우리는 청소년 우울증을 해결하고 자녀들의 영혼을 건강하게 회복시키기 위해 가정의 운전대를 예수님께 맡기고, 예수님의 뜻대로 살아가는 가정을 세워야 합니다.

"아내들이여 자기 남편에게 복종하기를 주께 하듯 하라 이는 남편이 아내의 머리 됨이 그리스도께서 교회의 머리 됨과 같음이니 그가 바로 몸의 구주시니라 그러므로 교회가 그리스도에게 하듯 아내들도 범사에 자기 남편에게 복종할지니라 남편들아 아내 사랑하기를 그리스도께서 교회를 사랑하시고 그 교회를 위하여 자신을 주심 같이 하라"(엡 5:22-25)

(2) 소아 우울증

매일경제 2022년 1월 30일 기사입니다.

「"아이가 밥도 안 먹고 우울해서 병원에 갔더니 소아 우울증 초기래요."

서울 강서구에 거주 중인 주부 최 모씨(36)는 최근 여섯 살짜리 아이와 함께 소아정신과에 다녀왔다. 평소 활달했던 아이가 집에 멍하니 앉아있거나 짜증을 내고 주의력이 떨어지는 모습을 자주 보였기 때문이다. 처음에는 일시적인 현상이라 생각해 대수롭지 않게 여겼지만, 이상행동이 반복되자 최 씨는 소아정신과에 가보라는 주변인들의 조언을 듣고 병원으로 향했다. 병원에서는 최 씨의 자녀가 '소아 우울증 초기'라고 진단 내렸다.」

요즘 아이들의 정신건강은 과거와 비교해 매우 위험한 환경에 처해있는 것이 사실입니다. 위의 사례에서 보인 증상들은 이르면 여덟 살부터 나타나기 시작하는 '소아·청소년 우울증' 증상의 일부입니다.

현대에는 청소년뿐 아니라 소아들도 우울증의 대상이 되어버렸습니다.
2019년 건강보험심사평가원에서 발표한 '소아·청소년 정신건강 의료지표 개발 및 활용' 보고서에 따르면, 소아 우울증 진단을 받은 5~14세 아동이 5,698명으로 집계되었다고 합니다. 한 해 6,000여 명 되는 아이들이 우울증으로 새롭게 진단받고 있습니다. 또 그 비율도 점점 늘어나는 추세입니다.

소아, 청소년기의 우울증은 성인의 우울증과는 조금 다른 양상을 보입니다. **성인의 우울증이 눈에 띄는 기분 저하(우울감)와 매사 의욕 저하 등이 주된 증상이라면, 청소년기의 우울증은 짜증과 과격한 반응 등이 주요 증상입니다.** 이들은 감정을 주체하지 못하고 가족들을 상대로 자주 폭발합니다. 또, 등교 거부나 학습 거부 등의 증상들을 보이기도 합니다. 혹은, 밤새워 컴퓨터나 게임을 하는 행동도 나타나게 됩니다.

복음과 가족치유

이렇게 어린아이들이 우울증에 빠지면 정서적으로 공격적으로 혹은 폐쇄적으로 바뀌게 되고 신체발달 지연 등의 여러 가지 이상 징후들이 성인기까지 영향을 미치게 됩니다.

소아 우울증의 대표 원인도 역시 가정불화입니다.

아이들은 어려서 표현은 못 해도 가정의 분위기를 민감하게 느끼고 반응하게 됩니다. 그러므로 부부 싸움이 잦고 폭언과 폭행이 이어지는 가정이라면 아이들의 민감한 영혼이 손상을 입어 소아 우울증에 빠지게 될 확률이 높아지게 됩니다.

(3) 산후 우울증

대전에서 20대 산모가 산후 우울증에 시달리다가 태어난 지 한 달 남짓 된 딸을 살해해서 사회적 이슈가 된 적이 있습니다.

사실 산후 우울증으로 인해 영아를 살해하거나 폭행하는 기사는 거의 매년 반복해서 나오는 것입니다.

산후 우울감은 30~75%의 산모에게서 나타날 정도로 흔하며 별다른 치료 없이도 자연적으로 호전됩니다. 산후 우울감은 일시적인 감정의 변화로서 출산 후 3~5일가량부터 시작되어 수일에서 수주 이내에 저절로 사라집니다. 가벼운 짜증, 일시적인 슬픔, 이유 없이 흐르는 눈물 등이 잠시 나타납니다. 이에 비해 산후 우울증은 산모의 10~15%에서 발생합니다. 산후 우울증은 우울감으로 시작하여 수개월 혹은 수년까지도 지속될 수 있습니다.

육아를 도와주는 사람들이 없을 때 더 자주 발생하며 과거 기분의 문제 혹은 가족력이 있을 때도 잘 발생합니다. 대부분이 수면의 문제를 보이며 과도한 죄책감과 자신의 생명뿐만 아니라 아이를 해치려는 생각이 수반되기도 합니다.

(4) 중년 남성 우울증

보건복지부와 한국생명존중희망재단에서 『2021 자살예방 백서』를 발간했습니다. 이 백서에는 2008년부터 급증하고 있는 50대 남성 우울증 환자의 통계가 나와있습니다. 우울증으로 인해 남성 50대가 여성 50대보다 자살률이 두 배 이상 높은 것으로 나왔습니다. 연간 우울증으로 진료받는 남성 환자 중 50~60대 환자가 전체 중 34%를 차지했습니다.

경남대학교 간호학과 이은주 교수는 2020년에 '기혼 중년 남성의 우울에 영향을 미치는 요인'에 대해 발표했습니다. 중년 남성의 우울에 영향을 미치는 요인은 자아존중감과 부부 친밀도로 나타났습니다. 자아존중감이 낮아지는 원인에는 경제적 어려움, 노후준비, 신체적 노화, 이루지 못한 꿈에 대한 좌절, 존재감 약화, 사회적 유대 위축 등이 있습니다. 또한 조사를 통해 기혼 중년 남성은 아내의 전적인 지지를 통해 삶에 대한 용기를 얻게 된다는 결과를 얻었습니다.

이렇게 청소년 우울증, 소아 우울증, 산후 우울증, 중년 남성 우울증뿐 아니라 노인 우울증, 주부 우울증, 청년 우울증 등 우울증의 종류는 너무도 많습니다. 그만큼 온 사회에 우울증이 만연했다는 증거입니다.

우울증이 확산될수록 세상은 우울증을 신체적 질환, 정신적 질환으로 분류하며 대응의 노력을 높여가고 있습니다. 우선 신체적으로 뇌질환, 내분비 계통의 질환, 여성의 경우 갑상선 기능의 장애 등을 통해 우울증이 생길 수 있다고 분석합니다. 그리고 정신적으로 소원성취의 좌절, 상실, 죄책감 등을 통해 우울증이 생길 수 있다고 봅니다.

그래서 신체적인 약물치료, 정신적인 상담치료로 우울증을 개선하려는 시도를 하고 있습니다. 그런데 이에 비해 우울증을 영적으로 다루고자 하는 움직임은 둔해지고 있습니다. 안타깝게도 우울증 환자는 늘어가지만 우울증에 대처할 영적 능력, 성경적 지식을 겸비하지 못한 교회가 우울증의 치료 책임을 세상으로 떠넘기는 경향이 늘고 있습니다.

물론 의학도 하나님이 사용하시는 치료 방법 중 하나입니다. 우리는 의학과 의술을 무시해서는 안 되며 의학기술을 통해 역사하시는 신유의 하나님을 의지해야 합니다. 하지만 동시에 우리는 영적인 치료를 받아야 합니다. 신유의 근원이신 하나님은 우리의 전인을 치료하시는 하나님이십니다. **하나님**

의 치료는 인간의 이성으로 제한할 수 없는 초자연적인 것이며 완전한 것입니다.

> "내 이름을 경외하는 너희에게는 공의로운 해가 떠올라서 치료하는 광선을 비추리니 너희가 나가서 외양간에서 나온 송아지 같이 뛰리라"(말 4:2)

세상은 지금 이렇다 할 우울증의 대처방안을 찾지 못하고 있습니다. 정신과 치료도, 상담도 근원적인 치료의 길을 열어 보이지는 못하고 있습니다. 하나님께 영적이고 핵심적인 치료를 받지 못해서 방황하는 사람들은 이제 우울증을 마음의 감기로 치부하며 받아들이는 수준에까지 왔습니다.

『죽고 싶지만 떡볶이는 먹고 싶어』라는 책은 2018년 여름 베스트셀러 1위에 오른 에세이입니다. 이 책은 오랜 시간 우울증과 불안장애를 겪어온 저자가 정신과 전문의와 나눈 12주간의 대화를 엮은 것입니다.

출판사 편집자 출신인 백세희 씨는 자신이 우울증 환자임을 숨기지 않고 드러내어 책을 써서 많은 이들에게 공감을 얻었습니다. 백세희 씨는 "방금 전까지 '오늘은 기필코 죽고 말겠어'라고 생각을 했으면서 친구의 농담에 뒤집어지게 웃고, "떡볶이 먹으러 가자"라는 친구의 말에 끌려 너무 맛있게 떡볶이를 먹는 내 모습이 싫으면서도 우스웠다"라며 "그때의 기억이 생각나 책 제목을 『죽고 싶지만 떡볶이는 먹고 싶어』로 짓게 됐다. 웃으면서 고통을 짊어지고 사는 게 내 정확한 상태라는 생각이 들었다"라고 설명했습니다.

이 책의 애독자들은 하나같이 우울증 증상을 공감하며 어느 정도의 우울증은 피할 수 없는 인생의 짐으로 인식하는 책의 정서에 동의하고 있습니다.

그러나 우울증은 어쩔 수 없이 받아들여야 하는 삶의 짐이 아닙니다. 예수 그리스도 안에서 우리는 우울증을 완전히 치료받고 새로운 삶을 살 수 있습니다.

"그런즉 누구든지 그리스도 안에 있으면 새로운 피조물이라 이전 것은 지나갔으니 보라 새 것이 되었도다"(고후 5:17)

때로는 더디게 치료되고, 인간의 생각과 다른 방법으로 치료될 수 있지만 분명히 하나님은 어제나 오늘이나 영원토록 동일하게 치료의 역사를 나타내고 계십니다. 우리는 하나님의 치료를 믿고 증거 해야 하며, 치료하시는 성령님의 능력으로 말미암아 많은 영혼들을 치료하는 삶을 살아야 합니다. 우울의 늪에 빠졌지만 답을 찾지 못하는 이 시대 앞에서 우리 모두가 그리스도의 군사로 우뚝 서서 우울증을 치료하시는 하나님을 증거하고 많은 영혼을 치료하는 삶을 살기를 소원합니다.

"주께서 나의 슬픔이 변하여 내게 춤이 되게 하시며 나의 베옷을 벗기고 기쁨으로 띠 띠우셨나이다 이는 잠잠하지 아니하고 내 영광으로 주를 찬송하게 하심이니 여호와 나의 하나님이여 내가 주께 영원히 감사하리이다"(시 30:11-12)

특별히 우리는 가정 우울증을 영적 전쟁으로 인식하고 가정을 우울의 영으로 공격하는 어둠의 영을 상대해서 담대하고 능수능란하게 싸워야 합니다.

"끝으로 너희가 주 안에서와 그 힘의 능력으로 강건하여지고 마귀의 간계를 능히 대적하기 위하여 하나님의 전신 갑주를 입으라 우리의 씨름은 혈과 육을 상대하는 것이 아니요 통치자들과 권세들과 이 어둠의 세상 주관자들과 하늘에 있는 악의 영들을 상대함이라"(엡 6:10-12)

현대의 사탄은 우울증을 통해 우리의 가정을 공격하여 무너뜨리려고 합니다. 말세가 다가올수록 가정을 공격하는 우울의 영은 가정 전체를 덮치고 장악합니다. 우울의 영의 공격을 받은 사람들은 이기주의에 빠져 자기만 사랑해서 부모를 저버리고, 자녀를 저버리고, 배우자를 저버립니다. 돈을 위해서 가정도 버리고 부모를 거역합니다.

감사와 거룩을 상실한 사람들은 무정함과 원통함, 무절제, 사나움에 취해서 배신하고 자만하여 쾌락의 길로 나아갑니다. 교회에서조차 경건의 모양은 있어도 경건의 능력은 부인하는 형식주의에서 벗어나지 못합니다.

"너는 이것을 알라 말세에 고통하는 때가 이르러 사람들이 자기를 사랑하
며 돈을 사랑하며 자랑하며 교만하며 비방하며 부모를 거역하며 감사하지
아니하며 거룩하지 아니하며 무정하며 원통함을 풀지 아니하며 모함하며
절제하지 못하며 사나우며 선한 것을 좋아하지 아니하며 배신하며 조급하
며 자만하며 쾌락을 사랑하기를 하나님 사랑하는 것보다 더하며 경건의 모
양은 있으나 경건의 능력은 부인하니 이 같은 자들에게서 네가 돌아서라"
(딤후 3:1-5)

우리는 우울의 영으로 가정을 공격하는 악의 세력을 예수
님의 이름으로 대적해야 합니다. 가족은 서로 많은 것을 공유
합니다. 유전자를 비롯하여 생활공간, 생활습관, 가치관 등을
공유합니다. 무엇보다도 가정은 영성을 공유합니다. 사실 가
정은 하나님께서 직접 만드신 최초의 공동체입니다. 태초에
하나님은 남자와 여자를 만드셔서 한 몸을 이루고 가정을 구
성하게 하셨습니다.

"여호와 하나님이 아담에게서 취하신 그 갈빗대로 여자를 만드시고 그를
아담에게로 이끌어 오시니 아담이 이르되 이는 내 뼈 중의 뼈요 살 중의 살
이라 이것을 남자에게서 취하였은즉 여자라 부르리라 하니라 이러므로 남
자가 부모를 떠나 그의 아내와 합하여 둘이 한 몸을 이룰지로다 아담과 그
의 아내 두 사람이 벌거벗었으나 부끄러워하지 아니하니라"(창 2:22-25)

하나님이 제정하신 가정 형성의 시작은 '남자가 부모를 떠나 그의 아내와 합하여 둘이 한 몸을 이루는 것'입니다. 이때 남자가 아내와 합하는 것을 의미하는 히브리어가 '다바크(דָּבַק)'입니다. '다바크'는 연합, 언약, 친밀함을 의미합니다. 즉 남자와 여자가 '다바크'를 통해 한 몸을 이루는 것은 언약을 통한 운명공동체가 되는 것을 의미하며, 친밀함을 바탕으로 한 완전한 연합입니다.

이렇게 남편과 아내의 관계는 인간이 죄를 지어 저주받기 전에 하나님이 정해주신 관계였습니다. 마치 에덴동산이 완벽한 기쁨을 누리는 낙원이었던 것처럼, 하나님이 만드신 부부의 관계는 지극히 선하고 좋은 것이었으며, 인간에게 허락된 축복이며 행복의 원천이었습니다. 이렇게 **처음부터 하나님은 가정을 축복하셨고, 가정이 생명을 탄생시키고 복을 유통시키는 가장 원초적이며 근원적인 공동체가 되게 하셨습니다.**

하나님은 남자와 여자가 하나 되는 '다바크(דָּבַק)'를 통해 생명이 탄생되도록 하셨고, 축복이 공유되고 자손 대대로 이어져서 내려가도록 하셨습니다. 그래서 가정은 '다바크', 즉 연합을 통해 생명과 기쁨, 행복과 축복을 이어가는 통로가 되었습니다. 그러나 아담과 하와가 죄를 지어 가정은 사탄의 공격 대상으로 노출되었고, 가정의 '다바크'는 축복뿐만 아니라 저주를 대물림하는 영적 결박이 되고 말았습니다. 범죄 한 아담과 하와의 가정에 교묘하게 틈탄 사탄은 곧장 아담에게 하나님과 하와를 원망하는 마음을 주어서 하나님과 가정 사이의 단절, 부부 사이에 정서적 단절을 가져왔습니다.

"여호와 하나님이 아담을 부르시며 그에게 이르시되 네가 어디 있느냐 이르되 내가 동산에서 하나님의 소리를 듣고 내가 벗었으므로 두려워하여 숨었나이다 이르시되 누가 너의 벗었음을 네게 알렸느냐 내가 네게 먹지 말라 명한 그 나무 열매를 네가 먹었느냐 아담이 이르되 하나님이 주셔서 나와 함께 있게 하신 여자 그가 그 나무 열매를 내게 주므로 내가 먹었나이다"(창 3:9-12)

사탄은 불평과 원망을 틈타서 가정의 관계를 단절시키고, 그 단절된 틈에 죄의 사슬, 저주의 사슬을 묶어서 가정을 결박시켰습니다. 이렇게 범죄 한 가정은 축복뿐만 아니라 저주를 이어가게 되었고, 행복으로 서로 연결되는 것만이 아니라 불행으로 서로 결박되는 결과를 맞이하게 되었습니다. 의학적으로도 우울증에 걸린 부모를 가진 사람들일수록 우울증이 발병할 위험이 높고, 우울증의 중증도가 심해질 위험이 높아진다는 사실을 인정하고 있습니다.

최근 미국정신과학회지(American Journal of Psychiatry)에 실린 한 연구에서는 우울증으로 진단된 환자들의 자녀를 30년간 추적 관찰한 결과를 보고하며 그 임상적 타당성에 더욱 힘을 실어주었습니다.

뉴욕 콜롬비아 대학에서 진행한 이 대규모 연구에서는 147명의 중증도 이상의 우울증과 비우울증 부모들을 대상으로 30년간 코호트연구를 시행하였습니다. 그 결과 **우울증 부모의 자녀들은 주요 우울장애에 이환될 위험이 그렇지 않은 부모의 자녀들보다 약 3배 이상 높았고, 사춘기 이전의 발병위험은 10배 이상 높은 것으로 나타났습니다.**

가정은 개인의 뿌리입니다.

과거를 무시한 현재는 없고, 뿌리가 없는 열매도 없듯이 우리는 가정으로부터 좋은 것이든, 나쁜 것이든 배우고 영향을 받습니다. 우리는 예수 그리스도의 이름으로 모든 어둠의 영을 몰아내고 가정 우울증의 뿌리를 뽑아야 합니다. 상처로 일그러진 영혼과 상한 마음을 예수의 보혈로, 성령의 맑은 물로 씻음 받아야 합니다.

> "맑은 물을 너희에게 뿌려서 너희로 정결하게 하되 곧 너희 모든 더러운 것에서와 모든 우상 숭배에서 너희를 정결하게 할 것이며 또 새 영을 너희 속에 두고 새 마음을 너희에게 주되 너희 육신에서 굳은 마음을 제거하고 부드러운 마음을 줄 것이며 또 내 영을 너희 속에 두어 너희로 내 율례를 행하게 하리니 너희가 내 규례를 지켜 행할지라"(겔 36:25-27)

본문은 솔로몬의 지혜서로서 현대를 살고 있는 우리에게 가정 우울증의 뿌리를 뽑는 지혜를 전해주고 있습니다.

가정의 우울증 뿌리를 뽑는 3가지 방법

1. 영혼의 질병을 치료받고 마음의 즐거움을 누리는 가정을 이루어야 합니다.

본문의 핵심은 '마음의 즐거움'에 있습니다.

본문이 말하는 '마음의 즐거움'은 '인격의 자리인 마음이 여호와를 경외하는 지혜로 채워져 있는 상태'로서, '하늘로 말미암는 기쁨'이 마음을 다스리는 상태를 가리킵니다. 마음의 즐거움의 반대는 마음의 우울입니다. 즐거운 마음이 천국이라면, 우울한 마음은 지옥입니다.

"하나님의 나라는 먹는 것과 마시는 것이 아니요 오직 성령 안에 있는 의와 평강과 희락이라"(롬 14:17)

마음이 즐거우면 얼굴이 빛이 납니다.

성령님으로 말미암은 희락이 어둠의 영을 이기게 하고, 삶의 고난을 극복하게 하여 천국의 상태를 유지하게 합니다. 그러나 마음의 근심은 심령을 상하게 합니다.

"마음의 즐거움은 얼굴을 빛나게 하여도 마음의 근심은 심령을 상하게 하느니라"(잠 15:13)

본문에서 '빛나게 하여도'로 번역된 '예티브(יֵיטִב)'의 원형 '야타브(יָטַב)'는 기본적으로 '좋다, 훌륭하다, 즐겁다, 기쁘다'라는 의미를 가지고 있습니다. 마음의 즐거움이 밖으로 표출되는 것이 이러한 사람들의 전형적인 특징임을 보여줍니다. 특히 상반 절에서는 즐거움으로 인해 얼굴 표정이 밝아지게 된다는 것을 보여줍니다. 반면 마음의 근심은 내면에 보다 큰 영향을 미칩니다. 즉 근심은 심령을 상하게 합니다.

"마음의 즐거움은 양약이라도 심령의 근심은 뼈를 마르게 하느니라"(잠 17:22)

"사람의 심령은 그의 병을 능히 이기려니와 심령이 상하면 그것을 누가 일으키겠느냐"(잠 18:14)

마음이 근심으로 물들고, 우울에 빠지게 되면 쉽게 좌절하고, 쉽게 무너지며, 쉽게 포기하게 됩니다. 마음의 우울은 영적 저항력을 약화시킵니다. 우울이 파고들면 파고들수록 영적 면역력이 약화될 대로 약화되어서 결국 정신적 고통이 몸의 상태를 통해 표출되는 데까지 이르게 됩니다. **악한 영들은 시시때때로 외로움의 불화살, 우울의 불화살, 분노의 불화살, 슬픔의 불화살을 우리의 마음에 쏘아대며 우리의 마음이 병**

들도록 만듭니다.

이때 마음의 면역력이 약한 사람은 사탄의 작은 공격에도 마음을 크게 다쳐서 마음의 병에 빠지게 됩니다. 같은 원리로 악한 영들은 우리의 생각과 마음에 교만의 불화살, 공허의 불화살, 두려움의 불화살, 죄책감의 불화살, 열등감의 불화살 등 여러 가지 불화살을 쏨으로 우리의 생각을 무너뜨리려고 합니다.

이때 생각의 면역력이 약한 사람은 사탄의 작은 공격에도 생각이 크게 무너짐으로 생각의 병에 빠지게 됩니다. 마음의 전쟁에서 실패한 사람은 우울증, 무기력증, 대인기피증 등에 빠지게 되고 생각의 전쟁에서 실패한 사람은 망상장애, 정신분열 등에 빠지게 되어 영혼의 생명력을 잃게 됩니다.

우리에게 무엇보다 중요한 것은 영혼의 건강입니다.
우리는 영혼의 건강을 지켜내야 합니다. 날마다 영혼으로 말미암아 더 큰 생명력을 누리는 삶을 살아야 합니다. 각종 유해균과 싸워서 승리함으로 육체의 건강을 지켜내듯이 우리는 모든 영적 공격을 물리치고 영적 싸움에서 승리함으로 영혼의 건강을 지켜내야 합니다.

성경은 우리에게 영혼의 건강을 지키는 것이 하나님의 뜻임을 말해줍니다. 영혼의 건강은 곧 항상 기뻐하는 삶, 쉬지 않고 기도하는 삶, 범사에 감사하는 삶으로 나타납니다.

우리는 가정 우울증의 뿌리를 뽑고 가정을 공격하는 영적 전쟁에서 승리하기 위해 영혼의 면역력을 강화시켜야 합니다. 영혼의 면역력이 강하면 웬만한 공격을 받아도 해를 받지 않습니다.

"믿는 자들에게는 이런 표적이 따르리니 곧 그들이 내 이름으로 귀신을 쫓아내며 새 방언을 말하며 뱀을 집어올리며 무슨 독을 마실지라도 해를 받지 아니하며 병든 사람에게 손을 얹은즉 나으리라 하시더라"(막 16:17–18)

영혼의 면역력을 강화시키기 위하여 하나님의 전신 갑주를 입읍시다. 우리 영혼을 보호하고 지켜내는 힘은 예수 그리스도입니다. 전쟁 중인 군인이 완전무장하는 것이 필수이듯이 영적 전쟁 중인 성도들은 예수 그리스도로 완전 무장해야 합니다.

"그러므로 하나님의 전신 갑주를 취하라 이는 악한 날에 너희가 능히 대적하고 모든 일을 행한 후에 서기 위함이라 그런즉 서서 진리로 너희 허리 띠를 띠고 의의 호심경을 붙이고 평안의 복음이 준비한 것으로 신을 신고 모든 것 위에 믿음의 방패를 가지고 이로써 능히 악한 자의 모든 불화살을 소멸하고 구원의 투구와 성령의 검 곧 하나님의 말씀을 가지라"(엡 6:13–17)

복음과 가족치유

2. 세상의 헛된 우상을 무너뜨리고
   예수 그리스도만 구하는 가정을 이루어야 합니다.

예수 그리스도는 명철한 마음이 요구하는 지식의 본체입니다. 미련한 사람은 육신의 정욕, 안목의 정욕, 이생의 자랑을 구하며 미련한 것을 즐기려는 헛된 시도를 하지만, 명철한 자는 지식의 근본이신 예수 그리스도를 구합니다.

> "명철한 자의 마음은 지식을 요구하고 미련한 자의 입은 미련한 것을 즐기느니라 고난 받는 자는 그 날이 다 험악하나 마음이 즐거운 자는 항상 잔치하느니라"(잠 15:14-15)

켄 산데와 톰 라브가 지은 『화평한 가정 만들기』라는 책에서 말하는 가정 안에서 활동하는 우상은, '내가 내 가정의 행복을 위해서 내가 생각하는 가장 좋은 방법, 양보할 수 없는 가치관'이라고 합니다.

남편이 생각하는 내 가정을 위하는 방법, 아내가 생각하는 내 가정을 위하는 방법, 또는 자녀나 나 자신을 지키는 방법 등 자신이 생각하는 최고의 가치관이 우상이 된다는 것이죠. 그래서 가정을 각자의 길로 끌고 가려고 하기 때문에 갈등이 생긴다는 것입니다.

그러나 가정에 필요한 분은 오직 한 분, 예수 그리스도이십니다. **예수님 한 분만이 가정을 이끌어 가시는 주인이 되어주셔야 합니다.** 가장 안정된 심령, 가장 안정된 가정은 예수 그리스도를 구하는 심령과 가정입니다. 진리 되신 예수 그리스도를 붙드는 사람은 망상에 끌려가지 않습니다. 의의 호심경이 되시는 예수 그리스도를 의지하는 사람은 과도한 죄책감이나 피해의식에 빠져 우울해지지 않습니다. 그저 예수님을 의지하여 다시 일어섭니다.

또 믿음의 방패가 되시고 구원의 투구가 되시는 예수님을 바라보는 사람은 어떤 상황에서도 절망하지 않습니다. 예수님을 구하는 사람은 넘어질 수밖에 없는 상황 속에서도 다시 일어나고, 실패할 수밖에 없는 상황 속에서도 마침내 승리합니다.

"내가 그리스도와 함께 십자가에 못 박혔나니 그런즉 이제는 내가 사는 것이 아니요 오직 내 안에 그리스도께서 사시는 것이라 이제 내가 육체 가운데 사는 것은 나를 사랑하사 나를 위하여 자기 자신을 버리신 하나님의 아들을 믿는 믿음 안에서 사는 것이라"(갈 2:20)

진리를 구하는 사람은 예수님과 함께 죽고 예수님과 함께 삽니다. 죄와 상처로 인한 우울과 좌절은 십자가에 못 박고 예수님의 의와 능력으로 살아갑니다. 예수 그리스도는 모든 영적전쟁에서 승리할 수 있는 유일하고 절대적인 힘입니다. 그러므로 오늘 우리는 예수 그리스도의 이름으로 가정과 심령에 깊이 박혀있는 우울증의 뿌리를 뽑아야 합니다.

3. 세상 가치를 내려놓고 여호와를 경외하는 것을 최고 가치로 삼는 가정을 이루어야 합니다.

우리는 우리 가정이 구할 최고의 가치를 물질이나 명예, 세상의 인정으로 삼을 것이 아니라 여호와 하나님을 경외하는 것으로 삼아야 합니다.

"가산이 적어도 여호와를 경외하는 것이 크게 부하고 번뇌하는 것보다 나으니라 채소를 먹으며 서로 사랑하는 것이 살진 소를 먹으며 서로 미워하는 것보다 나으니라"(잠 15:16-17)

가산이 적어도 하나님을 경외하는 것과 크게 부하고 번뇌하는 것을 비교하여 전자가 더 나음을 선언하고 있습니다. 마음이 즐거운 사람은 비록 외형적으로 고난이나 위험에 처할 수도 있으나 그 마음의 기쁨으로 인해 풍요로움과 안정을 누림을 나타냅니다. 이는 하나님을 경외함으로써 지혜를 얻어 내적 평안을 가질 때 행복할 수 있음을 교훈한 것입니다.

우울증은 세상에 기준을 두기 때문에 생기는 것입니다.

물질을 구하나 물질을 얻을 수 없고, 사람을 구하나 사람을 얻을 수 없기에 우울증에 빠집니다. 혹은 물질을 얻어도 기대했던 만족을 얻을 수 없고, 사람을 얻어도 원했던 만족을 누릴 수 없기에 우울증에 빠집니다. 세상의 모든 부귀, 명예, 권세를 누렸던 솔로몬의 "모든 것이 헛되도다"의 외침처럼, 세상을 구하는 사람은 반드시 우울증에 빠지게 됩니다. 그러나 하나님을 구하는 사람은 참된 만족과 기쁨을 누리게 됩니다.

> "비록 무화과나무가 무성하지 못하며 포도나무에 열매가 없으며 감람나무에 소출이 없으며 밭에 먹을 것이 없으며 우리에 양이 없으며 외양간에 소가 없을지라도 나는 여호와로 말미암아 즐거워하며 나의 구원의 하나님으로 말미암아 기뻐하리로다 주 여호와는 나의 힘이시라 나의 발을 사슴과 같게 하사 나를 나의 높은 곳으로 다니게 하시리로다 이 노래는 지휘하는 사람을 위하여 내 수금에 맞춘 것이니라"(합 3:17-19)

하나님만 구하는 사람은 언제나 마음의 즐거움을 누리며 인생 자체를 축제처럼 살아갑니다. 모든 것을 아시는 하나님께서 모든 쓸 것을 채우시는 기적을 날마다 경험하기 때문입니다.

> "나의 하나님이 그리스도 예수 안에서 영광 가운데 그 풍성한 대로 너희 모든 쓸 것을 채우시리라"(빌 4:19)

손양원 목사님의 쓰신 시 중에 『예수 중독자』라는 시가 있습니다.

「나 예수 중독자 되어야 하겠다.

술 중독자는 술로만 살다가,

술로 인해 죽게 되는 것이고,

아편 중독자는 아편으로 살다가

아편으로 인해 죽게 되나니

우리도 예수의 중독자 되어,

예수로 살다가 예수로 죽자.

우리의 전 생활과 생명을,

주님을 위해 살면 주님같이 부활된다.

주님의 종이니 주님만 위해 일하는 자 되고,

나를 위해 살지 말자.」

우리의 영혼과 우리의 가정이 우울증에서 완전히 벗어나서 행복한 삶을 살 수 있는 유일하고 절대적인 길은 하나님께 있습니다. 우리는 가정 우울증의 뿌리를 뽑기 위해 먼저 영혼의 모든 질병을 치료받고 마음의 즐거움을 누리는 가정을 이루어야 합니다.

또 세상의 우상을 깨뜨리고 예수 그리스도의 지식을 구해야 하고, 세상 가치를 내려놓고 여호와 하나님을 경외하는 것을 최고의 가치로 삼는 가정을 이루어야 합니다. 우울의 영은 우리가 세상의 일로 근심할 때, 예수 그리스도의 지식이 없어 미련할 때 틈탑니다.

우리 모두가 세상 우상을 무너뜨리고 예수 그리스도만 구하고, 예수 그리스도로 무장하여 가정 우울증의 뿌리를 뽑고 천국 가정을 누리기를 주님의 이름으로 축원합니다.

주님과 동행하는 기쁨 나누기

1. 가정의 우울증 뿌리를 뽑는 3가지 방법은 무엇일까요?

( ) 안에 맞는 단어는 무엇입니까?

(1) 영혼의 ( )을 치료받고 마음의 즐거움을 누리는 ( )을 이루어야 합니다.

'마음의 즐거움'은 '인격의 자리인 마음이 여호와 하나님을 경외하는 지혜로 채워져 있는 상태'로서, '하늘로 말미암는 기쁨'이 마음을 다스리는 상태를 가리킵니다. 마음의 즐거움의 반대는 마음의 우울입니다. 즐거운 마음이 천국이라면, 우울한 마음은 지옥입니다.

● 일상생활 중, 우울함과 즐거움 중 무엇이 더 많습니까?

(2) 세상의 헛된 우상을 무너뜨리고 ( )만 구하는 ( )을 이루어야 합니다.

미련한 사람은 육신의 정욕, 안목의 정욕, 이생의 자랑을 구하며 미련한 것을 즐기려는 헛된 시도를 하지만, 명철한 자는 지식의 근본이신 예수 그리스도를 구합니다.

● 내 가정을 위하는 방법, 내 배우자를 위하는 방법, 내 자녀나 나 자신을 지키는 방법이 성경적인 방법이라고 생각합니까?

(3) 세상 가치를 내려놓고 하나님을 경외하는 것을 ( ) 가치로 삼는 ( )을 이루어야 합니다.

마음이 즐거운 사람은 비록 외형적으로 고난이나 위험에 처할 수도 있으나 그 마음의 기쁨으로 인해 풍요로움과 안정을 누림을 나타냅니다. 이는 하나님을 경외함으로써 지혜를 얻어 내적 평안을 가질 때 행복할 수 있음을 교훈한 것입니다.

● 당신의 최고 가치는 무엇/누구입니까?

2. 아래 성구를 보고 당신의 삶에 일어난 일을 나누십시오.

(1) 고린도후서 5장 17절 – "그런즉 누구든지 그리스도 안에 있으면 새로운 피조물이라 이전 것은 지나갔으니 보라 새 것이 되었도다"

(2) 잠언 15장 16, 17절 – "가산이 적어도 여호와를 경외하는 것이 크게 부하고 번뇌하는 것보다 나으니라 채소를 먹으며 서로 사랑하는 것이 살진 소를 먹으며 서로 미워하는 것보다 나으니라"

(3) 잠언 15장 13절 – "마음의 즐거움은 얼굴을 빛나게 하여도 마음의 근심은 심령을 상하게 하느니라"

3. 아래 성구의 (   )에 맞는 단어를 넣고 가능하면 암송합시다.

"명철한 자의 마음은 (   )을 요구하고 미련한 자의 입은 미련한 것을 즐기느니라 고난 받는 자는 그 날이 다 험악하나 마음이 즐거운 자는 (   ) 잔치하느니라"(잠 15:14–15)

3-1 내 영혼에 깊이 스며든

작사/작곡 이순희

제3장 가족 우울증의 뿌리를 뽑아라

3-2 세상 일로 근심할 때

작사/작곡 이순희

세 상 일 로 근 심 할 때 나 에 게 갇 혀 있 을 때 우 울

의 늪 에 빠 져 가 정 을 보 지 못 했 네

우 울 이 내 안 에 가 득 찼 을 때

내 생 각 대 로 이 기 적 이 고 고 집 스 런 삶 을 살 았 네

십 ㅡ 자 가 의 보 혈 로 성 ㅡ 령 의 생 수 로

깨 끗 하 게 씻 음 받 아 우 울 의 뿌 리 뽑 으 세 모 든

질 병 치 료 받 고 행 복 한 영 혼 으 ㅡ 로 마 음

천 국 누 리 고 행 복 한 가 족 이 루 세

복음과 가족치유

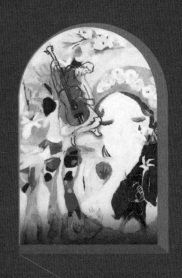

4

상처의 터에서 성장의 터로

창세기 44장 27-34절

"주의 종 우리 아버지가 우리에게 이르되 너희도 알거니와 내 아내가 내게 두 아들을
낳았으나 하나는 내게서 나갔으므로 내가 말하기를 틀림없이 찢겨 죽었다 하고 내가
지금까지 그를 보지 못하거늘 너희가 이 아이도 내게서 데려 가려하니 만일 재해가 그
몸에 미치면 나의 흰 머리를 슬퍼하며 스올로 내려가게 하리라 하니 아버지의 생명과
아이의 생명이 서로 하나로 묶여 있거늘 이제 내가 주의 종 우리 아버지에게 돌아갈 때
에 아이가 우리와 함께 가지 아니하면 아버지가 아이의 없음을 보고 죽으리니 이같이
되면 종들이 주의 종 우리 아버지가 흰 머리로 슬퍼하며 스올로 내려가게 함이니이다
주의 종이 내 아버지에게 아이를 담보하기를 내가 이를 아버지께로 데리고 돌아오지
아니하면 영영히 아버지께 죄짐을 지리이다 하였사오니 이제 주의 종으로 그 아이를
대신하여 머물러 있어 내 주의 종이 되게 하시고 그 아이는 그의 형제들과 함께 올려
보내소서 그 아이가 나와 함께 가지 아니하면 내가 어찌 내 아버지에게로 올라갈 수 있
으리이까 두렵건대 재해가 내 아버지에게 미침을 보리이다"

4

상처의 터에서 성장의 터로

가족치유는 인생의 뿌리 치료입니다.

사람은 가족을 통해 태어나고, 가족 안에서 성장하며, 가족을 통해 인생의 의미를 발견하기 때문입니다. '피는 물보다 진하다'는 말이 있듯이 사람은 끈끈한 가족의 정을 주고받으며 인생을 살아갈 힘과 용기를 얻고 인생의 깊은 가치를 경험합니다. 가족끼리 신체적, 정서적, 지성적으로 막강한 영향력을 주고받으며 서로를 통해 자신의 정체성을 찾습니다.

그래서 많은 사람들이 가족을 인생의 최고 1순위에 두고 살아갑니다. 자기밖에 모르는 이기적인 사람도 가족을 위해서 일하고, 가족을 위해 희생하는 경우가 많습니다. 어리고 철이 없는 사람도 가족을 실망시키지 않으려고 노력하는 경우가 많습니다. 가족을 사랑하는 사람들은 세상살이가 고달파도 가족을 부양하기 위해 버티고, 남들이 알아주지 않는 끊임없는 수고로 가족을 돌봅니다.

가정은 작은 천국입니다.

가정에는 하나님의 무조건적인 사랑을 닮은 부모의 사랑이 있고, 하나님의 순결함을 닮은 어린아이들의 웃음소리가 있습니다. 또 가정에는 하나님의 넓은 품을 닮은 안식이 있고, 하나님의 완전한 희락을 닮은 기쁨이 있습니다.

하나님은 태초에 천지를 창조하시고 첫 사람 아담이 혼자 사는 것이 좋지 않다고 보시고 그를 위해 돕는 배필을 지으셨습니다. 그리고 남자와 여자가 한 몸을 이루어 가정을 세우게 하셨고 그 안에서 천국을 경험하게 하셨습니다.

"여호와 하나님이 아담에게서 취하신 그 갈빗대로 여자를 만드시고 그를 아담에게로 이끌어 오시니 아담이 이르되 이는 내 뼈 중의 뼈요 살 중의 살이라 이것을 남자에게서 취하였은즉 여자라 부르리라 하니라 이러므로 남자가 부모를 떠나 그의 아내와 합하여 둘이 한 몸을 이룰지로다 아담과 그의 아내 두 사람이 벌거벗었으나 부끄러워하지 아니하니라"(창 2:22–25)

하나님이 만드신 가정은 보호의 터요, 양육의 터이며, 사랑과 기쁨의 터입니다. 하나님은 사람이 가정을 통해 가족들과 함께 사랑하며, 성장하고, 공동체가 만드는 충만한 기쁨을 누리게 하셨습니다. 그러나 악한 사탄은 가정의 행복을 그냥 내버려 두지 않았습니다. 교활한 사탄은 뱀의 모습으로 하와를 유혹하여 범죄하게 했고, 태초의 가정에 금이 가도록 만들었습니다. 죄로 물든 가정은 순식간에 무너졌습니다.

하와를 보며 자신에게 꼭 맞는 소중한 사람이라 여겼던 아담은 하와를 탓하며, 하와를 허락하신 하나님까지 원망하는 데 이르렀고, 저주를 받아 평생에 수고해야 소산을 먹을 수 있게 되었습니다. 그뿐만 아니라 하와는 죄로 인해 저주를 받아 임신하는 고통을 크게 느끼며 수고하며 자식을 낳게 되었고, 남편을 향해 집착적인 욕심을 품게 되었습니다.
공동번역 성경은 창세기 3장 16절을 이렇게 번역했습니다.

"그리고 여자에게는 이렇게 말씀하셨다. 너는 아기를 낳을 때 몹시 고생하리라. 고생하지 않고는 아기를 낳지 못하리라. 남편을 마음대로 주무르고 싶겠지만, 도리어 남편의 손아귀에 들리라"(창 3:16, 공동번역)

이는 죄로 인해 부부의 사랑이 변질된 것을 보여주는 말씀입니다. 죄의 지배를 받는 사람은 사랑한다고 하면서 서로를 괴롭게 합니다. 사랑이라는 이름으로 집착하고 통제하며 상처를 주고받습니다. 죄의 영향 아래에 있는 사랑에는 참된 만족과 기쁨이 없습니다. 사랑의 탈을 쓴 죄는 언제나 자기중심적인 사고와 행동으로 이어지기 때문에 결코 상대방의 영혼을 존중하여 그 영혼을 살리는 길로 가지 못합니다. 이기적인 동기로 움직이는 사랑은 상대방의 외모, 능력, 열정 등을 통해 자기만족을 얻으려 하고, 상대방의 마음을 통해 자신의 목마름을 채우려 합니다.

그리고 오염된 사랑, 욕망이 불탄 사랑, 이용당하고 이용하는 사랑, 이기적인 사랑, 목마른 사랑을 하면서도 그 사랑이 참된 사랑이라고 착각합니다. 그래서 쇼펜하우어는 "사랑은 없다"라고 했습니다. 쇼펜하우어의 지적은 철저히 욕심에 의해 만들어지는 사랑은 참된 사랑이 아니라는 의미입니다. 본래 사랑은 하나님의 성품이고 하나님의 속성입니다. 참된 사랑은 하나님께만 있습니다. 하나님께 속한 사랑은 상처가 없고 미움이 없으며 증오와 분쟁이 없습니다.

"하나님이 우리를 사랑하시는 사랑을 우리가 알고 믿었노니 하나님은 사랑이시라 사랑 안에 거하는 자는 하나님 안에 거하고 하나님도 그의 안에 거하시느니라"(요일 4:16)

하나님의 사랑은 이타적이고 신실하며 온유하고 겸손합니다. 하나님의 사랑은 미워할 만한 것을 아름답게 만들고, 거짓을 참된 것으로 만들며, 악을 선으로 변화시키는 창조적인 사랑입니다. 그래서 칼 바르트는 "하나님은 사랑의 대상을 찾지 않고 창조하신다"라고 말했습니다. 성 어거스틴도 "주님은 나를 사랑하시므로 사랑스럽게 하셨다"라고 고백합니다. 하나님은 사랑할만한 사람을 사랑하시는 것이 아니라, 사랑하심으로 사랑할 만한 사람으로 만들어 가신다는 것입니다.

"사랑은 오래 참고 사랑은 온유하며 시기하지 아니하며 사랑은 자랑하지 아니하며 교만하지 아니하며 무례히 행하지 아니하며 자기의 유익을 구하지 아니하며 성내지 아니하며 악한 것을 생각하지 아니하며 불의를 기뻐하지 아니하며 진리와 함께 기뻐하고 모든 것을 참으며 모든 것을 믿으며 모든 것을 바라며 모든 것을 견디느니라"(고전 13:4-7)

우리는 죄로 인해 병들고 오염된 사랑을 예수 그리스도의 보혈로 씻김 받아야 합니다. 성령의 맑은 물로 세속적인 사랑을 씻어내고, 성령의 불로 탐욕적인 사랑을 소멸해야 합니다. 병든 사랑이 남기는 것은 상처뿐이고, 오염된 상처가 남기는 것은 죄뿐입니다. 그러므로 우리는 근본적인 가족치유를 위해 사랑의 동기를 성결하게 해야 합니다.

부부의 사랑이 병든 가정은 결코 건강할 수 없습니다.
부모가 서로 미워하고 싸우고 서로를 원망하면 자녀들은 형용할 수 없는 불안과 두려움을 느끼며 감당할 수 없는 상처를 입게 됩니다. 그러나 부부가 서로 성결한 동기로 사랑하여 서로의 존재에 감사하면 자녀들은 부모의 모습을 보면서 참된 사랑의 의미와 방법을 깨달아갑니다. 또 **자녀는 부모가 서로 사랑하는 모습을 볼 때 자기 존재의 가치를 느끼고 자기 삶의 방향을 잡아나갑니다.** 그뿐만 아니라 부모가 서로 사랑함으로 자녀에게 안정적인 사랑을 흘려보내면 자녀가 잘못된 길로 갈 확률이 확연히 줄어들게 됩니다.

> "또 아비들아 너희 자녀를 노엽게 하지 말고 오직 주의 교훈과 훈계로 양육하라"(엡 6:4)

문제아는 없습니다. 문제 부모가 있을 뿐입니다.

자녀는 부모의 사랑을 먹으며 부모의 말이 아니라 부모의 뒷모습을 보며 따라갑니다. 그러므로 우리는 자녀의 문제를 탓하기 전에 먼저 부모 모습, 자신의 모습을 돌아보아야 합니다.

비벌리 엔젤의 『좋은 부모의 시작은 자기 치유다』라는 책에 다음과 같은 글이 있습니다.

"부모와 아이 사이에서 벌어지는 모든 갈등의 뿌리는 아이에게 있는 것이 아니라 부모의 행복하지 않은 삶에서 비롯되기에 부모가 치유되지 않고서는 결코 아이 문제를 해결할 수 없다. 행복한 가정 속에서 자라는 건강한 아이로 키우고 싶다면 부모 자신이 먼저 행복하고 건강한 부모가 되어야 한다.

아이들은 부모라는 거울을 보며 자란다. 그렇기에 부모들은 아이에게 나쁜 거울이 되어서는 안 된다.

나쁜 거울이 되는 7가지 부모 유형이 있다.

첫째, 방치하는 부모, 둘째, 자녀를 거부하는 부모, 셋째, 매사에 간섭하는 부모, 넷째, 지나치게 통제하거나 폭군적인 부모, 다섯째, 완벽주의형 부모, 여섯째, 지나치게 비판하거나 수치심을 주는 부모, 일곱째, 자기만 생각하는 자기도취적인 부모이다.

부모는 반드시 이러한 나쁜 거울을 깨뜨려야 한다."

대부분 이런 부모들은 자신의 나쁜 모습을 잘 모릅니다.

자신이 매사에 간섭하는 줄도 모르고, 폭군같이 행동하는 줄도 모르는 경우가 많습니다. 자기 자신에 대해 잘 모르는 부모들은 당연히 자녀들에게 옳게 대하는 방법도 잘 모릅니다.

우리는 모든 가족의 문제를 해결 받고 변화를 부르는 가족 치유를 이루기 위해 먼저 가정 안의 사랑의 동기를 성결하게 하고, 부부의 사랑을 회복해야 합니다. 그뿐만 아니라 예수 그리스도의 보혈로 가정 안에 드리운 모든 어둠의 세력을 몰아내어 가정의 터를 성령의 터로 변화시켜야 합니다.

예수 그리스도의 이름으로 가정을 상처의 터에서 성장의 터로, 분열의 터에서 연합의 터로 변화시키고, 집착의 터에서 자유의 터로, 우울의 터에서 기쁨의 터로 변화시켜야 합니다. 또한 단절의 터에서 소통의 터로, 중독의 터에서 사명의 터로 변화시켜 가정의 본래적 기능과 복을 회복해야 합니다. 우리 모두가 예수 그리스도의 십자가 보혈을 힘입어 가정의 터를 치료받고 가족의 모든 문제를 해결 받기를 소원합니다.

> "그는 실로 우리의 질고를 지고 우리의 슬픔을 당하였거늘 우리는 생각하기를 그는 징벌을 받아 하나님께 맞으며 고난을 당한다 하였노라 그가 찔림은 우리의 허물 때문이요 그가 상함은 우리의 죄악 때문이라 그가 징계를 받으므로 우리는 평화를 누리고 그가 채찍에 맞으므로 우리는 나음을 받았도다"(사 53:4-5)

지금도 악한 영들은 가정을 무너뜨리기 위해 수단과 방법을 가리지 않습니다. 간사한 사탄은 가정이 무너지면 모든 것이 무너진다는 사실을 알고 있습니다. 그래서 여러 가지 죄와 상처를 통해 이혼율의 증가를 유도하여 깨어진 가정을 양산하고 이를 통해 많은 자녀들이 역기능 가정에서 성장하게 만듭니다.

우리나라의 많은 젊은 청년들은 경제적인 이유 때문에 결혼을 기피하고 혼자 살거나, 결혼을 하더라도 자녀를 낳지 않습니다. 또 많은 자녀들이 노부모를 모시지 않아 독거노인이 130만 명을 넘어섰습니다. 그뿐만 아니라 많은 가정에서 배우자의 외도, 경제적인 빈곤, 폭력과 폭언 등의 심각한 문제로 인해 정상적인 가정생활을 하지 못하고 있습니다. 우울증, 공황장애, 불안장애, 대인기피증 등의 정신질환 환자가 증가하는 것도 심각한 가정의 문제를 초래하고 있습니다. 정신질환자 한 사람이 있으면 이로 인해 온 가족이 고통을 받게 되기 때문입니다. 오늘날 참으로 많은 사람들이 자신 혹은 가족의 우울증으로 인한 자기 비관, 폭력, 폭언, 망상, 조울, 자살 충동, 자살 등으로 고통 속에서 살아가고 있습니다.

이렇게 간사한 악한 영들은 가정의 배후에서 역사하면서 가정을 상처의 터로 만들고 있습니다. 가족끼리 씻을 수 없는 상처를 주고받게 만들고, 가정 안에서 극단적인 외로움과 절망, 고통을 경험하게 합니다. 말세가 가까울수록 악한 영들은 부부 사이를 깨뜨리고, 형제 사이를 깨뜨리며, 시기와 질투 그리고 원망과 불평이 가득한 가정을 만들어 사람들의 영혼을 파멸로 끌고 갑니다.

가족 간의 대화와 사랑도 부족해집니다.

초록우산 어린이재단이 2021년 5월 가정의 달을 맞아 국내 초·중·고교생 571명을 조사한 결과, 하루 평균 가족과 보내는 시간이 단 13분(평일 기준)에 그쳤다고 합니다. 가장 가까워야 할 가족끼리 대화를 나누거나 같이 노는 시간이 하루 0.9%밖에 안 됩니다. 반면 학원, 숙제 등 학교 밖 공부시간은 190분,

TV와 스마트폰 등 각종 미디어 이용은 84분으로 훨씬 많았습니다. '거의 매일 자녀와 대화하는 부모'의 비율은 53.7%로 경제협력개발기구(OECD)국가 평균인 70%에 한참 모자랐습니다.

대화가 부족한 것은 맞벌이 가정만의 일은 아닙니다.

그러므로 우리는 영의 눈을 열고 가정의 해체 뒤에서 역사하는 사탄의 간계를 간파해야 합니다. 사람들이 점점 더 이기적이고 독선적으로 바뀌어서 자기 사랑에 집착하고 돈을 사랑해서 가족애도 저버리며 부모를 거역하는 행위 뒤에는 악한 영의 조종이 있음을 깨달아야 합니다. 가족끼리 무정하게 만들고 원통함을 풀지 않게 만들며 폭력이 난무하게 하는 것역시 어둠의 영이 조장하는 일이라는 것을 파악해야 합니다. 그리고 말세에 가정을 무너뜨리려는 악한 영의 궤계를 물리치고 하나님의 뜻을 따라 하나님이 기뻐하시는 가정을 세워야합니다.

"너는 이것을 알라 말세에 고통하는 때가 이르러 사람들이 자기를 사랑하며 돈을 사랑하며 자랑하며 교만하며 비방하며 부모를 거역하며 감사하지 아니하며 거룩하지 아니하며 무정하며 원통함을 풀지 아니하며 모함하며 절제하지 못하며 사나우며 선한 것을 좋아하지 아니하며 배신하며 조급하며 자만하며 쾌락을 사랑하기를 하나님 사랑하는 것보다 더하며 경건의 모양은 있으나 경건의 능력은 부인하니 이같은 자들에게서 네가 돌아서라"(딤후 3:1-5)

복음과 가족치유

상처의 터가 된 가정에서 사는 사람들은 가족이 그리움의 대상이기보다는 멍에나 짐과 같은 존재입니다. 가족이기 때문에 느끼는 고마운 점이 있어도 가족이기 때문에 받은 상처가 커서 쉽게 떨쳐내기가 힘이 듭니다. 그래서 많은 사람들이 "최고 원수는 집안에 있다"라고 말합니다. 사랑하는 만큼 상처도 크고, 기대하는 만큼 실망도 크기 때문입니다.

실제로 가정은 죄인들이 모여서 이루는 공동체이기 때문에 예수 그리스도의 십자가가 온전히 세워져 있지 않으면 자연스럽게 상처와 죄가 난무하게 됩니다. 죄의 영에 결박된 부모는 자녀를 사랑하면서도 자녀에게 알게 모르게 폭언을 하고 돌이킬 수 없는 상처를 줍니다. 사랑한다고, 잘해준다고 하는 행동이 자녀의 영혼을 죽이는 결과를 만듭니다. 또 죄의 세력에 사로잡힌 자녀는 부모에게 배은망덕한 행동을 하고 파괴적인 말과 행동을 일삼습니다.

우리는 가정을 상처의 터로 만드는 악한 영을 몰아내야 합니다. 예수 그리스도의 이름으로 가정을 묶고 있는 모든 어둠의 영을 예수 그리스도의 이름으로 몰아내고 가정을 천국의 터로 만들어야 합니다.

"끝으로 너희가 주 안에서와 그 힘의 능력으로 강건하여지고 마귀의 간계를 능히 대적하기 위하여 하나님의 전신 갑주를 입으라 우리의 씨름은 혈과 육을 상대하는 것이 아니요 통치자들과 권세들과 이 어둠의 세상 주관자들과 하늘에 있는 악의 영들을 상대함이라"(엡 6:10-12)

상처의 터였던 가정을 성장의 터로 바꾸려면 먼저 가족들의 속사람을 성령으로 강하게 해야 합니다. 성령으로 말미암아 속사람이 강한 사람은 어떤 일을 만나도 상처받지 않습니다(고후 4:7-10).

그러나 속사람이 약한 사람은 별 대수롭지 않은 말과 사건에도 패닉 상태에 빠지고 인생을 포기할 정도의 비관에 빠집니다. 그러므로 우리는 자기 자신과 가족들의 속사람을 보아야 합니다. 부모의 속사람, 자녀의 속사람, 부부의 속사람, 형제자매의 속사람이 성령님의 능력으로 강건해질 때 어떤 일을 만나도 이겨내는 강건한 가정을 세울 수 있습니다.

"이러므로 내가 하늘과 땅에 있는 각 족속에게 이름을 주신 아버지 앞에 무릎을 꿇고 비노니 그의 영광의 풍성함을 따라 그의 성령으로 말미암아 너희 속사람을 능력으로 강건하게 하시오며 믿음으로 말미암아 그리스도께서 너희 마음에 계시게 하시옵고 너희가 사랑 가운데서 뿌리가 박히고 터가 굳어져서 능히 모든 성도와 함께 지식에 넘치는 그리스도의 사랑을 알고 그 너비와 길이와 높이와 깊이가 어떠함을 깨달아 하나님의 모든 충만하신 것으로 너희에게 충만하게 하시기를 구하노라"(엡 3:14-19)

속사람이 강건한 가정을 만들기 위해서는 가정의 1순위를 '여호와 하나님을 경외하는 것'에 두어야 합니다. 하나님을 경외하는 것은 단순히 공포에서 비롯된 두려움이 아닌 존경하는 마음에서 갖는 두려움을 뜻합니다. 이는 삶의 모든 영역에서 하나님 주권을 인정하며 하나님을 전적으로 믿고 모든 것을 맡기는 것을 의미합니다. 사람의 지혜와 명철을 의지한 것이 아니라 하나님을 의지하는 것입니다.

토마스 왓슨은 그의 책 『하나님을 경외하는 사람』에서 "하나님이 가장 아끼고 찾으시는 사람은 바로, 주인 되신 그분의 이름을 높이고 경외하는 사람이다. 사람들이 하나님을 두려워하지 않는 이유는 하나님의 위대하심을 생각하지 않기 때문이다. 사람들은 무엄하게도 하나님이 자기와 같은 줄로 안다. 기도로 하나님을 경외하는 마음을 구하라! 하나님을 경외하는 마음은 지혜의 근본이자 경건함의 근원이다. 기도로 부귀를 구하는 사람도 있고 지식을 구하는 사람도 있지만, 우리는 오직 하나님을 경외하는 마음을 간절히 구해야 한다"라고 말합니다.

하나님을 경외하는 것은 하나님을 붙잡는 능력입니다.
우리는 하나님을 1순위로 경외할 때 최고의 부모가 될 수 있고 최고의 배우자가 될 수 있습니다. 물론 하나님을 경외하는 부모도 실수할 수 있습니다. 하나님을 경외하는 배우자도 잘못된 판단을 할 수 있습니다. 그러나 하나님은 하나님을 경외하는 자의 모든 연약함을 뛰어넘어 선한 일을 행하십니다.

하나님은 하나님을 경외하는 가정의 운전대를 친히 잡으시고 그 가정을 가장 좋은 길로 인도하십니다. 때론 우리 가정을 인도하시는 하나님의 방법은 우리의 생각과 다를 수 있습니다. 하나님께서 인도하시는 길이 우리가 생각했던 길이 아닐 수 있습니다. 그러나 하나님의 방법과 계획하심은 언제나 완전하시며, 실수가 없기 때문에 하나님의 방법을 인정해야 합니다. 그러므로 우리는 **인간의 힘으로 완벽한 가정을 세우려는 무모한 시도를 내려놓고, 하나님이 주인 되시는 가정을 세워야 합니다.**

폴 트립 목사는 그의 저서인 『완벽한 부모는 없다』에서 이렇게 말하고 있습니다.

"모든 부모가 완벽한 자녀 양육을 꿈꾼다. 그래서 많은 부모가 자녀의 성공에 집착하며, 자신이 모든 것을 통제하고 책임져야 한다는 강박 속에서 날마다 지쳐간다. 크리스천 부모들도 예외가 아니다. 하나님도 잘 믿고 세상적으로도 보란 듯이 성공한 자녀로 키우고 싶어 한다. 하지만 그 완벽함의 밑바닥에는 사실 부모의 욕심과 보상심리가 숨어있다. 아이의 행복을 위해서라고 합리화하지만, 시간이 지날수록 뜻대로 되지 않는 자녀와 부모인 자신의 연약함을 절감할 뿐이다.

복음과 가족치유

이제 그 고되고 무거운 짐을 벗자. 부모도 상처와 아픔이 있는 사람이기에 완벽할 수 없다. 아니, 완벽하지 않아도 괜찮다. 그것이 오히려 좋은 양육의 시작이다. 부모는 그저 아버지이신 하나님의 은혜를 자녀에게 흘려보내는 통로다. 우리보다 더 우리 자녀를 사랑하시는 하나님께서 키우신다."

"여호와를 경외하며 그의 길을 걷는 자마다 복이 있도다 네가 네 손이 수고한 대로 먹을 것이라 네가 복되고 형통하리로다 네 집 안방에 있는 네 아내는 결실한 포도나무 같으며 네 식탁에 둘러 앉은 자식들은 어린 감람나무 같으리로다 여호와를 경외하는 자는 이같이 복을 얻으리로다 여호와께서 시온에서 네게 복을 주실지어다 너는 평생에 예루살렘의 번영을 보며 네 자식의 자식을 볼지어다 이스라엘에게 평강이 있을지로다"(시 128:1-6)

하나님을 경외하는 가정은 아픔과 고통을 만나도 그것을 상처로 남기지 않고 성장의 기회로 삼습니다. 설령 가족끼리 상처를 주고받은 일이 있어도 그 아픔으로 가족이 함께 성장을 이룹니다. 본문에 등장하는 유다는 성장의 대표적인 인물입니다. 그는 가족에게 받은 상처로 인해 깊은 어둠의 수렁에 빠져 있다가, 하나님을 경외함으로 속사람이 강건해져서 놀라운 성장을 이룬 인물입니다. 유다에게는 아버지에게 사랑받지 못한 상처가 있었습니다. 유다의 아버지 야곱은 라헬의 소생 요셉에게만 채색옷을 입히고 다른 아들들을 돌아보지 않았습니다.

"요셉은 노년에 얻은 아들이므로 이스라엘이 여러 아들들보다 그를 더 사랑하므로 그를 위하여 채색옷을 지었더니 그의 형들이 아버지가 형들보다 그를 더 사랑함을 보고 그를 미워하여 그에게 편안하게 말할 수 없었더라"

(창 37:3-4)

그뿐만 아니라 아버지의 사랑을 독차지했던 요셉은 형들의 잘못을 아버지에게 고자질했고, 부모와 형들이 자신 앞에 절하게 될 것이라는 내용의 꿈을 공공연하게 말하기도 했습니다. 결국 유다와 형들은 아버지의 사랑을 받지 못한 상처가 폭발하여 요셉을 죽이기로 했습니다.

"요셉이 그들에게 가까이 오기 전에 그들이 요셉을 멀리서 보고 죽이기를 꾀하여 서로 이르되 꿈 꾸는 자가 오는도다 자, 그를 죽여 한 구덩이에 던지고 우리가 말하기를 악한 짐승이 그를 잡아먹었다 하자 그의 꿈이 어떻게 되는지를 우리가 볼 것이니라 하는지라"(창 37:18-20)

이때 첫째 르우벤은 요셉을 살리려고 했고, 유다는 르우벤이 자리를 비운 사이에 요셉을 죽이지 말고 이스마엘 사람들에게 팔자고 했습니다. 결국 요셉은 형들에 의해 애굽의 노예로 팔렸습니다. 사랑받지 못한 상처가 이토록 무서운 범죄를 저지르게 한 것입니다.

"유다가 자기 형제에게 이르되 우리가 우리 동생을 죽이고 그의 피를 덮어

복음과 가족치유

둔들 무엇이 유익할까 자 그를 이스마엘 사람들에게 팔고 그에게 우리 손을 대지 말자 그는 우리의 동생이요 우리의 혈육이니라 하매 그의 형제들이 청종하였더라"(창 37:26–27)

이렇게 유다는 형제를 죽이려고 하다가 애굽의 노예로 파는 무서운 범죄에 가담하고 깊은 어둠의 수렁에 빠졌습니다. 그리고 본문에 이르기까지 많은 세월이 지났습니다.

그 오랜 시간 동안 유다는 참으로 많이 변했고 성숙했습니다. 상처 때문에 살인까지 생각한 그가 이제는 철저한 겸손의 사람으로 바뀌었습니다. 시기와 질투를 이해와 관용으로 바꾸었으며, 육체의 욕망을 따르던 마음을 대신하여 희생과 관용의 십자가의 정신을 소유했습니다. 이로 말미암아 유다는 예수님의 직계 조상이 되는 복을 받았습니다. **하나님은 모두에게 칭송받는 요셉이 아니라 상처의 터를 성장의 터로 바꾼 유다를 택해서 예수님이 오실 길을 예비하신 것입니다.**

그렇다면 유다는 어떻게 상처의 터를 성장의 터로 바꾸었을까요? 유다는 어떤 일을 겪고, 어떤 깨달음을 얻었기에 이렇게 성숙했을까요? 이것을 설명하기 위해 성경은 창세기 37장에 요셉 이야기를 펼치다가 38장에 불쑥 유다 이야기를 끼워 넣었습니다. 38장 1절은 유다가 자기 형제들로부터 떠나 내려가서 아둘람 사람 히라와 가까이했다는 말로 시작합니다.

"그 후에 유다가 자기 형제들로부터 떠나 내려가서 아둘람 사람 히라와 가까이 하니라"(창 38:1)

요셉을 애굽으로 팔아넘기고 이제 형들은 서로 짜고 아버지 야곱을 속여야 했습니다. 그래서 짐승의 피를 요셉의 옷에 묻혀서 야곱에게 보여주는 연기까지 했습니다. 그야말로 무덤까지 가지고 가야 할 비밀이 생긴 것입니다. 그러니 야곱을 볼 때마다 얼마나 양심에 찔리고 괴로웠겠습니까? 그리고 야곱이 요셉만 사랑해서 요셉을 죽이려 하다 팔았는데, 아버지 야곱은 이제 요셉의 동생 베냐민에게 집착했습니다.

유다는 이런저런 상황이 힘들어서 신앙을 떠나서 집을 떠났고, 이방 사람들과 어울렸습니다. 여러 가지 마음의 짐으로 인해 하나님이 허락해 주신 믿음의 식구를 떠나서 이방 사람들과 어울린 것입니다. 이방인과 어울린 유다는 가나안 사람 수아라 하는 자의 딸을 보고, 순전히 육적인 사랑에 끌려서 동침하고 아들을 낳았습니다.

"유다가 거기서 가나안 사람 수아라 하는 자의 딸을 보고 그를 데리고 동침하니 그가 임신하여 아들을 낳으매 유다가 그의 이름을 엘이라 하니라 그가 다시 임신하여 아들을 낳고 그의 이름을 오난이라 하고 그가 또 다시 아들을 낳고 그의 이름을 셀라라 하니라 그가 셀라를 낳을 때에 유다는 거십에 있었더라"(창 38:2-5)

복음과 가족치유

이전에 에서가 이방 여인들과 결혼함으로 그것이 이삭과 리브가에게 근심거리가 되었다고 성경은 기록합니다. 이방 여인과 결혼하는 것 자체가 하나님의 뜻을 거스르는 육적인 행동이었다는 것을 보여줍니다. 그런데 지금 유다가 이방 여인과 결혼함으로 믿음 없는 행동, 육적인 행동을 했습니다. 하나님이 기뻐하시지 않는 결혼을 통해 엘, 오난, 셀라를 낳았습니다. 그리고 장자 엘을 위해 다말을 아내로 데리고 왔습니다.

이방 땅에서, 육적으로 행동하는 아버지 유다를 보고 배운 엘은 여호와 하나님이 보시기에 악한 행동만 했습니다. 그래서 하나님은 유다에게 깨달음을 주시려고 엘을 죽이셨습니다. 유다는 관례대로 엘이 후사 없이 죽었으므로 동생 오난에게, 다말에게 들어가서 형을 위하여 씨가 있게 하라고 했습니다. 그런데 오난 역시 악하고 이기적인, 육적인 사람이었습니다. 그래서 다말에게 들어갔지만 형에게 씨를 주지 않으려고 땅에 설정했습니다(창 38:9). 그것이 여호와 보시기에 악해서 여호와께서 그도 죽였습니다. 이로 인해 유다는 두 아들을 연속적으로 잃게 되었습니다. 이때 유다는 자신이 그릇되게 행했음을 깨닫고 회개했어야 합니다.

하나님이 우리의 삶 속에 갖가지 고난을 허락하시고 문제를 허락하시는 이유는 무언가 깨달아야 할 것이 있기 때문입니다. 깨닫지 못하고 악에 가속도를 더하다 보면 마침내 모든 것이 파멸에 이르기 때문에 하나님은 우리의 삶에 브레이크를 허락하시는 것입니다. 그때 우리는 깨달음의 은혜와 회개의 은혜를 구해야 합니다. 그러나 유다는 깨닫지 못하고, 두려움만 느꼈습니다. 그래서 하나님은 아들 셀라까지 죽을까 봐 셀라를 다말에게 들어가지 않게 하려 했습니다. 인간적인 두려움에, 인간적인 수법을 쓴 것이었습니다.

그리고 얼마 후에 유다는 아내까지 죽는 일을 당했습니다. 아들 둘이 죽고 아내까지 죽은 것이었습니다. 이때도 유다는 회개하지 않고 다시 이방 사람, 아둘람 사람 히라와 어울려서 딤나에 갔습니다. 그때 어떤 사람이 다말에게 "네 시아버지가 자기의 양털을 깎으려고 딤나에 올라왔다"라고 했습니다. 그러자 다말은 과부의 의복을 벗고 너울로 얼굴을 가리고 몸을 휩싸고 딤나 길 곁 에나임 문에 앉아서 창녀 행세를 했습니다. 그리고 시아버지 유다와 동침했습니다.

"얼마 후에 유다의 아내 수아의 딸이 죽은지라 유다가 위로를 받은 후에 그의 친구 아둘람 사람 히라와 함께 딤나로 올라가서 자기의 양털 깎는 자에게 이르렀더니 어떤 사람이 다말에게 말하되 네 시아버지가 자기의 양털을 깎으려고 딤나에 올라왔다 한지라 그가 그 과부의 의복을 벗고 너울로 얼굴을 가리고 몸을 휩싸고 딤나 길 곁 에나임 문에 앉으니 이는 셀라가 장성함을 보았어도 자기를 그의 아내로 주지 않음으로 말미암음이라"(창 38:12-14)

다말은 동침하기에 앞서 시아버지 유다에게 도장과 끈과 지팡이를 담보물로 받았습니다. 순전히 육적인 소욕에 이끌려 이 모든 일을 행한 유다는 자신의 행동에 대해 부끄럽게 여겼습니다. 그래서 아둘람 사람 그 절친 히라를 보내서 창녀를 찾으려 했는데 못 찾자 다음과 같이 말하며 절친 히라에게 책임을 전가했습니다.

"그가 유다에게로 돌아와 이르되 내가 그를 찾지 못하였고 그 곳 사람도 이르기를 거기에는 창녀가 없다 하더이다 하더라 유다가 이르되 그로 그것을 가지게 두라 우리가 부끄러움을 당할까 하노라 내가 이 염소 새끼를 보냈으나 그대가 그를 찾지 못하였느니라"(창 38:22-23)

그런데 석 달쯤 후에 어떤 사람이 유다에게 며느리 다말이 행음했고, 행음으로 인해 임신했다는 말을 전했습니다. 유다는 자기도 행음했으면서 자기 죄는 기억 못 하고, 굉장히 의로운 채를 하면서 다말을 끌어내어 불사르라고 했습니다. 가뜩이나 다말의 존재가 찝찝했는데 잘됐다 싶었을 것입니다. 그런데 청천벽력 같은 소리가 들렸습니다.

"여인이 끌려나갈 때에 사람을 보내어 시아버지에게 이르되 이 물건 임자로 말미암아 임신하였나이다 청하건대 보소서 이 도장과 그 끈과 지팡이가 누구의 것이니이까 한지라"(창 38:25)

한껏 자기 의에 도취되어서 심판하고 정죄하던 유다에게 여인은 도장과 끈과 지팡이를 들이밀었습니다. 그야말로 발뺌할 수도, 변명할 수도 없는 상황입니다. 순식간에 유다의 교만과 자기 의가 무너지는 상황인 것입니다. 이 일로 인해 유다는 자기 죄를 인정하며 회개했습니다. 그는 그동안 형제들을 떠나와서 이방 사람들과 어울리며 육신의 정욕으로 살았던 모든 시간에 대한 자신의 죄를 깨닫고 이렇게 말했습니다.

"유다가 그것들을 알아보고 이르되 그는 나보다 옳도다 내가 그를 내 아들 셀라에게 주지 아니하였음이로다 하고 다시는 그를 가까이 하지 아니하였더라"(창 38:26)

유다가 "그는 나보다 옳도다"라고 말한 것은 "내가 틀렸습니다. 내가 잘못했습니다. 내가 죄인입니다"라고 인정하며 회개한 것입니다. 이렇게 유다는 회개하며 자신의 잘못된 삶을 청산했습니다. 그리고 다시 집으로 돌아가 아버지와 형제들과 함께 했습니다. 그래서 온 땅에 기근이 들어 애굽 국무총리인 요셉에게 곡식을 꾸러 갈 때 유다가 같이 갈 수 있었습니다.

그런데 국무총리가 된 요셉은 자신의 형들이 자기가 꾼 꿈대로 자신을 찾아와 엎드려 절하며 곡식을 꾸고 있다는 것을 알았지만 쉽게 청을 들어주지 않았습니다. 요셉은 형들의 마음을 살피기 위해 시므온을 인질로 잡고 베냐민을 데리고 오

복음과 가족치유

라고 했습니다. 그런데도 야곱은 베냐민을 보내주지 않았습니다. 베냐민을 보내주지 않으면 온 가족이 굶어죽을 수밖에 없는 상황인데도 야곱은 고집을 부렸습니다. 하지만 이때 유다가 "내가 그를 위하여 담보가 되오리니 아버지께서 내 손에서 그를 찾으소서 내가 만일 그를 아버지께 데려다가 아버지 앞에 두지 아니하면 내가 영원히 죄를 지리이다"(창 43:9)라고 말하며 간곡히 청하여 베냐민을 애굽으로 보내게 되었습니다.

물론 유다도 여전히 베냐민에게 집착하는 아버지 야곱을 보는 일이 쉽지 않았을 것입니다. 편애가 상처가 돼서 요셉을 죽이려 했는데, 아버지가 다시 베냐민에게 집착하는 것을 보며 다시 상처받을 수도 있었습니다.

그러나 이제 유다는 성장했습니다. 이제 유다에게 가정은 상처의 터가 아니라 성장의 터가 된 것입니다. 그래서 그렇게 집착하는 아버지를 품게 되었고 자기 생명을 담보로 아버지의 연약함을 감싸게 되었습니다.

이것이 바로 영적인 성숙입니다.

환경은 똑같지만 환경을 대하는 실력이 달라진 것입니다. 유다가 넓은 마음으로 희생적인 자세를 보이자 야곱도 드디어 집착을 내려놓고 베냐민을 내어주며 함께 성장하는 모습을 보였습니다.

"전능하신 하나님께서 그 사람 앞에서 너희에게 은혜를 베푸사 그 사람으로 너희 다른 형제와 베냐민을 돌려보내게 하시기를 원하노라 내가 자식을 잃게 되면 잃으리로다"(창 43:14)

야곱이 말한 "내가 자식을 잃게 되면 잃으리로다"의 결단은 결코 자포자기적 표현이 아닙니다. 이 순간부터 전능하신 하나님께 전적으로 아들 베냐민의 문제를 맡기겠다는 절대적 신뢰감의 고백입니다. 동시에 이후에 일어나는 결과에 대해서는 야곱 자신의 신앙으로 받아들이겠다는 결단이라고 할 수 있습니다.

브레넌 매닝은 "우리 여정의 가장 가슴 아픈 시간에 하나님은 침묵으로 애태우시지만, 돌아보면 그것은 베일에 가려진 자상한 임재요, 순전한 신뢰로 들어서는 길이다. 그 신뢰는 하나님의 반응에 따라 요동하지 않는 신뢰다. 신뢰는 절망의 극한에서 시작될 때가 많다. 인간의 자원이 다 소진될 때, 확증에 대한 욕심이 수그러질 때, 통제를 버릴 때, 하나님을 조작하고 신비를 벗기려던 일을 그만둘 때, 그렇게 모든 수가 끊어질 때 우리 안에 신뢰가 싹튼다. 그리고 "아바여, 아버지 손에 내 영혼을 부탁합니다"라는 순수한 외침이 심장에서 터져 나온다"라고 했습니다.

우리 가정은 이러한 성장을 이루어야 합니다.

우리는 가족끼리 실수도 할 수 있고 잘못을 저지를 수도 있습니다. 하지만 유다처럼 성장하여 상대의 연약함과 허물을 포용하여 가족이 함께 성장해야 합니다.

"무엇보다도 뜨겁게 서로 사랑할지니 사랑은 허다한 죄를 덮느니라"(벧전 4:8)

이제 유다와 형제들은 베냐민을 데리고 요셉에게로 갔습니다. 그러나 이번에도 요셉은 고의로 베냐민의 자루에 은잔을 넣고 형제들을 난관에 빠뜨렸습니다. 이때 유다가 주도적으로 나서서 애굽의 국무총리가 요셉인지 모르고 간청했습니다. 그는 "베냐민만 종으로 남기고 돌아가라"라는 요셉의 말에 겸손히 엎드려 간청했습니다.

"유다가 그에게 가까이 가서 이르되 내 주여 원하건대 당신의 종에게 내 주의 귀에 한 말씀을 아뢰게 하소서 주의 종에게 노하지 마소서 주는 바로와 같으심이니이다"(창 44:18)

비록 상대방이 대제국 애굽의 총리라고 하더라도 그 앞에 서 있는 유다의 모습은 지나칠 정도로 자신을 낮추고 있습니다. 그는 자신을 종이라고 부릅니다. 요셉에게는 깍듯이 '주인님'이라는 호칭을 사용하고 있습니다. 히브리 원문을 보면 16절에서 34절까지의 유다의 대사에서 자신을 열두 번에 걸쳐 '종'이라 표현하고 있는 것을 볼 수 있습니다. 요셉을 향하여 '내 주'라고 표현하는 것도 일곱 번 나옵니다.

이렇게 유다는 자신을 완전히 땅바닥에까지 낮추고 있습니다.

이러한 유다의 겸손은 **그저 표현이 겸손하고, 말투가 겸손한 것이 아니라 마음이 깨어져서, 마음이 낮아져서 나오는 겸손이었습니다.**

유다는 요셉 앞에서 긴 연설을 하며 아버지에 대한 사랑과 형제에 대한 사랑을 절절하게 표현했습니다.

구약학자 폰라트가 유다의 연설을 '대단히 수사학적이며 가장 아름다운 연설 중의 하나'라고 평가할 정도로 그의 연설은 감동을 불러오기에 충분했습니다. 유다는 다음과 같이 아버지 야곱의 심정을 헤아렸습니다.

"주의 종 우리 아버지가 우리에게 이르되 너희도 알거니와 내 아내가 내게 두 아들을 낳았으나 하나는 내게서 나갔으므로 내가 말하기를 틀림없이 찢겨 죽었다 하고 내가 지금까지 그를 보지 못하거늘 너희가 이 아이도 내게서 데려 가려하니 만일 재해가 그 몸에 미치면 나의 흰 머리를 슬퍼하며 스올로 내려가게 하리라 하니 아버지의 생명과 아이의 생명이 서로 하나로 묶여 있거늘 이제 내가 주의 종 우리 아버지에게 돌아갈 때에 아이가 우리와 함께 가지 아니하면 아버지가 아이의 없음을 보고 죽으리니 이같이 되면 종들이 주의 종 우리 아버지가 흰 머리로 슬퍼하며 스올로 내려가게 함이니

복음과 가족치유

이다"(창 44:27-31)

이전에 유다는 아버지의 집착을 이해하지 못했고, 아버지의 편애로 인해 상처만 입었지만 이제는 아버지의 입장에서 아버지를 이해하게 되었습니다. 야곱은 '내 아내가 내게 두 아들을 낳았다'라고 표현하며 레아의 소생들은 자신의 아들로 인정하지도 않는 것처럼 말했지만 유다는 그런 야곱의 심정을 그대로 이해했습니다. 그리고 아버지의 생명과 아이의 생명이 서로 하나로 묶여 있다고 말할 정도로 아버지가 얼마나 베냐민을 향해 절박한 마음을 가지고 있는지 헤아렸습니다. 그리고 베냐민이 없으면 아버지가 스올로 내려갈 정도의 절망을 경험할 것이라고 했습니다.

이렇게 상대방의 심정을 이해하면 모든 묶인 것이 풀립니다. 성장한 유다는 아버지 야곱도 상처가 많고 연약한 사람이라는 사실을 깨닫고 넓은 마음으로 아버지를 품고 이해했습니다. 우리도 우리에게 상처를 준 가족들을 이해하고 품어야 합니다. 그들의 아픔과 연약함을 헤아리고 그들의 실수와 잘못을 용서해야 합니다. 이어서 유다는 요셉에게 자신이 담보가 되겠다고 말하며 자기 생명을 내놓고 책임지겠다는 자세를 보였습니다.

"주의 종이 내 아버지에게 아이를 담보하기를 내가 이를 아버지께로 데리고 돌아오지 아니하면 영영히 아버지께 죄짐을 지리이다 하였사오니 이제 주의 종으로 그 아이를 대신하여 머물러 있어 내 주의 종이 되게 하시고 그 아이는 그의 형제들과 함께 올려 보내소서 그 아이가 나와 함께 가지 아니하면 내가 어찌 내 아버지에게로 올라갈 수 있으리이까 두렵건대 재해가 내 아버지에게 미침을 보리이다"(창 44:32-34)

이를 통해 우리는 아버지를 향한, 베냐민을 향한 유다의 사랑이 생명보다 더 귀한 사랑이라는 것을 알 수 있습니다.

본문에서 '담보하기를'에 해당하는 히브리어 '아라브(עָרַב)'는 '타인의 생명에 대해 보증이 되다'라는 의미로 사용되었습니다. 또한 유다가 자신의 생명을 담보로 내놓고 베냐민의 석방을 간구하고 있습니다. 유다는 아버지 야곱에게 베냐민을 데려오겠다는 약속을 지키기 위해 노력하고 있는 것입니다. 이 장면을 통해 유다의 형제를 향한 희생적인 사랑과 베냐민이 돌아오기를 간절히 기다리는 아버지에 대한 사랑을 볼 수 있습니다.

'대신하여'에 해당하는 히브리어 '타하트(תַּחַת)'의 삶을 산 대표적인 인물은 유다의 후손으로 이 땅에 오신 예수님입니다. 또한 아브라함이 하나님께 이삭을 번제로 드리려 했을 때 하나님은 이삭 대신에(타하트) 숫양을 준비하셨습니다. 여기서 이삭 대신 하나님께 바쳐진 '숫양'은 우리의 죄를 대신해 죽어주시는 예수님을 예시하는 것입니다.

"인자가 온 것은 섬김을 받으려 함이 아니라 도리어 섬기려 하고 자기 목숨을 많은 사람의 대속물로 주려 함이니라"(막 10:45)

유다는 자신이 베냐민을 대신해 담보를 하여 아버지 야곱이 슬피 음부로 내려가지 않게 해달라고 간청했습니다.

요셉은 이런 유다의 말을 듣고 감동했습니다.

상처를 이겨내고 성장한 유다의 이러한 희생은 요셉의 마음을 움직이기 충분했습니다. 이로 인해 형제간의 화합과 용서가 이뤄졌습니다. 유다의 대속함을 통해 온 가족이 회복되기 시작했습니다. 요셉은 그의 말을 듣고 그 정을 억제하지 못하여 큰 소리로 울었습니다.

"요셉이 시종하는 자들 앞에서 그 정을 억제하지 못하여 소리 질러 모든 사람을 자기에게서 물러가라 하고 그 형제들에게 자기를 알리니 그 때에 그와 함께 한 다른 사람이 없었더라 요셉이 큰 소리로 우니 애굽 사람에게 들리며 바로의 궁중에 들리더라"(창 45:1-2)

이후에 유다는 아버지 야곱으로부터 그 누구보다도 큰 인정과 축복을 받았습니다. 평생 아버지의 편애 속에 살았지만 결정적인 순간에는 그의 진심을 인정받고 최고의 축복을 받은 것입니다.

"유다야 너는 네 형제의 찬송이 될지라 네 손이 네 원수의 목을 잡을 것이요 네 아버지의 아들들이 네 앞에 절하리로다 유다는 사자 새끼로다 내 아들아 너는 움킨 것을 찢고 올라갔도다 그가 엎드리고 웅크림이 수사자 같고 암사자 같으니 누가 그를 범할 수 있으랴 규가 유다를 떠나지 아니하며 통치자의 지팡이가 그 발 사이에서 떠나지 아니하기를 실로가 오시기까지 이르리니 그에게 모든 백성이 복종하리로다"(창 49:8-10)

유다는 모든 아들들 중 가장 풍성한 축복을 받았습니다.

유다 가문은 가나안 땅에서 광대한 영토를 받았고 그 가문으로부터 다윗 왕이 태어났습니다. 무엇보다 예수님의 직계 조상이 되는 엄청난 축복을 받았습니다.

하나님은 이렇게 성숙해가는 사람을 기뻐하십니다.

이전에는 악한 자였으나 선한 자로 변화된 사람, 이전에는 간사하고 이기적이었으나 이제는 사랑하고 포용하는 사람을 기뻐하십니다. 우리도 우리의 가정을 상처의 터에서 성장의 터로 바꾸어 하나님이 기뻐하시는 영적 성장을 이루어야 합니다.

가정은 하나님께서 천국의 모형으로 세우신 복의 공간입니다. 그러나 죄를 범한 인간은 악한 영의 지배를 받아 변질된 사랑, 오염된 사랑으로 가정 안에서 상처를 양산했습니다.

우리는 예수 그리스도의 보혈을 의지하여 모든 죄에서 자유함을 얻어 상처의 터로 변질된 가정을 성장의 터로 회복 받

복음과 가족치유

아야 합니다. 유다처럼 상처의 터를 성장의 터로 바꾸어 복을 받아야 합니다. 이전에 악했을지라도 이제 선한 길을 가고, 이전에 이기적이었을지라도 이제 이타적인 삶을 살아야 합니다.

우리 모두가 상처의 터를 성장의 터로 바꾸고 예수 그리스도의 이름으로 주어지는 완전한 사랑과 능력을 누리며 하나님이 기뻐하는 가정을 세우기를 주님의 이름으로 축원합니다.

주님과 동행하는 기쁨 나누기

1. 상처의 터에서 성장의 터가 되는 가정의 특징은 무엇일까요?

( ) 안에 맞는 단어는 무엇입니까?

(1) 가정은 작은 ( ) 입니다.

하나님은 태초에 천지를 창조하시고 첫 사람 아담이 혼자 사는 것이 좋지 않다고 보시고 그를 위해 돕는 배필을 지으셨습니다. 그리고 남자와 여자가 한 몸을 이루어 가정을 세우게 하셨고 그 안에서 천국을 경험하게 하셨습니다.

● 당신의 가정에서 천국의 삶을 느끼고 있습니까?

(2) 부부의 ( )이 병든 가정은 결코 건강할 수 없습니다.

부모가 서로 미워하고 싸우고 서로를 원망하면 자녀들은 형용할 수 없는 불안과 두려움을 느끼며 감당할 수 없는 상처를 입게 됩니다. 그러나 부부가 서로 성결한 동기로 사랑하여 서로의 존재에 감사하면 자녀들은 부모의 모습을 보면서 참된 사랑의 의미와 방법을 깨달아 갑니다.

● 당신은 배우자의 존재나 가족의 존재에 대해 감사합니까?

(3) 가족 간의 ( )와 사랑이 많아야 합니다.

가족끼리 무정하게 만들고 원통함을 풀지 않게 만들며 폭력이 난무하게 하는 것도 역시 어둠의 영이 조장하는 일이라는 것을 파악해야 합니다. 그리고 말세에 가정을 무너뜨리려는 악한 영의 궤계를 물리치고 하나님의 뜻을 따라 하나님이 기뻐하시는 가정을 세워야 합

복음과 가족치유

니다.
- 당신은 가족 간의 대화가 잘 되고 있다고 생각합니까?

2. 아래 성구를 보고 당신의 삶에 일어난 일을 나누십시오.

(1) 고린도전서 13장 4-7절 - "사랑은 오래 참고 사랑은 온유하며 시기하지 아니하며 사랑은 자랑하지 아니하며 교만하지 아니하며 무례히 행하지 아니하며 자기의 유익을 구하지 아니하며 성내지 아니하며 악한 것을 생각하지 아니하며 불의를 기뻐하지 아니하며 진리와 함께 기뻐하고 모든 것을 참으며 모든 것을 믿으며 모든 것을 바라며 모든 것을 견디느니라"

(2) 시편 128편 1-4절 - "여호와를 경외하며 그의 길을 걷는 자마다 복이 있도다 네가 네 손이 수고한 대로 먹을 것이라 네가 복되고 형통하리로다 네 집 안방에 있는 네 아내는 결실한 포도나무 같으며 네 식탁에 둘러 앉은 자식들은 어린 감람나무 같으리로다 여호와를 경외하는 자는 이같이 복을 얻으리로다"

(3) 베드로전서 4장 8절 - "무엇보다도 뜨겁게 서로 사랑할지니 사랑은 허다한 죄를 덮느니라"

3. 아래 성구의 (   )에 맞는 단어를 넣고 가능하면 암송합시다.

"인자가 온 것은 섬김을 받으려 함이 아니라 도리어 섬기려 하고 자기 (   )을 많은 사람의 (   )로 주려 함이니라"(막 10:45)

4-1 상처의 터에서 성장의 터로

작사/작곡 이순희

4-2 병든 사랑이 남기는 것은

작사/작곡 이순희

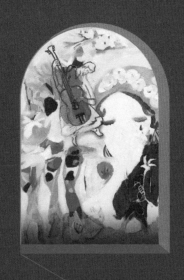

5

가정을 깨뜨리는 악한 영과의 전투

에베소서 6장 10-13절

"끝으로 너희가 주 안에서와 그 힘의 능력으로 강건하여지고 마귀의 간계를 능히 대적하기 위하여 하나님의 전신 갑주를 입으라 우리의 씨름은 혈과 육을 상대하는 것이 아니요 통치자들과 권세들과 이 어둠의 세상 주관자들과 하늘에 있는 악의 영들을 상대함이라 그러므로 하나님의 전신 갑주를 취하라 이는 악한 날에 너희가 능히 대적하고 모든 일을 행한 후에 서기 위함이라"

5

가정을 깨뜨리는
악한 영과의 전투

가정은 태초에 하나님이 디자인하신 최초의 공동체입니다. 하나님이 창조하신 세상은 하나님이 보시기에 심이 좋은 기쁨의 동산이었습니다. 다만 하나님이 만드신 첫 사람 아담이 홀로 있는 것을 좋지 않게 여기시고 돕는 배필인 하와를 지으셨습니다. 그리고 둘이 합하여 한 몸을 이루게 하셨고 이렇게 최초의 가정이 탄생되었습니다.

"여호와 하나님이 아담에게서 취하신 그 갈빗대로 여자를 만드시고 그를 아담에게로 이끌어 오시니 아담이 이르되 이는 내 뼈 중의 뼈요 살 중의 살이라 이것을 남자에게서 취하였은즉 여자라 부르리라 하니라 이러므로 남자가 부모를 떠나 그의 아내와 합하여 둘이 한 몸을 이룰지로다 아담과 그의 아내 두 사람이 벌거벗었으나 부끄러워하지 아니하니라"(창 2:22-25)

하나님은 가정 위에 복을 부으시고 사람이 가정을 통해 생육하고 번성하며 땅을 정복하고 다스리게 하셨습니다. 또 가정 안에서 무조건적인 사랑, 충만한 기쁨, 완전한 만족을 느끼게 하셨습니다. 가정을 통해 하나님의 사랑을 보여주시고 하나님의 임재를 경험하게 하셨습니다.

> "하나님이 자기 형상 곧 하나님의 형상대로 사람을 창조하시되 남자와 여자를 창조하시고 하나님이 그들에게 복을 주시며 하나님이 그들에게 이르시되 생육하고 번성하여 땅에 충만하라, 땅을 정복하라, 바다의 물고기와 하늘의 새와 땅에 움직이는 모든 생물을 다스리라 하시니라"(창 1:27-28)

우리는 하나님이 가정을 통해 부으시는 최상의 복을 누려야 합니다. 가정을 통해 천국의 축소판을 경험하며, 가정을 통해 작은 교회를 세워 완전한 기쁨을 맛보며 살아야 합니다. 하나님은 가정 안에 세상 그 어떤 부귀, 명예, 권세로도 얻을 수 없는 '행복'을 심어놓으셨습니다. 자녀를 향한 부모의 무조건적이고 헌신적인 사랑을 통해 하나님의 사랑을 경험하게 하셨고, 천진난만한 자녀의 웃음소리를 통해 천국의 순수성을 체험하게 하셨으며, 가족 간의 긴밀한 사랑과 사귐을 통해 확고한 안정감을 누리게 하셨습니다.

사회학자인 클린턴 가드너는 "모든 것을 다 잃어도 가정이 있으면 아직 다 잃은 것이 아니지만, 모든 것을 다 가져도 가정을 잃으면 모든 것을 다 잃은 것이다"라고 했습니다.

데니스 레이니의 『아름다운 가정 만들기』라는 책에 나온 글입니다.

"행복한 가정을 이루는 것은 의자와 책상과 소파가 아니라 그 소파에 앉은 어머니의 미소입니다. 가정을 이룬다는 것은 푸른 잔디와 화초가 아니라 그 잔디에서 터지는 아이들의 웃음소리입니다. 가정을 이루는 것은 자동차나 식구가 드나드는 장소가 아니라 사랑을 주려고 그 문턱으로 들어오는 아빠의 설레는 모습입니다. 가정을 이루는 것은 부엌과 꽃이 있는 식탁이 아니라 정성과 사랑으로 가득한 엄마의 모습입니다. 가정을 이루는 것은 자고 깨고 나가고 들어오는 것이 아니라 애정의 속삭임과 이해의 만남입니다.

행복한 가정은 사랑이 충만한 곳입니다.

바다와 같이 넓은 아빠의 사랑과 땅처럼 다 품는 엄마의 사랑이 있는 곳, 거기는 비난보다는 용서가 주장보다는 이해와 관용이 우선되며 항상 웃음이 있는 동산이 가정입니다. 가정이란 아기의 울음소리와 어머니의 노래가 들리는 곳, 가정이란 따뜻한 심장과 행복한 눈동자가 마주치는 곳, 가정이란 서로의 성실함과 우정과 도움이 만나는 곳, 가정은 어린이들의 첫 교육의 장소이며 거기서 자녀들은 무엇이 바르고 무엇이 사랑인지를 배웁니다. 상처와 아픔은 가정에서 싸매지고 슬픔은 나눠지고 기쁨은 배가 되며 어버이가 존경받는 곳, 왕궁도 부럽지 않고 돈도 그다지 위세를 못 부리는 그렇게 좋은 곳이 가정입니다.”

가정이 세워지면 모든 것이 세워집니다.

아름다운 가정이 세워지면 아름다운 인격이 세워지고, 건강한 가정이 세워지면 건강한 교육이 세워집니다. 영적인 가정이 세워지면 영적인 교회가 세워지고, 평안한 교회가 세워지면 평안한 나라가 세워집니다. 그러나 가정이 무너지면 모든 것이 무너집니다. 가정이 무너지면 개인의 기반이 무너지고, 인생의 가치관이 무너지며, 사회질서가 무너지고 머지않아 나라도 무너지게 됩니다. 그러므로 우리는 가정을 귀히 여기고 가정을 바로 세워야 합니다.

『로마제국 멸망사』를 썼던 에드워드 기번은, 로마가 망한 원인의 하나로 ‘가정의 파괴’를 이야기했습니다. 로마가 제국이 되고 부강한 나라가 되자 남자들은 가정을 팽개치고 전쟁과 사냥, 또 술 취함을 즐겼고, 부인들은 사치와 쾌락에 빠져 가정을 돌보지 않았다고 합니다. 이러한 가정의 파괴는 결국 제국의 파괴로 이어졌습니다.

가정은 어떤 거대한 조직이나 군대도 아닌 작은 구성원으로 이루어진 공동체입니다. 그러나 이 작은 가정이 파괴될 때 국가 전체가 무너지는 엄청난 악영향을 미치게 됩니다. 로마 가정들의 붕괴와 함께 역사가 무너져 내리는 마지막 황혼을 지켜보던 한 철학자는 "애국자여 가정을 지키시오"라고 호소했으며 "신이여, 기도하는 가정을 로마에 다시 일으켜 세워주십시오"라는 애타는 기도문을 남겼습니다. 건강한 가정, 천국 같은 가정을 세우기 위해 우리는 하나님의 복을 받아야 합니다.

"여호와를 경외하며 그의 길을 걷는 자마다 복이 있도다 네가 네 손이 수고한 대로 먹을 것이라 네가 복되고 형통하리로다 네 집 안방에 있는 네 아내는 결실한 포도나무 같으며 네 식탁에 둘러 앉은 자식들은 어린 감람나무 같으리로다 여호와를 경외하는 자는 이같이 복을 얻으리로다 여호와께서 시온에서 네게 복을 주실지어다 너는 평생에 예루살렘의 번영을 보며 네 자식의 자식을 볼지어다 이스라엘에게 평강이 있을지로다"(시 128:1-6)
"이르되 주 예수를 믿으라 그리하면 너와 네 집이 구원을 받으리라 하고"(행 16:31)

가정의 회복은 영혼의 회복으로부터 시작됩니다.
영혼이 건강한 사람이 건강한 가정을 이룰 수 있고, 영혼이 아름다운 사람이 아름다운 가정을 세울 수 있습니다. 그러나 영혼이 병든 사람은 호화로운 집에 살아도 행복한 부부 관계를 유지할 수 없습니다.

어둠의 영에게 사로잡힌 사람은 사랑하는 자녀에게 많은 시간을 할애하고, 많은 물질을 쓰며, 많은 노력을 기울여도 자녀 양육을 건강하게 할 수 없습니다. 그러므로 우리는 가정의 근본적 문제 해결을 위해 가족 각 구성원들의 내면 치료에 집중하며, 가정 배후에서 역사하는 악한 영들과의 전쟁에서 승리해야 합니다.

"사랑하는 자여 네 영혼이 잘됨 같이 네가 범사에 잘되고 강건하기를 내가 간구하노라"(요삼 1:2)

눈에 보이는 육의 세계는 눈에 보이지 않는 영의 세계의 다스림을 받습니다. 그래서 세상의 모든 가정은 성령님 혹은 악령의 다스림을 받습니다.
세상에는 성령님의 다스림을 받는 성령의 가정이 있고, 악령의 다스림을 받는 악령의 가정이 있습니다.
성령님이 다스리는 가정 안에는 성령의 열매가 가득하고 악령의 다스림을 받는 가정에는 악령의 열매가 가득합니다.

성령님이 다스리는 가정은 하나님이 기뻐하시는 뜻을 이루며 세상 속에서 하나님의 영광을 드러냅니다. 반대로 악령이 다스리는 가정은 분쟁, 미움, 시기, 살인, 음란이 가득하고 상처가 난무합니다. 이러한 가정 안에서 사는 사람들은 상처 입은 심령으로 지옥 같은 인생을 살며 하나님을 거스르고 교회를 대적합니다. 또 악령의 사주를 받는 가정은 되는 일이 없습니다. 일시적으로 육적인 형통을 누릴 수는 있지만 결국 영적으로는 영원한 멸망을 자초할 뿐입니다.

우리는 영적으로 분별하여 무엇보다 성령의 다스림을 받는 가정이 되는 일에 힘써야 합니다.

"너희가 육신대로 살면 반드시 죽을 것이로되 영으로써 몸의 행실을 죽이면 살리니 무릇 하나님의 영으로 인도함을 받는 사람은 곧 하나님의 아들이라"(롬 8:13-14)

아무리 많은 물질, 지식, 수고의 노력을 다해도 하나님의 영으로 세워지지 않은 가정은 무너질 수밖에 없습니다.

"여호와께서 집을 세우지 아니하시면 세우는 자의 수고가 헛되며 여호와께서 성을 지키지 아니하시면 파수꾼의 깨어 있음이 헛되도다"(시 127:1)

우리 모두가 오직 가정의 운전대를 하나님께 맡기고 하나님 한 분 만을 가정의 왕으로, 가정의 주인으로 모시기를 바랍니다. 또 우리의 가정 배후에서 역사하는 악한 영의 간계를 간파하여 그 모든 악한 영과의 전투에서 승리하기를 바랍니다.

가정은 아주 치열한 영적 전쟁터입니다.

교활한 사탄은 태초의 가정이었던 아담과 하와의 가정을 공격했습니다. 하와는 사탄의 미혹을 받고 하나님이 먹지 말라고 한 선악과를 먹으면서 자신이 하나님과 같이 될 것이라는 환상에 빠졌습니다. 그리고 남편을 사랑한다는 명분하에 남편 아담에게도 선악과를 주어 먹게 했습니다.

"뱀이 여자에게 이르되 너희가 결코 죽지 아니하리라 너희가 그것을 먹는 날에는 너희 눈이 밝아져 하나님과 같이 되어 선악을 알 줄 하나님이 아심이니라 여자가 그 나무를 본즉 먹음직도 하고 보암직도 하고 지혜롭게 할 만큼 탐스럽기도 한 나무인지라 여자가 그 열매를 따먹고 자기와 함께 있는 남편에게도 주매 그도 먹은지라"(창 3:4-6)

범죄 한 아담과 하와는 즉시 부부 관계가 깨어지는 비극을 맞이했습니다. 선악과를 먹은 아담은 한때 자신의 뼈 중의 뼈요, 살 중의 살이라 부르며 사랑했던 하와를 정죄하며, 하와를 주신 하나님께 불평하기 시작했습니다.

"이르시되 누가 너의 벗었음을 네게 알렸느냐 내가 네게 먹지 말라 명한 그 나무 열매를 네가 먹었느냐 아담이 이르되 하나님이 주셔서 나와 함께 있게 하신 여자 그가 그 나무 열매를 내게 주므로 내가 먹었나이다 여호와 하나님이 여자에게 이르시되 네가 어찌하여 이렇게 하였느냐 여자가 이르되 뱀이 나를 꾀므로 내가 먹었나이다"(창 3:11-13)

죄 지은 아담과 하와는 결국 하나님의 저주를 받고 에덴동산에서 쫓겨났습니다. 얼마 후 이 가정에서 장남 가인이 차남 아벨을 죽이는 인류 최초의 존속살인사건이 일어났습니다. 하나님을 떠난 인간은 이처럼 무섭게 타락하고 저주받은 비극적 운명을 지니게 되었습니다. 그러나 하나님은 이렇게 타락한 인생을 그냥 두지 않으셨습니다. 하나님은 깨어진 인생, 깨어진 가정을 회복시키기 위해 근본적인 처방을 내리셨습니다.

> "내가 너로 여자와 원수가 되게 하고 네 후손도 여자의 후손과 원수가 되게 하리니 여자의 후손은 네 머리를 상하게 할 것이요 너는 그의 발꿈치를 상하게 할 것이니라 하시고"(창 3:15)

이처럼 주님은 모든 가정의 상처와 붕괴의 배후에서 역사하는 사탄과의 전쟁을 선포하셨습니다. 태초부터 지금까지 하나님은 가정을 세우시고 가정을 통해 하나님의 뜻을 이루기 원하십니다. 하나님은 온 땅이 죄악으로 관영하게 되자 아브라함을 불러 백세에 이삭을 낳게 하셨습니다. 그리고 아브라함의 가정을 통해 야곱의 12지파를 세우셨고 이스라엘 국가를 세우셨으며 그 혈통 가운데 예수 그리스도를 보내사 온 인류를 위한 구속의 역사를 이루셨습니다.

한 가정이 하나님 나라를 건설하기 위한 하나님의 전략이자 핵심 단위였던 것입니다. 간사한 사탄은 하나님이 가정을 통해 일하신다는 사실을 알고 태초부터 지금까지 가정을 공격합니다. 가정이 무너지면 모든 것이 무너진다는 것을 잘 아는 사탄은 가정을 깨뜨리기 위해 수단과 방법을 가리지 않습니다.

"근신하라 깨어라 너희 대적 마귀가 우는 사자 같이 두루 다니며 삼킬 자를 찾나니 너희는 믿음을 굳건하게 하여 그를 대적하라 이는 세상에 있는 너희 형제들도 동일한 고난을 당하는 줄을 앎이라"(벧전 5:8-9)

사탄은 분열하는 영입니다. 사탄의 공격을 받은 가정은 결코 하나가 될 수 없습니다. 우리말에 '콩가루 집안'이라는 말이 있습니다. '집안에 분란이 끊이질 않고 가족들 모두 제멋대로여서 엉망진창이 된 집안'을 의미합니다. 그런데 왜 하필이면 쌀가루, 밀가루, 감자가루 등 많을 텐데 콩가루에 비유했을까요? 쌀가루나 밀가루, 감자가루와 같은 다른 곡물 가루들은 물을 넣고 반죽을 하면 잘 뭉쳐져서 떡도 만들고 빵도 만들고 부침개도 만들 수 있는데 콩가루만은 뭉치지 않고 서로 뿔뿔이 흩어지기 때문입니다. 사탄은 우리 가정을 이와 같은 콩가루 집안으로 만들어 파괴합니다.

말세가 다가올수록 사탄은 사정없이 가정을 깨뜨립니다.

윌리엄 오그번은 그의 책 『최근의 사회경향』에서 가정의 주요 기능을 생산적, 교육적, 종교적, 오락적 기능의 4가지로 설명하면서 현대의 가정은 그 모든 기능을 잃었다고 했습니다.

그에 의하면 과거에는 가정 안에서 온 가족이 한데 어울려 농사를 지으며 수확을 거두었기에 가정에 생산적인 기능이 있었다고 합니다. 또 가정에서 예의와 도덕, 가치관 등의 주요 교육이 이루어졌고 가정에서 하나님을 예배하며 하나님을 섬

복음과 가족치유

졌습니다. 이러한 일련의 삶을 통해 가족은 서로 어울려 살아가며 사랑의 기쁨을 누렸습니다. 그러나 현대의 사람들은 산업화로 인해 온 가족이 흩어져 돈을 벌고, 가정에서 이루어져야 할 교육마저 학교에 맡기게 되었습니다.

그뿐만 아니라 가정에서 드리는 예배도 교회에 맡김으로 더 이상 부모가 자녀들과 함께 하나님을 섬기는 모습을 찾아보기가 어렵게 되었습니다.

미디어의 발달로 가족 간의 대화와 사귐의 기회가 사라져 가정 안의 소통의 문은 더욱 닫히게 되었습니다. 우리는 심각한 가정 파괴와 가정불화의 배후에 존재하는 악한 영의 공격을 민감하게 파악하고 영적 전쟁을 피 흘리기까지 싸워 승리해야 합니다.

사도 바울은 본문을 통해 우리에게 영적 싸움을 싸울 것을 권면하고 있습니다. 눈에 보이는 가족과 싸우며 신경전을 벌이지 말고 가족 배후에 역사하는 영적 세력과 싸우라는 것입니다. 그런데 이러한 영적 비밀을 알지 못하는 사람들은 눈에 보이는 가족들과 싸우느라 정신이 없습니다. 서로를 비난하고 미워하며 분쟁함으로 상처를 주고받습니다.

아담과 하와가 죄를 지었을 때 그들은 서로 책임을 전가하며 비난했습니다. 사탄에게 속아 서로를 비난하는 것은 결국 그 가정을 지옥으로 만드는 지름길이 됩니다.

우리는 가정을 지키기 위해 하나님 제일주의와 예배 중심의 삶을 고수해야 합니다. 하나님을 경외하며 하나님의 통치를 받는 가정만이 영적 전쟁에서 능히 승리할 수 있습니다.

그런데 오늘날 너무도 많은 사람들이 가정 안에서 일어나는 영적전투에 대해 무지합니다. 배우자와의 심한 갈등, 자녀와의 갈등, 형제자매 사이의 갈등에 대해 고민하면서 그 배후에 역사하는 악한 영의 존재에 대해 인식하지 못합니다. 가정 안의 외도, 분쟁, 무관심, 가난, 질병, 우울 등의 수많은 가정 문제 때문에 고통을 당하면서도 그 안에 감추어진 영적 전쟁의 실체에 대해서는 무지합니다. 우리는 가정의 문제를 근본적으로 해결 받기 위해 가정 안의 영적 전투의 실체를 깨달아야 합니다.

"끝으로 너희가 주 안에서와 그 힘의 능력으로 강건하여지고 마귀의 간계를 능히 대적하기 위하여 하나님의 전신 갑주를 입으라 우리의 씨름은 혈과 육을 상대하는 것이 아니요 통치자들과 권세들과 이 어둠의 세상 주관자들과 하늘에 있는 악의 영들을 상대함이라"(엡 6:10-12)

바울은 본문인 에베소서를 통해 영적 전쟁의 실상을 밝혔는데, 5장에서 "성령의 충만함을 받으라"라고 명령한 후에 곧바로 이어 가정생활에 대한 지침을 주고 있습니다.

먼저 에베소서 5장 22절부터 33절에 이르기까지 부부생활에 대한 권면을 하고 있고, 이어서 6장 1절부터 4절까지 부모

복음과 가족치유

와 자녀 관계에 대한 지침을 주고 있습니다. 그리고 본문에 이르러 사탄의 간계를 읽고 사탄을 능히 대적하기 위해 하나님의 전신 갑주를 입으라고 말하고 있습니다. 이로써 우리는 '가정'이 실제적인 영적 전쟁터라는 사실을 인지할 수 있습니다.

우리는 반드시 성령의 충만을 받아 가정 안에서의 영적 전쟁에서 승리해야 합니다. 본문 12절은 우리의 영적인 적에 관하여 네 가지의 중요한 사실들을 말해주고 있습니다. 우리는 혈과 육 즉 사람과 환경을 상대해서 싸우는 것이 아닙니다. 우리의 대적은 '통치자'와 '권세들'과 '이 어둠의 세상 주관자'들과 '하늘에 있는 악의 영'들입니다.

첫째로 통치자는 헬라어로 '아르카스(ἀρχάς)'인데, 지도자들, 통치자들, 행정관들 등과 같이 위계질서를 묘사하는데 사용되는 말입니다. 그러므로 우리는 '통치자'라는 말을 통해 사탄과 그의 졸개들인 악한 영들이 매우 조직적으로 역사하고 있음을 알 수 있습니다.

세상 군대가 대통령을 최고 사령관으로 삼고 그 뒤를 이어 장군들, 대령들, 소령들, 대위들, 중위들, 그리고 그 아래로 병사들로 구성되어 있듯이 어둠의 권세들도 사탄을 우두머리로 하여 그 아래에 조직적인 질서를 갖추고 있습니다. 계급이 높은 악한 영들일수록 많은 졸개를 부리면서 이 땅의 많은 영역을 장악하고 있습니다. 이들은 세상의 실재적인 재력, 권력, 물력 등을 동원하여 하나님의 일을 방해하고 철두철미한 전략과 간사한 궤계를 가지고 성도와 교회를 대적합니다.

둘째로 '권세들'은 헬라어로 '엑수시아스(εξουσίας)'로 악한 영들이 가지고 있는 강력한 권세를 의미합니다. 이들은 인간의 힘으로 상대할 수 없는 힘으로 성도의 영혼을 갈취하고 실족시키려 합니다.

셋째로 '이 세상의 어두움의 주관자들'은 헬라어로 '코스모크라토라스(κοσμοκράτορας)'입니다. 악한 영들에게는 제한된 시간 동안 세상을 주관할 수 있는 힘이 있습니다. 그래서 성경은 사탄을 "이 세상의 신"(고후 4:4)이라고 표현합니다. 실제로 예수님이 광야에서 사탄에게 시험당하실 때 사탄은 예수님이 자신에게 절하면 세상을 주겠다고 했고, 예수님은 이러한 사탄의 주장을 부정하지 않으셨습니다

"마귀가 또 그를 데리고 지극히 높은 산으로 가서 천하 만국과 그 영광을 보여 이르되 만일 내게 엎드려 경배하면 이 모든 것을 네게 주리라 이에 예수께서 말씀하시되 사탄아 물러가라 기록되었으되 주 너의 하나님께 경배하고 다만 그를 섬기라 하였느니라 이에 마귀는 예수를 떠나고 천사들이 나아와서 수종드니라"(마 4:8-11)

넷째로 본문은 우리가 '하늘에 있는 악의 영들'과 싸우고 있다고 밝히고 있습니다. 이 말의 중심어는 '악(惡)'입니다. 악한 영들은 오직 악한 목적을 가지고 악한 방법으로 활동합니다. 때때로 광명의 천사로 가장할지라도 그들의 활동목적은 항상 악합니다.

> "도둑이 오는 것은 도둑질하고 죽이고 멸망시키려는 것뿐이요 내가 온 것은 양으로 생명을 얻게 하고 더 풍성히 얻게 하려는 것이라"(요 10:10)

세상을 장악하고 있는 악한 영들은 거짓 예언, 거짓 종교, 이단, 신비주의, 마술, 주술 등으로 사람들에게 악한 영향을 끼치고, 정치, 문화, 예술, 교육 등 사회 전반을 주도하여 영혼을 죽이고 가정을 해체시키려 합니다. 그러므로 **우리는 가정의 안팎에서 역사하는 어둠의 세력들을 분별하고 오직 성령의 능력으로 그들을 대적해야 합니다.**

분열의 영인 악한 영들은 갖가지 방법을 동원하여 부부 사이를 방해하고 순수한 사랑을 이기심, 분노, 욕심, 불평, 원망 등으로 변질시킵니다. 또한 부모와 자녀 관계에도 틈타 욕심과 고집으로 상처를 주고받게 하여 가정을 전쟁터로 만듭니다. 교묘하게 역사하는 어둠의 영들은 아주 능수능란하게 가정을 깨뜨리고 분열시킵니다.

우리는 가정을 공격하는 악한 영과의 싸움에서 승리하기

위해 반드시 주님 안에서 성령님의 능력으로 강건해져서 사탄을 대적해야 합니다.

"그런즉 너희는 하나님께 복종할지어다 마귀를 대적하라 그리하면 너희를 피하리라"(약 4:7)

우리는 가정을 깨뜨리려는 사탄의 계략을 밝히 깨달아야 합니다. 왜냐하면 사탄의 전략은 자손대대로 그 악한 영향을 미치기 때문입니다.

아담과 하와의 범죄는 부모에게서 끝나지 않았습니다. 사탄은 똑같은 전략을 첫 자녀에게도 사용하여, 첫째 아들 가인을 통해 무서운 범죄를 저지르게 만들었고, 그 결과 하나님의 저주를 받게 되었습니다. 이렇게 사탄은 부부 사이, 형제 사이, 그리고 모든 인간관계에 악한 독을 퍼뜨립니다.

가정을 깨뜨리는 악한 영들의 실체

교만하여 하나님을 대적하여 심판받은 천사장 사탄은 그의 수하들인 어둠의 영들을 적재적소에 배치하여 가정을 깨뜨리는 일에 주력합니다. 그러므로 **우리는 영적 민감성을 가지고 가정 안에 파고든 모든 어둠의 영들을 분별해야 합니다.**

첫째, 우리는 가정 안에 파고든 부부 사이를 이간질하는 악한 영을 분별해야 합니다.

인간 최초의 죄는 부부 사이에서 발생했습니다.

즉 사탄의 주된 영적 전략과 전술은 부부 사이를 갈라놓아 가정을 파괴시키는 것입니다. 따라서 현대에 역사하는 어둠의 영들도 부부 사이를 이간질하고 부부 사이를 무너뜨리는 일에 주력합니다. 하나님은 이처럼 남자와 여자를 다르게 창조하셨고, 서로가 서로를 도우며 가장 아름다운 가정 천국을 이루도록 설계하셨습니다. 그러나 악한 영은 이러한 돕는 배필로서의 부부 관계를 파괴시켜 오직 상대에게 '요구하고 바라는 관계'가 되게 만들었습니다.

이 시대 수없이 많은 부부들이 깨어지는 가장 큰 이유가 상대를 '바라는 존재'로 여기기 때문입니다. 이런 사람은 자신이 상대에게 원하는 100점이라는 기준을 세우고 항상 불평하며, 상대를 그 100점으로 만들기 위해 애씁니다. 그 기준에 도달하지 못할 때 끊임없이 가르치려고 들고, 분노를 내며, 심지어 폭언과 폭력을 사용해 상대를 굴복시키려고까지 합니다. 이런 사람들은 상대를 돕는 배필이 아닌 철저히 자신의 이기적 욕망을 채우는 대상으로 여기는 자들입니다. 이러한 관계를 가진 부부는 가정을 지옥으로 만들 수밖에 없습니다.

말세의 사탄은 시간이 가면 갈수록 더욱 교묘한 방법으로 부부 사이를 깨뜨리려고 합니다.

세계미래학회가 발행하는 미래예측 전문지 『퓨처리스트』에서는 21세기의 가족은 자녀의 재생산, 양육 및 사회화 그리고 가족애라는 전통적인 가족 기능이 변할 것이라고 예고했습니다. 맞벌이의 증가로 가족은 남성화되고 결혼이 거래라는 개념으로 이혼이 가정파탄이 아니고 잘못된 선택을 바로잡는 긍정적 현상으로 받아들여질 것이라고 했습니다. 새로운 가족 형태 즉 장기동거 뒤의 결혼, 혼합 가정 및 입양가정의 일반화, 저소득층의 결손가정화, 동성애 가정의 합법화, 성적 결합 없는 공동거주 등이 나타날 것이라고 했습니다.

아니나 다를까 우리가 살고 있는 이 시대에는 비혼 가정, 이혼가정이 넘쳐나고 동성애 가정 및 결손가정이 급속도로 증가하고 있습니다. 시간이 갈수록 사람들은 결혼의 숭고한 가치를 무시하고 희생과 자기 포기를 싫어하며 가정 해체의 길로 걸어가고 있습니다. 우리는 부부 사이를 깨뜨리는 악한 영을 대적하고 하나님이 한 몸 되게 하신 부부 관계를 아름답게 지켜나가야 합니다.

"아내들이여 자기 남편에게 복종하기를 주께 하듯 하라 이는 남편이 아내의 머리 됨이 그리스도께서 교회의 머리 됨과 같음이니 그가 바로 몸의 구주시니라 그러므로 교회가 그리스도에게 하듯 아내들도 범사에 자기 남편

복음과 가족치유

에게 복종할지니라 남편들아 아내 사랑하기를 그리스도께서 교회를 사랑하시고 그 교회를 위하여 자신을 주심 같이 하라"(엡 5:22-25)

벤저민 워필드 박사는 세계적으로 유명한 신학자로, 1921년 세상을 떠나기까지 거의 34년 동안 프린스턴신학교에서 가르쳤습니다. 목회자들은 『성경의 영감과 권위』와 같은 그의 책들은 잘 알고 있지만 대다수는 1876년에 그에게 일어났던 일을 모르고 있습니다.

당시 스물다섯 살이던 그는 애니와 결혼하여 독일로 신혼여행을 떠났습니다. 맹렬한 풍랑 속에서 애니는 번개에 맞았고, 영구적 불구가 되었습니다. 그런데 워필드는 그녀가 세상을 떠날 때까지 39년 동안 간호했습니다. 그는 결혼 생활 내내 두 시간 이상 집을 비운 적이 거의 없을 정도로 아내에게 헌신했고 한결같은 인내와 성실로 39년 동안 아내를 돌보았습니다.

워필드는 로마서 8장 28절을 주석하면서 자신의 생각을 다음과 같이 드러냈습니다.

"하나님께서 사랑하는 자들에게 일어나는 모든 일들은 좋은 것일 수밖에 없다. …모든 것을 그분이 통치하시므로 우리 각자에게 일어나는 모든 일로부터 오로지 선한 것들만을 수확해야 한다."

상대를 향해 내가 '돕는 배필'이라는 정체성을 아는 사람은 상대의 부족한 점이 발견될 때마다 더욱 '자신의 존재 가치'를 느끼게 됩니다. 저 사람의 부족한 20을 내가 채워 함께 100점을 만들어야겠다는 생각을 하게 됩니다.

배우자의 부족한 모습이 보일 때 어떻게 해야겠습니까?

'아휴, 저 인간은 아직도 저 모양이네' 이렇게 하는 것이 아니라 '아, 저 부분은 내가 도와주어야 할 부분이구나! 하나님이 나를 통해 저 부족함을 채우시라는 사명을 주신 것이구나!'라고 깨닫는 우리 모두가 되기를 바랍니다.

내가 남편 덕을, 혹은 아내 덕을 한번 봐야겠다는 생각을 버리시고 남편이 나를 통해 덕을 보는, 아내가 나를 통해 덕을 보는 인생이 되도록 노력하는 우리 모두가 되기를 바랍니다.

서로 돕는 배필자로서의 사명을 잘 감당할 때 그 가정은 천국이 됩니다. 이러한 부부 밑에서 자라나는 아이들은 자동적으로 그들이 장성하여 배우자를 만날 때 또한 천국 가정을 이루게 될 것입니다. 자손 대대로 천국을 유통하는 가정이 되길 소원합니다.

둘째, 우리는 가정 안에 파고든 부모 자녀 관계를 끊는 악한 영을 분별해야 합니다.

부모는 하나님의 대리인입니다.

자녀는 부모의 헌신적이고 무조건적인 사랑을 통해 하나님의 사랑을 경험하고 그 사랑을 기반으로 건강하고 아름다운 인격을 형성하게 됩니다. 하지만 간사한 사탄은 부모 자녀의 관계를 끊으려 합니다. 악한 영들은 자녀가 육신의 부모로부터 신체적 친밀감, 정서적 친밀감을 충분히 느끼지 못하면 하나님과의 영적 친밀함을 느끼는데도 어려움을 갖게 된다는 사실을 알고 있습니다. 그래서 부모의 권위를 떨어뜨려 자녀가 부모의 가르침을 받지 못하게 하고, 자녀를 향한 부모의 사랑을 병들게 하여 부모 자녀 관계를 위태롭게 만듭니다.

이 세상에 자녀를 사랑하지 않는 부모는 없습니다.

그러나 많은 부모들이 가장 사랑하는 자녀에게 복이 아닌 독을 뿜어 해를 끼칠 때가 얼마나 많은지 모릅니다. 죄의 연약성을 지닌 인간은 성령님의 능력을 덧입지 않고서는 불완전한 사랑, 병든 사랑, 독이 되는 사랑을 할 수밖에 없기 때문입니다.

**셋째, 우리는 가정 안에 파고든 중독에 빠지게 하는
악한 영을 분별해야 합니다.**

악한 영들이 가정을 무너뜨리기 위해 즐겨 쓰는 전략이 바로 각종 중독에 빠지게 하는 것입니다. 제아무리 성실하고 사랑이 많은 사람도 음란물 중독, 알코올 중독, 게임 중독 등에

빠지면 가정생활을 제대로 할 수 없고 다른 가족들을 고통스럽게 만듭니다.

가정을 돌아보지 않고 돈 버는 일이나 직장 일에만 열중하는 일 중독자나 충동적으로 도박을 하지 않으면 견디지 못하는 도박꾼, 외도를 해 다른 살림을 차리고 자식을 돌아보지 않는 사람들은 가족들에게 씻을 수 없는 상처를 줍니다. 우리는 이 모든 중독 배후에 악한 영의 세력이 있음을 간파해야 합니다.

넷째, 우리는 가정 안에 파고든 정신질환에 시달리게 하는 악한 영을 분별해야 합니다.

현대의 사탄은 가정을 해체시키기 위해 정신질환을 일으킵니다. 죄와 상처를 틈타서 한 개인에게 침투하여 그의 영혼을 사로잡고 우울증, 공황장애, 불안증, 조울증 등에 시달리게 하고 극단적인 자살 충동에 매이게 합니다.

영혼에 병이 들면 많은 돈과 명예, 지식과 건강이 아무런 소용이 없어집니다. 정신질환에 빠지면 어떤 좋은 조건과 여유로운 환경 속에 있어도 지옥의 웅덩이에 갇힌 것과 같은 삶을 살게 됩니다.

이러한 정신질환은 개인의 문제에서 그치지 않습니다. 가족 중에 한 사람이라도 정신질환에 빠지게 되면 온 가족이 어둠의 덫에 걸려서 자유롭지 못한 삶을 살게 됩니다. 악한 영에게 장악된 사람은 온 가족에게 어둠의 분위기를 전가할 뿐 아니라 자신이 정상적인 삶을 영위하지 못하기에 가족들에게 고통을 끼칩니다.

"마음의 즐거움은 얼굴을 빛나게 하여도 마음의 근심은 심령을 상하게 하느니라 명철한 자의 마음은 지식을 요구하고 미련한 자의 입은 미련한 것을 즐기느니라 고난 받는 자는 그 날이 다 험악하나 마음이 즐거운 자는 항상 잔치하느니라 가산이 적어도 여호와를 경외하는 것이 크게 부하고 번뇌하는 것보다 나으니라 채소를 먹으며 서로 사랑하는 것이 살진 소를 먹으며 서로 미워하는 것보다 나으니라"(잠 15:13-17)

다섯째, 우리는 가정 안에 파고든 악한 세상 풍조를 만드는 악한 영을 분별해야 합니다.

현대의 사탄은 가정을 무너뜨리기 위해 자신의 권세를 총동원하여 악한 세상 풍조를 만들어내고 있습니다. 악한 영들이 지배하는 세상 속에서 살아가는 사람들은 '7포 세대'(연애, 결혼, 출산, 취업, 인간관계, 내 집 마련, 희망 포기)가 되어 결혼 자체를 기피하고 혼전 순결을 구시대의 산물이라고 생각합니다.

결혼을 해도 자녀를 낳지 않으려 합니다. 또 남자의 역할과 여자의 역할을 구분하고 남자다움과 여자다움을 나누는 것을 남녀차별이라고 여기고 동성애를 아름다운 사랑의 한 형태로 받아들입니다.

또 결혼을 해도 배우자 외에 다른 이성을 만나서 교제하는 일을 흔하게 생각하고 TV나 영화에 등장하는 불륜 이야기에

재미를 느낍니다. 그뿐만 아니라 낙태를 합리화하며 생명을 경시합니다.

우리는 가정을 깨뜨리려고 총체적으로 역사하는 어둠의 세력들을 몰아내고 성령님의 인도를 받아야 합니다. 하나님의 뜻은 가정 회복입니다. 성령 충만의 복을 받은 가정은 성령님의 통치를 받아 가정 제도의 목적과 원리 및 남편의 역할과 아내의 역할, 부모의 역할을 깨닫게 됩니다. 또한 성령님께서 주시는 지혜로서 소통하고 또 교육함으로 천국 가정을 이룹니다.

우리는 천국 가정을 이루기 위해 반드시 영적 권세를 받고 하나님의 전신 갑주를 입어야 합니다.

"그런즉 서서 진리로 너희 허리 띠를 띠고 의의 호심경을 붙이고 평안의 복음이 준비한 것으로 신을 신고 모든 것 위에 믿음의 방패를 가지고 이로써 능히 악한 자의 모든 불화살을 소멸하고 구원의 투구와 성령의 검 곧 하나님의 말씀을 가지라"(엡 6:14-17)

1. 진리의 허리띠

허리는 우리 몸의 중심이자, 힘의 근원이 됩니다. 그러므로 우리는 진리의 허리띠를 착용함으로 가정의 중심, 가정의 근원을 예수 그리스도의 진리로 삼아야 합니다. 세상이 아무리 혼란스럽고 악해도 하나님의 말씀을 따라가는 가정은 하나님

복음과 가족치유

의 보호 안에서 안전의 복을 누릴 수 있습니다.

"네가 말하기를 여호와는 나의 피난처시라 하고 지존자를 너의 거처로 삼

았으므로 화가 네게 미치지 못하며 재앙이 네 장막에 가까이 오지 못하리

니 그가 너를 위하여 그의 천사들을 명령하사 네 모든 길에서 너를 지키게

하심이라 그들이 그들의 손으로 너를 붙들어 발이 돌에 부딪히지 아니하게

하리로다 네가 사자와 독사를 밟으며 젊은 사자와 뱀을 발로 누르리로다"

(시 91:9-13)

그러므로 **우리는 하나님의 말씀을 중심으로 부부 관계를 지키고 하나님의 말씀을 따라 자녀를 양육해야 합니다.**

미국의 32대 대통령이었던 루스벨트 대통령의 영부인 안나 루스벨트는 "당신의 아이들에게 하나님에 대한 믿음을 준다 면 그들은 인생의 모든 어려움을 무난히 해결할 것이다"라고 말했습니다.

진리의 허리띠를 띤 가정은 거짓으로 다가오는 모든 악한 영들의 공격을 이겨낼 수 있습니다.

"그러므로 예수께서 자기를 믿은 유대인들에게 이르시되 너희가 내 말에

거하면 참으로 내 제자가 되고 진리를 알지니 진리가 너희를 자유롭게 하

리라"(요 8:31-32)

"예수께서 이르시되 내가 곧 길이요 진리요 생명이니 나로 말미암지 않고

는 아버지께로 올 자가 없느니라"(요 14:6)

2. 의의 흉배

행복한 아내가 행복한 남편을 만들고, 행복한 남편이 행복한 아내를 만듭니다. 또 행복한 부모가 행복한 자녀를 만듭니다. 온갖 열등감, 불평, 불만, 분노, 혈기, 우울로 가득한 사람은 건강한 가정을 만들 수 없습니다. 그래서 사탄은 끊임없이 우리를 정죄하고 공격하여 우리의 감정을 상하게 합니다.

그러나 우리는 그리스도로 말미암은 의의 흉배를 착용함으로 모든 사탄의 공격을 이겨내고 항상 행복한 마음을 유지시켜야 합니다. **모든 상황과 환경을 뛰어넘어 사랑과 구원을 허락하시는 하나님 한 분만으로 기뻐하고 감사해야 합니다.**

"그러므로 이제 그리스도 예수 안에 있는 자에게는 결코 정죄함이 없나니 이는 그리스도 예수 안에 있는 생명의 성령의 법이 죄와 사망의 법에서 너를 해방하였음이라"(롬 8:1-2)

"내가 확신하노니 사망이나 생명이나 천사들이나 권세자들이나 현재 일이나 장래 일이나 능력이나 높음이나 깊음이나 다른 어떤 피조물이라도 우리를 우리 주 그리스도 예수 안에 있는 하나님의 사랑에서 끊을 수 없으리라"

(롬 8:38-39)

3. 평안의 복음이 준비한 신

사탄은 우리의 평안을 빼앗기 위해 다툼과 분열을 일으킵니다. 사탄은 우리가 평안을 잃으면 우왕좌왕하며 쉽게 패배하여 서로에게 돌이킬 수 없는 상처를 준다는 사실을 잘 알고 있습니다. 그러므로 우리는 평안의 복음이 준비한 신을 신고 어떤 상황 가운데에서도 평안을 누려야 합니다.

"평강의 주께서 친히 때마다 일마다 너희에게 평강을 주시고 주께서 너희 모든 사람과 함께 하시기를 원하노라"(살후 3:16)

4. 믿음의 방패

믿음은 하나님의 능력을 인간이 공유할 수 있는 유일한 통로입니다.

"내가 진실로 진실로 너희에게 이르노니 나를 믿는 자는 내가 하는 일을 그도 할 것이요 또한 그보다 큰 일도 하리니 이는 내가 아버지께로 감이라 너희가 내 이름으로 무엇을 구하든지 내가 행하리니 이는 아버지로 하여금 아들로 말미암아 영광을 받으시게 하려 함이라 내 이름으로 무엇이든지 내게 구하면 내가 행하리라 너희가 나를 사랑하면 나의 계명을 지키리라"(요 14:12-15)

"믿는 자들에게는 이런 표적이 따르리니 곧 그들이 내 이름으로 귀신을 쫓아내며 새 방언을 말하며 뱀을 집어올리며 무슨 독을 마실지라도 해를 받지 아니하며 병든 사람에게 손을 얹은즉 나으리라 하시더라"(막 16:17-18)

사탄은 우리에게 불신과 염려와 의심의 불화살을 쏘지만 우리는 믿음의 방패로 사탄의 불화살을 소멸하고 하나님을 향한 신뢰를 지켜내야 합니다. 가정의 가치관에 하나님 제일주의, 예배 중심주의를 두고 모든 상황 속에 믿음의 태도를 취해야 합니다.

"복음에는 하나님의 의가 나타나서 믿음으로 믿음에 이르게 하나니 기록된 바 오직 의인은 믿음으로 말미암아 살리라 함과 같으니라"(롬 1:17)
"무릇 하나님께로부터 난 자마다 세상을 이기느니라 세상을 이기는 승리는 이것이니 우리의 믿음이니라"(요일 5:4)

5. 구원의 투구

'구원의 투구를 쓴다'는 것은 '구원의 소망을 가지고 산다'는 것입니다. 구원의 소망을 가질 때 우리는 가족의 속사람을 보게 되고, 그들의 속사람의 상처를 어루만지게 됩니다. 나아가 하나님의 뜻으로 하나 된 교회 공동체를 가족으로 여기며 교회에 속한 지체들을 가족같이 사랑하며 돌보게 됩니다.

우리 모두는 육체적인 혈연을 넘어서 예수 그리스도의 피로 한 가족이 되었습니다. 그러므로 우리는 구원의 투구를 쓰고 우리가 십자가로 말미암아 하나가 되었음을 깊이 깨닫고 더욱 서로 사랑해야 합니다.

아들이 어머니를 섬기듯 성도들은 서로 섬겨야 하고, 어머니가 아들을 품듯 성도들은 서로 품어야 합니다. 인간적인 정에 이끌리기보다 하나님의 뜻을 위해 연합하여 주님의 뜻을 이루어야 합니다. 육적인 자녀와 부모의 관계에 머물러서 편파적이고 육적인 삶을 사는 것이 아니라 영적인 자녀와 부모의 관계가 되어 하나님의 뜻과 비전을 향해 초점 맞춰 달려 나아가야 합니다.

"누가 너를 남달리 구별하였느냐 네게 있는 것 중에 받지 아니한 것이 무엇이냐 네가 받았은즉 어찌하여 받지 아니한 것 같이 자랑하느냐"(고전 4:7)
"너희 몸은 너희가 하나님께로부터 받은 바 너희 가운데 계신 성령의 전인 줄을 알지 못하느냐 너희는 너희 자신의 것이 아니라 값으로 산 것이 되었으니 그런즉 너희 몸으로 하나님께 영광을 돌리라"(고전 6:19-20)

6. 성령의 검

사탄은 호시탐탐 가정을 무너뜨리기 위해 다양한 방법으로 공격합니다. 그러므로 우리는 하나님의 말씀으로 사탄을 공격하고 물리쳐야 합니다. 또한 성령의 검은 병든 우리의 가정을 드러내어 치료하며 회복시킵니다.

"하나님의 말씀은 살아 있고 활력이 있어 좌우에 날선 어떤 검보다도 예리하여 혼과 영과 및 관절과 골수를 찔러 쪼개기까지 하며 또 마음의 생각과 뜻을 판단하나니 지으신 것이 하나도 그 앞에 나타나지 않음이 없고 우리의 결산을 받으실 이의 눈 앞에 만물이 벌거벗은 것 같이 드러나느니라"(히 4:12-13)

우리는 가정을 지키고 가족들의 영혼을 지키기 위해 말씀의 실력자가 되어야 합니다. 다시 말씀드리지만 가정은 치열한 영적 전쟁터입니다. 우리는 가정 안에 일어나는 모든 문제의 배후에 도사리고 있는 영적 세력을 분별하고 사람과 싸울 것이 아니라 악한 영과 싸워 승리해야 합니다. 세상을 장악하고 있는 악한 영들은 간계를 동원하여 부부 관계, 부모와 자녀 관계를 깨뜨리고 가족끼리 서로 미워하고 원망하게 만듭니다. 또 각종 중독과 정신질환에 빠지게 하고 악한 세상 풍조를 따르게 합니다. 우리는 하나님의 전신 갑주를 입고 모든 악한 영과의 전투에서 승리함으로 성령의 통치를 받는 가정을 세워야 합니다.

우리 모두가 가정을 깨뜨리는 악한 영과의 전투에서 승리하여 천국 가정을 세우기를 주님의 이름으로 축원합니다.

주님과 동행하는 기쁨 나누기

1. 우리의 가정 안에 파고든 악한 영 중 일부는 무엇입니까?

( ) 안에 맞는 단어는 무엇입니까?

(1) 우리는 가정 안에 파고든 부부 사이를 (   )하는 악한 영을 분별
해야 합니다.

사탄의 주된 영적 전략과 전술은 부부 사이를 갈라놓아 가정을 파괴
시키는 것입니다. 따라서 현대에 역사하는 어둠의 영들도 부부 사이
를 이간질하고 부부 사이를 무너뜨리는 일에 주력합니다.

● 배우자나 가족 관계에서 당신을 예민하게 하는 것은 무엇입니까?

(2) 우리는 가정 안에 파고든 부모 자녀 간의 (   )를 끊는 악한 영
을 분별해야 합니다.

자녀는 부모의 헌신적이고 무조건적인 사랑을 통해 하나님의 사랑을
경험하고 그 사랑을 기반으로 건강하고 아름다운 인격을 형성하게
됩니다. 하지만 간사한 사탄은 부모 자녀의 관계를 끊으려 합니다.

● 부모나 자녀, 또는 가족 사이를 어렵게 만드는 것은 무엇입니까?

(3) 우리는 가정 안에 파고든 (   )에 빠지게 하는 악한 영을 분별해
야 합니다.

제아무리 성실하고 사랑이 많은 사람도 음란물 중독, 알코올 중독, 게
임 중독 등에 빠지면 가정생활을 제대로 할 수 없고 다른 가족들을
고통스럽게 만듭니다.

● 주변에서 중독 때문에 가족이 고통받는 경우가 있다면 무슨 중독

제5장 가정을 깨뜨리는 악한 영과의 전투

입니까?

2. 아래 성구를 보고 당신의 삶에 일어난 일을 나누십시오.

(1) 요한삼서 1장 2절 – "사랑하는 자여 네 영혼이 잘됨 같이 네가 범사에 잘되고 강건하기를 내가 간구하노라"

(2) 베드로전서 5장 8, 9절 – "근신하라 깨어라 너희 대적 마귀가 우는 사자 같이 두루 다니며 삼킬 자를 찾나니 너희는 믿음을 굳건하게 하여 그를 대적하라 이는 세상에 있는 너희 형제들도 동일한 고난을 당하는 줄을 앎이라"

(3) 요한복음 10장 10절 – "도둑이 오는 것은 도둑질하고 죽이고 멸망시키려는 것뿐이요 내가 온 것은 양으로 생명을 얻게 하고 더 풍성히 얻게 하려는 것이라"

3. 아래 성구의 (   )에 맞는 단어를 넣고 가능하면 암송합시다.

"그런즉 너희는 하나님께 (   )할지어다 마귀를 (   )하라 그리하면 너희를 피하리라"(약 4:7)

5-1 가정은 치열한 전쟁터

작사/작곡 이순희

제5장 가정을 깨뜨리는 악한 영과의 전투

5-2 가정을 공격하는 어둠의 영

작사/작곡 이순희

복음과 가족치유

6

영통, 소통, 형통의 가정 세우기

누가복음 15장 18-32절

"내가 일어나 아버지께 가서 이르기를 아버지 내가 하늘과 아버지께 죄를 지었사오니 지금부터는 아버지의 아들이라 일컬음을 감당하지 못하겠나이다 나를 품꾼의 하나로 보소서 하리라 하고 이에 일어나서 아버지께로 돌아가니라 아직도 거리가 먼데 아버지가 그를 보고 측은히 여겨 달려가 목을 안고 입을 맞추니 아들이 이르되 아버지 내가 하늘과 아버지께 죄를 지었사오니 지금부터는 아버지의 아들이라 일컬음을 감당하지 못하겠나이다 하나 아버지는 종들에게 이르되 제일 좋은 옷을 내어다가 입히고 손에 가락지를 끼우고 발에 신을 신기라 그리고 살진 송아지를 끌어다가 잡으라 우리가 먹고 즐기자 이 내 아들은 죽었다가 다시 살아났으며 내가 잃었다가 다시 얻었노라 하니 그들이 즐거워하더라 맏아들은 밭에 있다가 돌아와 집에 가까이 왔을 때에 풍악과 춤추는 소리를 듣고 한 종을 불러 이 무슨 일인가 물은대 대답하되 당신의 동생이 돌아왔으매 당신의 아버지가 건강한 그를 다시 맞아들이게 됨으로 인하여 살진 송아지를 잡았나이다 하니 그가 노하여 들어가고자 하지 아니하거늘 아버지가 나와서 권한대 아버지께 대답하여 이르되 내가 여러 해 아버지를 섬겨 명을 어김이 없거늘 내게는 염소 새끼라도 주어 나와 내 벗으로 즐기게 하신 일이 없더니 아버지의 살림을 창녀들과 함께 삼켜 버린 이 아들이 돌아오매 이를 위하여 살진 송아지를 잡으셨나이다 아버지가 이르되 얘 너는 항상 나와 함께 있으니 내 것이 다 네 것이로되 이 네 동생은 죽었다가 살아났으며 내가 잃었다가 얻었기로 우리가 즐거워하고 기뻐하는 것이 마땅하다 하니라"

6

영통, 소통, 형통의
가정 세우기

'통즉불통 불통즉통(通卽不痛, 不通卽痛)'이라는 말이
있습니다.

허준의 동의보감에 나오는 말로서 '아프다면 무언가 막혔다
는 것이고, 무언가 막혔다면 아프다'라는 뜻입니다. 사람의 몸
에 막힌 곳이 있으면 반드시 아프기 마련입니다. 피가 잘 통하
고, 기가 잘 통하면 건강하고 활력 있는 삶을 살 수 있습니다.

우리의 인생도 마찬가지입니다.

소통이 잘 되는 사람의 인생은 형통합니다. 하나님과 잘 통
하고, 이웃과 잘 통하며, 자기 자신과 잘 통하는 사람은 막힘
이 없는 형통의 인생을 살게 됩니다. 그런데 자신의 삶이 답답
하고 뭔가 막혀있다고 느끼는 사람들은 영적인 문제에서, 인

간관계에서, 가정이나 사업장에서 불통의 문제를 안고 있는
경우가 많습니다.

대개 불통의 인생을 사는 사람들은 자기 고집이 강하고, 자기 틀이 강해서 자기만의 세상에 갇혀 있는 경우가 많습니다. 한마디로 자기 자신이 너무 커서 하나님과 소통하지 못하고 세상과 소통하지 못하는 것입니다. 그러므로 우리는 먼저 소통하지 못하게 하는 나 자신을 뛰어넘어야 합니다.
막힌 혈을 뚫어야 건강한 인생을 살 수 있듯이, 영혼의 혈자리를 찾아 뚫을 때 형통한 삶을 살 수 있습니다. 여러분의 영혼육의 막힌 곳이 다 뚫리는 역사가 일어나기를 소원합니다.
귀가 열리고, 눈이 열리며, 영이 열리는 역사가 일어나기를 소원합니다. 모든 소통의 창이 열림으로 형통의 삶을 누리는 우리 모두가 되기를 바랍니다.

하나님은 우리와 소통하기 원하십니다.
하나님과 소통하기 위해서는 하나님의 말씀에 귀를 기울여야 합니다. 그럴 때 하나님의 뜻을 알 수 있으며 영통할 수 있습니다. 하나님과 영통할 때 가정과도 소통할 수 있으며 형통한 삶, 행복한 삶을 누릴 수 있습니다.
팀 켈러 목사는 『기도』라는 책에서 '기도란 하나님과의 쌍방향 소통을 통한 인격의 변화다'라고 했습니다.

"내 양은 내 음성을 들으며 나는 그들을 알며 그들은 나를 따르느니라 내가 그들에게 영생을 주노니 영원히 멸망하지 아니할 것이요 또 그들을 내 손에서 빼앗을 자가 없느니라 그들을 주신 내 아버지는 만물보다 크시매 아무도 아버지 손에서 빼앗을 수 없느니라"(요 10:27-29)

적극적인 소통은 일방적 소통이 아니라 양방향 소통입니다. 우리는 하나님의 말씀과 적극적으로 소통하기 위해 말씀을 듣는 것과 기도하는 것을 병행해야 합니다. 하나님의 말씀은 하나님께서 우리에게 말씀하시는 것이고, 기도는 우리가 하나님께 말씀드리는 것입니다.

말씀과 기도의 양방향 소통이 원활히 이루어지기 위해서는 자기중심주의, 즉 자기 틀을 깨뜨려야 합니다. 다시 말해 자기의 주장을 내세우기 전에 먼저 하나님의 뜻을 들어야 한다는 것입니다. 중언부언하며 자신의 신세와 자신의 뜻만 늘어놓는 것은 진정한 기도가 아닙니다. 그러므로 우리는 기도에 앞서서 자기 생각을 내려놓고 하나님의 뜻을 들어야 합니다.

또 우리는 하나님의 말씀을 듣는 일에 인생 최우선 순위를 두어야 합니다. 하루 일과 중 가장 중요한 일, 큰 문제를 앞두고 먼저 해야 할 일, 어려움 속에 가장 먼저 찾을 일이 바로 하나님의 말씀과 소통하는 일이 되어야 합니다.

하나님과 소통할 때 우리 인생에 빛이 임하고, 깨달음이 임하며, 능력이 공급됩니다. 그러므로 하나님과 소통하는 인생은 형통해집니다. 마치 시냇가에 심은 나무가 철을 따라 열매를 맺고 그 잎사귀가 마르지 아니함과 같습니다. 하나님과 소통하는 인생은 그가 하는 모든 일에 형통을 누리게 됩니다.

"복 있는 사람은 악인들의 꾀를 따르지 아니하며 죄인들의 길에 서지 아니하며 오만한 자들의 자리에 앉지 아니하고 오직 여호와의 율법을 즐거워하여 그의 율법을 주야로 묵상하는도다 그는 시냇가에 심은 나무가 철을 따라 열매를 맺으며 그 잎사귀가 마르지 아니함 같으니 그가 하는 모든 일이 다 형통하리로다 악인들은 그렇지 아니함이여 오직 바람에 나는 겨와 같도다 그러므로 악인들은 심판을 견디지 못하며 죄인들이 의인들의 모임에 들지 못하리로다 무릇 의인들의 길은 여호와께서 인정하시나 악인들의 길은 망하리로다"(시 1:1-6)

하나님의 말씀과 소통할 때 우리는 이웃과 나 자신과 소통할 수 있습니다. **하나님의 말씀만이 영혼의 안식처이며, 치료제이기 때문입니다.** 말씀을 떠난 사람은 이웃과 소통하려고 해도 자기 자신을 넘어선 소통을 할 수 없습니다. 또 하나님의 말씀과 불통인 사람은 자기 영혼과 진실하게 대화할 수 없습니다. 말씀과 불통된 인생은 그 자체로 이기주의, 불안함, 교만, 고집, 아집에 똘똘 뭉쳐져서 소통할 수 없기 때문입니다.

'칵테일 효과'라는 말이 있습니다.
이 말은 '칵테일 파티와 같이 온갖 잡다한 소리가 들리는 상황 가운데서도 사람들은 자신이 관심 있는 소리는 듣는다'는 사실에서 유래한 말입니다. 이렇게 사람들은 자신의 자아에 갇혀서 자기가 듣고 싶은 말을 듣습니다. 그리고 듣기 싫은 말은 듣지 않습니다.

그러나 하나님의 말씀과 소통하는 사람은 말씀으로 말미암아 확신 가운데 거하면서 자기 자신을 뛰어넘는 소통을 하게 됩니다. 말씀의 거울에 비추어 어떤 사람이 악인의 길에 서서 바람에 나는 겨와 같은 위태한 인생을 살고 있는지, 어떤 사람이 하나님께 인정받는 의인의 길에 서있는지 분별하게 됩니다. 자신의 편견과 선입견으로 판단하는 것이 아니라 하나님의 영의 인도를 받아 분별하는 것입니다. 이렇게 진리 안에 서있는 자는 담대하며 당당합니다. 그래서 진리로 소통하는 사람은 진리로 세상을 이해하고, 진리로 세상을 치료하며, 진리로 세상을 변화시킵니다.

하나님과 소통하는 인생을 살기 위해 우리는 죄에서 떠나야 합니다. 죄는 급속도로 하나님과 소통하는 문을 닫아버립니다. 사람이 욕심을 품으면 영의 눈이 멀어서 이전에 보던 것도 보지 못하는 영적 소경이 됩니다. 죄에 미혹된 사람은 진리의 말씀이 귀에 들어오지 않으며, 자신의 혀가 거짓을 말하고 악독을 낸다는 자체도 파악하지 못합니다.

죄에 물든 사람은 마치 독사의 알을 품는 것과 같은 삶을 살게 됩니다. 독사의 알을 품는 사람은 자신이 온갖 시간과 노력과 애정을 쏟았던 독사에 의해 죽임당하는 삶을 살고, 그 독사에 의해 다른 사람도 죽이는 인생을 살게 됩니다. 스스로 죽고, 남도 죽이는 인생을 살게 되는 것입니다. 이렇게 죄와 섞여 있는 인생은 하나님과 불통, 이웃과 불통, 자기 자신과 불통의 인생을 살게 됩니다. 그러므로 우리는 소통으로 여는 형통을 누리기 위해 먼저 우리 안의 죄와 피 흘리기까지 싸워야 합니다.

어느 마을의 한 영감님이 산에 나무를 하러 갔다가 꿩 알을 주웠습니다. 나무도 하고 꿩 알도 주운 영감님은 너무 기분이 좋았습니다. 돌아오는 길에 마을 청년을 만났습니다.
청년이 묻습니다.
"할아버지, 나무해 가지고 오세요?"
「꿩 알이다.」
"할아버지, 나무해 가지고 오시냐고요?"
「열두 개다.」
그러자 청년이 다시 큰 소리로 말했습니다.
"아니, 할아버지. 나무해 가지고 오시냐고요?"
「이놈아, 그런다고 내가 안 먹고 너 줄 것 같으냐?」

가톨릭대 심리학과 정윤경 교수는 "소통은 삶의 자세이며,

복음과 가족치유

자기중심적이지 않다는 것을 의미한다. 남의 입장에서 생각하고 배려와 협동을 한다는 것은 아이나 부모 모두에게 중요하다. 또한 공감 능력은 정서발달의 가장 꼭대기에 있는 것으로 어릴 때 형성된다. 아이들이 부모와 대화하면서 소통과 공감을 배워야 하는데, 그게 안 되니까 말문을 닫아버리고 공감력을 키우는 과정 또한 단절된다"라고 했습니다.

현대의 많은 사람들이 형통한 삶을 원하지만 불통을 자초합니다. 승진, 성공을 위해 몰두하느라 가족끼리 소통할 시간을 갖지 못합니다. 공부 잘하는 자녀를 만들기 위해 '학원 뺑뺑이'를 돌리고, 쉴 틈 없이 노력해서 탁월한 결과를 만들려고 합니다. 그러다가 정작 가족끼리 마음을 주고받지 못해서 갈등이 야기되는 경우가 많습니다.

장재훈 서울여대 사회복지학과 교수는 "부모는 일에, 아이는 학업에 매달려 서로 얼굴을 볼 시간조차 없다"라며 부모는 자녀와 같이 보내는 시간을 늘리고, 자녀 입장을 이해하려는 자세를 가져야 한다"라고 말했습니다.
진정으로 형통한 사람으로 살기 위해서 먼저 하나님의 뜻을 따르는 인생을 살아야 합니다.

2023년 1월 tvN 드라마 '일타 스캔들'이 인기리에 방영되었습니다. 이 드라마에는 대한민국 사교육 일번지를 배경으로,

좋은 대학에 가기 위해 치열한 경쟁을 벌이는 고등학생들과 부모들이 등장합니다. 한 부모가 자신의 아들의 내신을 좋게 하기 위해, 교무 부장에게 청탁을 넣어 아들이 취약한 독서 과목의 시험지를 입수합니다. 그리고는 별다른 설명 없이 아들에게 공부에 참고하라고 전해줍니다. 아들은 그 시험지로 공부를 하게 되고 친한 친구에게도 전해줍니다.

이렇게 두 명의 학생은 다음날 자신들이 전날 공부한 것과 똑같은 시험지를 보게 됩니다. 친구는 양심에 걸려 빈 정답지를 제출합니다. 그러나 아들은 엄마의 속뜻을 알아차립니다. 엄마가 두렵기도 하고 자신도 그 현실의 장벽을 넘지 못해 완벽한 정답지를 제출하지만 그의 마음은 죄책감으로 가득합니다.

이 엄마의 사랑은 병든 사랑입니다. 스스로는 자식의 앞날을 위해 한 일이라고 합리화할 것입니다. 그러나 자신의 명예와 자존심을 지키기 위해 부정행위를 스스럼없이 하고 자식에게 원치 않는 죄책감을 주는 행위는 결국 자식의 인생을 망치는 지름길입니다.

하나님의 뜻과 관계없는 육신적인 노력은 불통과 고통을 야기합니다. 자녀를 잘 키우기 위해 했던 부모의 행동이 자녀를 망치는 결과를 낳게 되고, 자녀를 사랑해서 하는 말과 행동이 자녀에게 상처를 주는 결과를 낳게 됩니다. 그러므로 우리는 사랑과 열심의 동기와 방향을 분별해야 합니다.

첫 단추를 잘못 끼우면 아무리 예쁜 옷이라도 우스꽝스러운 모양이 됩니다. 첫 단추를 잘못 끼우면 모든 단추를 다 채워도 결국 모든 끼운 단추를 다 풀고 다시 시작해야 합니다. 형통을 위해 세상의 부모들은 세상의 노력, 육신의 모든 노력을 하지만 이는 결국 첫 단추를 잘못 끼운 것입니다. 하나가 막히면 모든 것이 막힙니다. 그러나 하나가 풀리면 모든 것이 풀립니다.

'파레토의 법칙'을 아십니까?

이는 80 대 20의 법칙으로 내가 하는 모든 일의 20%가 실제 결과의 80%를 차지한다는 법칙입니다. 80%의 결과는 20%의 활동으로 정해지는 것입니다. 우리가 질서를 잘 지켜서 20%의 일을 한다면 그 나머지 80%의 일이 따라옵니다. 그 20%의 일은 무엇일까요? 바로 하나님의 일, 먼저 그의 나라와 그의 의를 구하는 것입니다.

"그러므로 염려하여 이르기를 무엇을 먹을까 무엇을 마실까 무엇을 입을까 하지 말라 이는 다 이방인들이 구하는 것이라 너희 하늘 아버지께서 이 모든 것이 너희에게 있어야 할 줄을 아시느니라 그런즉 너희는 먼저 그의 나라와 그의 의를 구하라 그리하면 이 모든 것을 너희에게 더하시리라 그러므로 내일 일을 위하여 염려하지 말라 내일 일은 내일이 염려할 것이요 한

날의 괴로움은 그 날로 족하니라"(마 6:31-34)

하나님과 통할 때 모든 것이 통할 수 있습니다.

우리가 하나님과의 벽을 뚫을 때 도저히 풀리지 않는 관계의 벽, 마음의 벽, 소통의 벽, 형통의 벽을 뚫을 수 있습니다.

최근 들어 대화가 어렵다고 말하는 사람들이 많아지고 있습니다. 전화와 공포증의 합성어 '콜포비아'를 앓는 사람들이 많아졌다고 합니다. 즉, 전화와 같은 직접적인 소통이 공포로 변질된 것입니다. 오늘날 대부분의 가정에선 대화가 단절되었습니다.

대화가 사라진 가정에선 가족들과 함께 하는 즐거움이 사라지고 어색하기만 합니다. 고작 몇 안 되는 대화조차 가시가 돋쳐 서로에게 상처만 입히게 됩니다.

부부의 행복은 입과 귀가 좌우한다는 말이 있습니다.

가족학자인 미네소타대의 데이비드 올슨 부부 등이 부부의 심리와 행동을 연구했습니다. 여기서 행복한 부부와 불행한 부부 사이에 매우 큰 차이를 보이는 항목이 있었습니다.

"배우자가 내 이야기를 잘 들어준다"라는 항목에 행복한 부부는 83%가 그렇다고 답했지만 불행한 부부는 단 18%만 동의했다고 합니다. 또한 "배우자가 내가 어떻게 느끼는지 이해 못한다"라는 항목에는 행복한 부부가 13%, 불행한 부부가 79%, "배우자가 말하는 방식이 매우 만족스럽다"라는 항목에

복음과 가족치유

서 행복한 부부는 90%, 불행한 부부는 15%만이 그렇다고 답했다고 합니다.

이처럼 부부의 생활 속에서 '소통'은 매우 중요합니다.

불행한 가정생활은 부부와 자녀의 관계뿐 아니라, 육체적, 정신적 건강과 재정 상태, 심지어 수명까지 부정적인 영향을 미친다는 결과가 나옵니다. 소통이 막혀 모든 것이 막히는 것입니다.

우리는 하나님과 통할 때 소통의 문이 열린 인생을 살 수 있습니다. 자신과 자신이 속한 가정, 그리고 사회 속에서 소통될 때 우리는 형통할 수 있습니다. 우리는 하나님이 허락하신 가정을 지키기 위해 서로 소통하는 가족이 되어야 합니다.

서대문 봄 정신건강의학과 이호선 원장은 "내 주장을 관철하여 기를 쓰면서 내 말을 상대방에게 강요하는 것은 소통이 아니다. 마음을 열고 상대방의 말을 듣고 그의 진심에 다가가기 위해 귀 기울이는 것이 소통이다. 가족 사이에 일어나는 대부분의 불화는 불통으로부터 온다. 가족에게 필요한 건 소통이지 불통이 아니다. 상대방이 먼저 나와 잘 소통하기 위해 노력하고 애쓰기를 기대하는 것은 불통이다"라고 말했습니다.

소통의 능력은 '역지사지'의 마음에서 나옵니다.

역지사지(易地思之)는 처지를 바꾸어 생각해 보는 것입니다.

즉 '상대방의 입장에서 생각하여 볼 줄 아는 것'입니다.

모든 문제는 역지사지를 못하기 때문에 나타납니다.

역지사지를 못하는 사람들은 각자 자기 입장, 자기 처지에서만 생각합니다. 그래서 아내는 남편을 이해하지 못하고, 남편은 아내를 이해하지 못합니다. 또 부모는 자식을 이해하지 못하고 자식은 부모를 이해하지 못합니다. 이해하지 못하니까 오해가 깊어지고 갈등이 깊어져 가장 가까운 사람들끼리 멀어진 마음을 어찌할 줄 모르고 고통받으며 살아갑니다.

우리는 늘 입장을 바꿔놓고 생각해 봐야 합니다.

남편은 아내의 입장에 서보고, 아내는 남편의 입장에 서보아야 합니다. 부모는 자녀의 눈높이에 맞출 줄 알아야 하고, 자녀는 부모의 상황을 헤아려보아야 합니다. 가족 모두가 공감 능력을 향상시켜야 합니다.

스위스 의사이자 작가인 폴 투르니에는 "사랑하는 사람은 이해하며, 이해하는 사람은 사랑한다. 이해받고 있다고 느끼는 사람은 사랑받는다고 느끼며, 사랑받는다고 느끼는 사람은 확실히 이해받고 있다고 느낀다"라고 말했습니다.

그렇습니다. 사랑은 이해하는 마음, 공감하는 마음입니다.

예수님은 공감의 대가이셨습니다.

예수님은 각 사람의 마음을 헤아리셨고 시기적절하게 그들의 필요를 채우셨습니다. 비통한 슬픔에 빠진 사람을 보면 눈물을 흘리셨고, 모든 사람의 말과 행동 안에 담긴 의도와 동기를 파악하셨습니다. 내면을 보는 눈이 열려 소통과 공감의 능력이 임하기를 바랍니다.

본문은 '돌아온 탕자의 비유'입니다.

그런데 오늘 주제와 관련하여 이 비유를 살펴보면, 이 가정 속에도 뿌리 깊은 '불통의 문제'가 있음을 발견할 수 있습니다. 본문의 이야기 가운데 나타난 불통의 문제는 총 세 가지로 분류할 수 있습니다.

첫 번째는, 아버지와 둘째 아들 사이의 불통입니다. 오늘 본문은 아버지를 떠났던 둘째 아들이 온 재산을 탕진하고 다시 아버지께로 돌아오는 장면입니다. 그렇다면 이 아들이 아버지를 떠난 장면을 살펴봅시다.

"또 이르시되 어떤 사람에게 두 아들이 있는데 그 둘째가 아버지에게 말하되 아버지여 재산 중에서 내게 돌아올 분깃을 내게 주소서 하는지라 아버지가 그 살림을 각각 나눠 주었더니 그 후 며칠이 안 되어 둘째 아들이 재물을 다 모아 가지고 먼 나라에 가 거기서 허랑방탕하여 그 재산을 낭비하더니 다 없앤 후 그 나라에 크게 흉년이 들어 그가 비로소 궁핍한지라"(눅 15:11-14)

이처럼 둘째 아들은 아버지로부터 재산의 분깃을 받아 떠났으나 곧 그 모든 재산을 탕진하고 궁핍하게 되었습니다. 그가 풍족한 아버지의 품을 떠났던 이유는 성경에 자세히 나오지는 않습니다. 그러나 나간 이후의 그의 삶을 보면 그가 세상의 향락과 쾌락을 즐겼음을 알 수 있습니다.

그가 나간 이유는 아버지의 사랑보다 세상의 향락과 쾌락이 더 좋아 보였기 때문입니다. 그는 아버지의 울타리 안에서 누릴 수 있는 사랑에 감사하지 못했습니다. 욕심으로 점철된 이기심으로 오직 자기주장만 했던 둘째 아들은 당장의 쾌락을 충족시키려고만 했습니다. 그는 아버지의 말을 들으려고 하지 않았습니다. 그저 자신의 욕심을 채우기에 급급했습니다.

본문에서 나타난 불통의 문제 **두 번째는, 아버지와 첫째 아들 사이의 불통**입니다. 사실 첫째 아들은 아버지의 곁을 떠난 적이 없습니다. 항상 아버지 곁에서 아버지와 함께 일하고, 함께 먹고 잤습니다. 그는 풍요로운 아버지의 모든 것을 맘껏 누릴 특권을 가지고 있었습니다. 그러나 그는 전혀 아버지와 소통하지 못했고, 아버지의 마음을 알지 못했습니다. 그가 이토록 아버지와 불통하게 된 원인에 대해서는 잠시 후에 구체적으로 나눠보겠습니다.

나아가 본문에서 나타난 불통의 문제 **세 번째는, 형제 사이**

의 불통입니다. 아버지의 재산을 모두 탕진하고 돌아온 동생을 향한 첫째 아들, 즉 형의 반응은 매우 냉담했습니다. 그는 동생을 향한 긍휼과 사랑의 마음이 아닌 오히려 강한 미움과 시기, 분노를 표출했습니다.

두 형제는 대화를 제대로 한 적도, 서로의 마음을 터놓은 적도 없습니다. 그러니 큰아들은 자기 마음대로 행동하는 동생을 도무지 이해할 수 없었습니다.

이제 본문을 자세히 살펴보며 가족 불통을 치료하는 방법에 대해 알아보도록 하겠습니다. **비유 속의 '첫째 아들'의 모습을 살펴보며 '불통의 원인'을 찾아보기 원합니다.**

본문의 시작은 용서받을 수 없는 죄인을 위해 예비하신 완전한 아버지의 사랑을 묘사하며, 그 아버지의 기쁨과 감격을 보여주고 있습니다. 그런데 감격스러운 축제의 시간에 싸늘한 반응을 보였던 한 사람이 등장합니다.

바로 아버지의 첫째 아들이자, 돌아온 탕자의 형입니다.

모두가 기뻐하는 이 축제의 날 영문을 모르던 그는 한 종을 불러 묻습니다.

"맏아들은 밭에 있다가 돌아와 집에 가까이 왔을 때에 풍악과 춤추는 소리를 듣고 한 종을 불러 이 무슨 일인가 물은대"(눅 15:25–26)

여기서 '물은대'로 번역된 '에핀다네토(επυνθάνετο)'는 미완료형으로 '반복해서 물었음'을 의미합니다. 그가 이처럼 반복해서 물었던 이유는 지금 집에서 일어나는 상황이 이해가 되지 않았기 때문입니다. 이로 보건대 그가 가정 안에서 아버지와의 관계가 친밀하지 않았음을 추측해 볼 수 있습니다. 그는 아버지의 관심이 어디 있는지, 아버지가 원하는 것이 무엇인지를 전혀 알지 못했습니다.

> "대답하되 당신의 동생이 돌아왔으매 당신의 아버지가 건강한 그를 다시 맞아들이게 됨으로 인하여 살진 송아지를 잡았나이다 하니 그가 노하여 들어가고자 하지 아니하거늘 아버지가 나와서 권한대"(눅 15:27-28)

'노하여'에 해당하는 '오르기스데(ωργίσθη)'의 원형 '오르기조(όργιζω)'는 식물과 열매 속에 즙이 꽉 차오르는 상태를 의미하는 '오르게'에서 유래한 것입니다. 즉 그의 분노는 일시적인 격앙으로 나타난 것이 아니라 오래 쌓여왔던 결과로서 나타난 것임을 알 수 있습니다. 아마 그는 오래전부터 아버지와의 관계 속에, 불통 속에 분노가 쌓이고 쌓였던 것으로 추정됩니다. 그의 마음에는 동생을 향한 미움과 시기가 가득했고 또 동생을 사랑으로 대하는 아버지를 향한 서운함이 가득했습니다. 감격스러운 축제의 날 모두가 기뻐했지만 한 사람, 큰 아들의 마음에는 상처의 독이 터져 나오고 있었습니다. 이처럼 그의 마음이 병들게 된 원인은 바로 '가족 간의 불통'에 있었습

복음과 가족치유

니다.

 그렇다면 구체적으로 불통의 원인에 대해 알아보겠습니다. **상처로 인해 왜곡된 자아가 불통을 만듭니다.** 오늘 본문의 큰아들은 상처로 인해 왜곡된 자아를 가지고 있었습니다.

> "아버지께 대답하여 이르되 내가 여러 해 아버지를 섬겨 명을 어김이 없거늘 내게는 염소 새끼라도 주어 나와 내 벗으로 즐기게 하신 일이 없더니"(눅 15:29)

 그는 자신이 아버지를 종처럼 섬기며 아버지의 명령을 어기지 않았다고 불만을 털어놓았습니다. 이러한 말속에서 그는 자신을 '종'이라 여기고 있음을 드러내고 있습니다. 그의 생각에 아버지는 '염소 새끼 하나도 준 적이 없는 엄격하고 사랑이 없는 존재'였습니다. 그리고 그러한 아버지 밑에 있는 자신은 '죽도록 일만 해야 하는 존재'라고 생각했습니다.

 왜곡된 자아를 가진 그를 향해 늘 풍성한 사랑으로 함께하고 있던 아버지와 소통하지 못했고, 그의 동생 또한 당연히 용납할 수 없었습니다. 그는 스스로 피해의식에 사로잡혀 동생을 향해 강력한 미움을 갖게 되었습니다. 그는 아버지와 가장 가까이 있었지만 소통하지 않았습니다. 자신의 마음을 진실하게 털어놓지 않고, 아버지의 마음을 오해하며 자신의 상처를 키워갔습니다.

> "아버지의 살림을 창녀들과 함께 삼켜 버린 이 아들이 돌아오매 이를 위하여 살진 송아지를 잡으셨나이다"(눅 15:30)

여기서 큰아들이 자신의 동생을 '동생'이라고 부르지 않고 '이 아들'이라고 표현했습니다. 여기서 '이'로 번역된 지시 대명사 '후토스'는 동생에 대한 형의 경멸과 적대감을 강조적으로 표현해 줍니다. 이 같은 언사가 '가족 관계를 파괴하는 것'으로 보여집니다. 그는 자신과 동생이 형제 관계임을 인정하고 싶지 않은 강렬한 의도를 표현했습니다.

이처럼 상처로 인해 왜곡된 자아는 모든 관계를 파괴합니다. 상처로 인해 왜곡된 자아는 모든 상황을 왜곡된 시선으로 바라보게 하고, 왜곡된 태도로 대응하게 합니다. 사건과 상황을 객관화할 수 있는 능력을 상실하게 합니다. 스스로 자신을 형편없는 존재로 취급합니다. 사실 그는 아버지의 큰아들로서 가만히 있어도 아버지의 모든 재산을 물려받을 장자권을 지닌 자였습니다. 그뿐 아니라 그는 항상 아버지의 큰 사랑을 충분히 받고 있는 존재였습니다.

> "아버지가 이르되 얘 너는 항상 나와 함께 있으니 내 것이 다 네 것이로되"
>
> (눅 15:31)

여기서 아버지는 분노하고 있는 큰아들을 향해 "얘"라고 부르고 있습니다. 이 표현은 '아주 자비롭고 자애로운 어조'로서 자신의 특권과 복을 깨닫지 못한 채 분개하는 아들을 향한 깊은 사랑을 나타냅니다.

첫째 아들이 적개심을 가지고 말했던 것과는 완전히 상반된 호칭입니다. 당시 규정상 아버지의 재산의 3분의 2를 맏아들이 상속받게 되어 있었고, 가장의 권리를 행사할 수 있는 그 집 주인이나 다름이 없었습니다. 그런데 참 신기하게도 이 큰아들은 자신이 이미 받은 사랑과 특권을 알지 못하고 상처에 사로잡혀 원망과 불평, 나아가 분노까지 표출하고 있습니다.

이처럼 왜곡된 자아를 가진 자들은 관계 속에 항상 문제를 일으킵니다. 왜곡된 자아는 우리를 열등감에 빠지게 합니다. 사탄은 우리에게 열등감을 주어 하나님이 창조하신 자기 자신에 대해 심하게 왜곡하며 스스로를 비하하게 만듭니다.

맥스웰 몰츠 박사는 "세상 사람 중 적어도 95% 정도는 열등감을 느끼고 있다"라고 말했습니다.

인간의 본질적 열등감을 해결 받지 않는 한 우리는 건강한 소통을 이룰 수 없습니다. 열등감에 빠진 사람은 누군가를 품고 이해할 만한 여유가 없습니다. 열등감은 우리의 인생을 무력하게 하고, 우리 속에 하나님이 심어두신 모든 잠재력을 마비시킵니다. 또 미래에 대한 소망과 꿈을 빼앗고, 모든 관계의 소통을 막습니다. 상처가 만든 왜곡된 자아는 우리의 마음을 일그러뜨려 본질을 보지 못하게 만듭니다.

마음의 한 부분에 상처가 생기면 그 상처는 또 다른 상처의 왜곡된 자아를 계속해서 만들게 됩니다. 이렇게 상처로 일그러진 자아가 계속해서 생기다 보면 내가 어떤 사람인지 모르게 됩니다. 그렇기에 소통을 하고 싶어도 진짜 '자신'을 모르기에 상대방과 소통이 원활하지 않습니다. 자신이 무엇을 원하는지 모르기 때문입니다. 상대방과 원활한 소통을 하기 위해서는 먼저 자신의 마음을 알아야 합니다. 그러나 상처로 가득한 자아는 자신의 마음을 진솔하게 들여다볼 수 없게 합니다. 불통의 담을 무너뜨리고 소통의 문을 열기 위해 우리는 상처로 왜곡된 자아를 십자가에 완전히 못 박아야 합니다.

"내가 그리스도와 함께 십자가에 못 박혔나니 그런즉 이제는 내가 사는 것이 아니요 오직 내 안에 그리스도께서 사시는 것이라 이제 내가 육체 가운데 사는 것은 나를 사랑하사 나를 위하여 자기 자신을 버리신 하나님의 아들을 믿는 믿음 안에서 사는 것이라"(갈 2:20)

죄와 상처로 물든 자아가 철저히 죽어지고, 내 안에 예수님이 사실 때 우리는 저절로 소통하는 인생을 살게 됩니다. 상처를 받는다는 것은 여전히 내가 주인이 되었다는 증거입니다. 따라서 상처로 인해 왜곡된 자아를 철저히 인정하고 회개함으로 가정의 온전한 소통의 문이 열리며 천국의 문이 열리

복음과 가족치유

기를 원합니다.

내 의에 도취된 교만이 불통을 만듭니다.

본문 속 큰아들은 자기 의에 도취된 교만이 가득했습니다. 앞에서도 언급했지만 그는 자신이 아버지를 여러 해 동안 섬기며 아버지의 명령을 어긴 일이 없다고 말했습니다.

이처럼 자기 의에 도취된 사람은 항상 자기 틀과 자기 생각에 사로잡혀 상대의 이야기나 입장을 들어보려 하지 않습니다. 그리고 자기 기준으로 상대를 판단하고 정죄합니다.

오스왈드 챔버스는 그의 책 『제자도』에서 "자만과 영적 교만은 타락의 시작이다. 현재의 영적 상태에 만족하기 시작할 때 그 순간부터 타락하기 시작한다. 영적 교만처럼 무서운 교만이 없으며, 영적 완고함보다 더 강한 완고함은 없다. 마치 사탄이 하나님의 보좌에 도전하는 것처럼 완악한 죄인 것이다"라고 말했습니다.

우리의 가정에서 이러한 일들은 비일비재하게 일어납니다. 사랑은 언제나 상대가 원하는 것을 해주는 것입니다. 아이가 원하는 것을 원하는 방식으로 줘야 아이는 사랑받았다고 느낍니다.

부부 관계도 마찬가지입니다.

항상 문제는 자기 방식대로, 자기 고집대로 사랑하기 때문에, 정작 상대들은 전혀 사랑을 느끼지 못한다는 것입니다.

우리는 가족을 사랑하되 내 교만과 고집을 버리고 사랑해야 합니다. 고집하면 바로 따라오는 말이 '불통'입니다. 고집이 강한 사람은 결코 소통할 수 없습니다. 죄의 본성을 지닌 인간은 누구나 '교만'의 문제, '고집'의 문제로부터 자유 할 수 없습니다. 그러나 진정한 사랑은 교만하지 않으며, 자기 고집을 내세우지 않습니다.

"그러나 더욱 큰 은혜를 주시나니 그러므로 일렀으되 하나님이 교만한 자를 물리치시고 겸손한 자에게 은혜를 주신다 하였느니라"(약 4:6)

교만의 큰 특징은 '자기중심적'이라는 것입니다.

본문 속 큰아들은 아버지 보기에 스스로 의로운 아들이라 자부했지만, 정작 아버지의 마음을 전혀 헤아리지 못한 '자기중심적인 사람'이었습니다. 하나님의 뜻은 '사랑으로 연합하는 것'에 있습니다. 큰아들은 아버지를 위해 열심히 일은 했을지 몰라도, 동생을 사랑하며 동생과 하나 되기를 원하는 더 큰 아버지의 뜻에 불순종했습니다.

이처럼 자기 의에 도취된 교만은 결코 연합을 이룰 수 없습니다. 기본적으로 이들은 자기가 남들보다 더 낫다고 생각하는 우월감을 가지고 있기에 원만한 관계를 이루어 갈 수 없습니다. 상대방의 약점을 발견하면 긍휼히 여기기보다 상대방의

복음과 가족치유

약점을 통해 자신의 우월함을 드러내려고 합니다. 그리고 어떻게든 자신의 존재를 증명하기 위해 모든 상황을 자신이 드러날 수 있는 방향으로 끌고 가려고 합니다. 이런 사람에게 있어서 '이웃'은 사랑을 실천하는 대상이 아닌, 경쟁해서 이겨야 하는 대상으로 여겨집니다. 그렇기에 진정한 소통, 사랑, 배려와 이해가 이루어질 수 없는 것입니다.

우리 모두가 불통의 원인이 되는 '왜곡된 자아'와 '교만'을 물리치고 모든 소통의 문이 열리기를 바랍니다. 불통을 치료받는 완전한 비결 한 가지가 바로 '하나님 아버지의 사랑'입니다. 본문의 서두에서 돌아온 탕자 둘째 아들을 향해 보이신 아버지의 반응을 한번 살펴봅시다.

"이에 일어나서 아버지께로 돌아가니라 아직도 거리가 먼데 아버지가 그를 보고 측은히 여겨 달려가 목을 안고 입을 맞추니"(눅 15:20)

여기서 '측은히 여겨'로 번역된 '에스플랑크니스데(εσπλαγχνίσθη)'의 원형 '스플랑크니조마이(σπλαγχνιζομαι)'는 대개 '안타까운 장면을 보며 내장까지 일렁일 정도로 마음이 아파 견딜 수 없는 상태'를 나타냅니다. 즉 아들을 향한 아버지의 내장이 녹는 듯한 안타까움과 긍휼의 심정임을 묘사하는 것입니다.

아버지는 아들을 보자마자 달려갑니다.
여기서 '달려가는 것'은 유대의 관습으로 볼 때 불가능한 일이었다고 합니다. 아버지는 인습도, 품위도, 통념도 외면한 채 무조건적 사랑과 용서로서 아들을 향해 달려가고 있습니다. 또한 '입을 맞추니'로 번역된 '카테필레센(κατεφίλησεν)'의 원형 '카타필레오(κατταφιλέω)'는 한 번이 아닌 '여러 번 입을 맞춘 것'을 의미합니다. 이로써 형식적인 인사가 아닌 완전한 용납과 받아들임을 의미한다고 볼 수 있습니다. 이것이 바로 죄인을 향한 하나님의 무조건적인 긍휼의 마음, 사랑의 본심입니다.

이처럼 아버지는 죄를 회개하고 돌아온 아들에게 용서뿐만이 아니라 제일 좋은 옷을 입히고, 상속자의 권위를 상징하는 가락지도 손가락에 끼워주고, 심지어 주인만이 신을 수 있는 신발을 신김으로써 이전에 누렸던 상속자로서의 모든 위치를 회복시켜 주셨습니다.

"아버지는 종들에게 이르되 제일 좋은 옷을 내어다가 입히고 손에 가락지를 끼우고 발에 신을 신기라 그리고 살진 송아지를 끌어다가 잡으라 우리가 먹고 즐기자 이 내 아들은 죽었다가 다시 살아났으며 내가 잃었다가 다시 얻었노라 하니 그들이 즐거워하더라"(눅 15:22-24)

아버지는 아들이 돌아온 기쁨으로 이처럼 큰 기쁨의 잔치를 열었습니다. 이는 죄인 하나가 하나님께 돌아왔을 때의 기쁨과 구원받은 자들의 즐거움을 상징하고 있습니다. 우리가 주목할 것은 아버지의 무조건적인 사랑입니다. 하나님 아버지

복음과 가족치유

는 자신의 하나뿐인 아들 예수 그리스도를 내어 주시기까지 우리를 사랑하셨습니다. 그 사랑은 오래 참는 사랑이며, 희생하는 사랑이며, 온유한 사랑입니다.

"우리가 아직 죄인 되었을 때에 그리스도께서 우리를 위하여 죽으심으로 하나님께서 우리에 대한 자기의 사랑을 확증하셨느니라"(롬 5:8)

불통의 근본적인 원인은 바로 '죄'의 문제에 있습니다.

여전히 죽지 못한 내 자아의 문제, 상처의 문제가 불통을 만들고, 또 깨어지지 못한 교만의 문제, 고집의 문제가 불통을 만듭니다. 상한 마음, 상한 감정, 상한 관계는 모두 죄의 결과입니다. 죄의 문제를 온전히 처리하지 않고서는 건강한 마음과 감정, 관계를 소유할 수 없습니다.

이 시간 이 모든 죄를 십자가에 못 박고 하나님과의 불통, 이웃과의 불통, 나 자신과의 불통이 깨어지기를 바랍니다. 이제 우리는 철저히 나를 비우는 예수님의 사랑을 덧입어야 합니다. 이는 내 의를 내려놓는 겸손한 사랑이며 내 방법을 고집하지 않는 온유한 사랑입니다. 또한 내 중심적인 사랑이 아닌 진정으로 영혼의 유익을 구하는 사랑입니다. 또 내 감정이 앞서지 않는 오래 참는 사랑입니다. 우리 한 사람 한 사람이 철저히 예수 그리스도의 마음을 품어 우리의 가정을 천국으로 만들기 바랍니다. 그리하여 우리의 가정에 천국의 문이 열림으로 날마다 주님 안에서 기뻐하며, 주님의 뜻을 이루는 멋진 가정이 되기를 소원합니다.

하나님은 우리에게 가정이라는 작은 천국을 선물로 주셨습니다. 천국 가정을 누리기 위해 우리는 가족 불통의 문제를 해결 받아야 합니다. 본문에는 아버지와 아들 사이의 불통, 그리고 두 아들 사이의 불통의 문제가 나타났습니다. 그중에 큰 아들의 모습을 집중적으로 살펴보며 불통의 원인에 대해 알아보았습니다.

상처로 인해 왜곡된 자아, 내 의에 도취된 교만이 불통을 만듭니다. 우리는 죄의 본성을 지닌 연약한 인간이기에 아무리 스스로 노력해도 병든 사랑을 할 수밖에 없고, 상처를 줄 수밖에 없습니다. 따라서 우리는 근본적인 불통의 문제를 해결 받기 위해 철저히 그리스도의 사랑을 덧입어 우리 자신이 먼저 치료받아야 합니다. 모든 상처를 치료받고 그리스도의 충만한 사랑으로 채운 사람만이 건강한 사랑을 유통시키며 천국 가정을 이룰 수 있습니다.

우리 모두가 온전히 예수 그리스도의 사랑을 유통시키는 사람들이 되어 우리의 가정을 천국으로 만들고, 나아가 우리의 가정을 통해 하나님의 나라가 아름답게 세워지는 역사가 계속해서 일어나게 되기를 주님의 이름으로 축원합니다.

주님과 동행하는 기쁨 나누기

1. 불통의 원인이 무엇일까요?

( ) 안에 맞는 단어는 무엇입니까?

(1) 상처로 인해 왜곡된 (　　　)가 불통을 만듭니다.

상처로 인해 왜곡된 자아는 모든 관계를 파괴하며, 모든 상황을 왜곡된 시선으로 바라보게 하고, 왜곡된 태도로 대응하게 합니다. 사건과 상황을 객관화할 수 있는 능력을 상실하게 합니다. 스스로 자신의 존재를 형편없게 취급합니다.

● 혹시 열등의식이나 우월의식이 있다고 생각합니까?

(2) 내 의에 도취된 (　　　)이 불통을 만듭니다.

자기 의에 도취된 사람은 항상 자기 틀과 자기 생각에 사로잡혀 상대의 이야기나 입장을 들어보려 하지 않습니다. 그리고 자기 기준으로 상대를 판단하고 정죄합니다.

● 당신은 상대방의 이야기를 경청하는 편이라고 생각합니까?

(3) 해결되지 않은 (　　　)가 불통을 만듭니다.

여전히 죽지 못한 내 자아의 문제, 상처의 문제가 불통을 만들고, 또 깨어지지 못한 교만의 문제, 고집의 문제가 불통을 만듭니다. 상한 마음, 상한 감정, 상한 관계는 모두 죄의 결과입니다.

● 예수 그리스도의 보혈이 당신의 모든 죄를 용서했음을 철저히 믿습니까?

2. 아래 성구를 보고 당신의 삶에 일어난 일을 나누십시오.

(1) 시편 1편 1, 2절 – "복 있는 사람은 악인들의 꾀를 따르지 아니하며 죄인들의 길에 서지 아니하며 오만한 자들의 자리에 앉지 아니하고 오직 여호와의 율법을 즐거워하여 그의 율법을 주야로 묵상하는도다"

(2) 요한복음 10장 27–29절 – "내 양은 내 음성을 들으며 나는 그들을 알며 그들은 나를 따르느니라 내가 그들에게 영생을 주노니 영원히 멸망하지 아니할 것이요 또 그들을 내 손에서 빼앗을 자가 없느니라 그들을 주신 내 아버지는 만물보다 크시매 아무도 아버지 손에서 빼앗을 수 없느니라"

(3) 마태복음 6장 31–34절 – "그러므로 염려하여 이르기를 무엇을 먹을까 무엇을 마실까 무엇을 입을까 하지 말라 이는 다 이방인들이 구하는 것이라 너희 하늘 아버지께서 이 모든 것이 너희에게 있어야 할 줄을 아시느니라 그런즉 너희는 먼저 그의 나라와 그의 의를 구하라 그리하면 이 모든 것을 너희에게 더하시리라 그러므로 내일 일을 위하여 염려하지 말라 내일 일은 내일이 염려할 것이요 한 날의 괴로움은 그 날로 족하니라"

3. 아래 성구의 (   )에 맞는 단어를 넣고 가능하면 암송합시다.

"그러나 더욱 큰 은혜를 주시나니 그러므로 일렀으되 하나님이 (   )한 자를 물리치시고 (   )한 자에게 은혜를 주신다 하였느니라"(약 4:6)

복음과 가족치유

6-1 영통 소통 형통의 복을 받아서

작사/작곡 이순희

제6장 영통, 소통, 형통의 가정 세우기

6-2 복된 가정 세워주시는

작사/작곡 이순희

226

복음과 가족치유

7

행복한 속사람, 행복한 부부

베드로전서 3장 1–7절

"아내들아 이와 같이 자기 남편에게 순종하라 이는 혹 말씀을 순종하지 않는 자라도 말로 말미암지 않고 그 아내의 행실로 말미암아 구원을 받게 하려 함이니 너희의 두려워하며 정결한 행실을 봄이라 너희의 단장은 머리를 꾸미고 금을 차고 아름다운 옷을 입는 외모로 하지 말고 오직 마음에 숨은 사람을 온유하고 안정한 심령의 썩지 아니할 것으로 하라 이는 하나님 앞에 값진 것이니라 전에 하나님께 소망을 두었던 거룩한 부녀들도 이와 같이 자기 남편에게 순종함으로 자기를 단장하였나니 사라가 아브라함을 주라 칭하여 순종한 것 같이 너희는 선을 행하고 아무 두려운 일에도 놀라지 아니하면 그의 딸이 된 것이니라 남편들아 이와 같이 지식을 따라 너희 아내와 동거하고 그를 더 연약한 그릇이요 또 생명의 은혜를 함께 이어받을 자로 알아 귀히 여기라 이는 너희 기도가 막히지 아니하게 하려 함이라"

7

행복한 속사람,
행복한 부부

어떤 부부가 부부 싸움을 심하게 하고 나서 서로 토라져 일주일이 넘도록 말도 하지 않았습니다.

그러던 어느 날 회의 때문에 아침 일찍 출근하게 된 남편은 하는 수없이 쪽지를 적어 아내에게 건네주었습니다.

"여보, 나 내일 회사 일찍 가야 하니까 5시에 깨워줘."

그러고는 일찍 잠자리에 들었습니다.

그런데 다음 날 아침이 되어 일어나 보니 시계가 벌써 8시를 가리키고 있었습니다. 당황한 남편이 헐레벌떡 준비를 서두르는데 침대 머리맡에 쪽지 하나가 눈에 띄었습니다. 거기에는 이렇게 적혀 있었습니다.

"여보, 5시야. 일어나!"

많은 사람들이 행복하기 위해 살아갑니다.

행복을 위해서 여행을 가고 운동을 하고 책을 읽고 취미생활을 즐깁니다. 행복한 삶을 위해서 공부하고 돈을 벌고 결혼을 하고 자녀를 낳으며 가정을 이룹니다. 각자가 꿈꾸는 결혼생활, 이상적인 부부의 모습을 기대하며 살아갑니다.

그런데 행복하기만을 원했던 가정생활이 마냥 행복하지는 않은 것이 현실입니다. 많은 부부들이 환상을 가지고 결혼했다가 마주한 현실 앞에 놀라기도 합니다.

"내가 생각했던 결혼이 이런 것이었어?", "이 사람이 내가 알고 만났던 사람 맞아?"라며 혼란스러워하기도 합니다. 막연하게 행복할 거라 믿었던 결혼생활이 사실 그렇지 않은 경우가 많기 때문입니다.

결혼은 서로 다른 두 사람이 만나 한 가정을 꾸리고 하나님 안에서 사랑으로 연합하는 것입니다. 부부는 서로의 연약함을 감싸주고, 돕는 배필이 되어 서로의 성장을 도와야 합니다.

독일의 목회자이자 신학자인 본 회퍼는 결혼을 앞둔 조카딸에게 다음과 같은 결혼 축하문을 보냈다고 합니다.

"결혼이란 서로 사랑하는 것 이상이란다. 결혼은 사랑보다 지고한 존엄성과 힘을 지닌다는 뜻이다. 왜냐하면 결혼은 하나님의 거룩한 명령이기 때문이다. 하나님은 그 명령을 통해 세상 끝까지 인류를 존속시킬 뜻을 가지고 계시다는 말이다. 너희들이 연애 중일 때는 세상에서 단 두 사람만 보았을 거다.

그러나 결혼생활에서는 네가 하나님께 영광을 돌릴 세대를 연결하는 사슬의 고리가 되어야 한다. 좀 더 구체적으로 말하자면 연애 중일 때는 네 행복의 천국만을 보았지만, 결혼생활에서는 이 세상과 인류를 위한 책임을 지는 존재로 나아가야 한다는 것이다. 그러니 앞서 말한 답이 나온 셈이다. 네 사랑은 너 자신의 개인 소유지만, 결혼이란 개인적인 것 이상이다. 이것을 마음에 새겨두기를 바란다. 결혼은 하나의 사회적 신분이고 임무라는 것을…."

가정을 창조하신 하나님은 가정을 통해 우리에게 작은 천국을 선물로 주기 원하십니다. 괴테는 "왕이건 농부건 가정에서 행복을 찾을 수 있는 사람이 가장 행복한 사람이다"라고 말했습니다. **가정의 핵심은 부부입니다. 성경은 부부의 하나 됨을 강조합니다.**

> "이러므로 남자가 부모를 떠나 그의 아내와 합하여 둘이 한 몸을 이룰지로다"(창 2:24)

가족의 기본은 부부관계로부터 시작합니다. 가정의 기본인 부부관계가 건강해야 자녀가 건강하고 사회도 밝아집니다.

행복한 부부의 일반적인 조건들이 있습니다.

1. 상호 존중과 이해: 부부가 서로를 존중하고 이해하는 것은 가장 기본적인 요소입니다. 서로의 감정과 생각을 공유하고 이해하며, 서로를 인정하고 존중하는 것이 중요합니다.

2. 소통: 부부는 소통을 통해 서로의 생각과 감정을 공유하고, 문제를 해결하며, 서로를 더 잘 이해할 수 있습니다. 따라서 효과적인 소통이 부부의 행복에 매우 중요한 역할을 합니다.

3. 유대감: 부부는 서로를 위해 노력하며, 서로를 지지하고 도와주는 관계를 유지해야 합니다. 이를 통해 유대감이 깊어지고, 서로를 위한 애정과 배려가 커집니다.

4. 공동 목표: 부부는 서로의 공동 목표를 가지고 협력하여 함께 발전해 나가야 합니다. 서로의 목표를 존중하고 지지하며, 가족과 부부 모두가 발전할 수 있도록 함께 노력해야 합니다.

5. 충돌과 갈등 해결 능력: 부부가 충돌과 갈등을 완전히 피할 수는 없습니다. 그러나 서로를 이해하고 존중하며, 효과적인 문제 해결 방법을 찾아 함께 해결해 나가는 능력을 가져야 합니다.

6. 개인적인 자유: 부부는 서로를 위해 희생할 필요는 있지만, 개인적인 자유와 독립성을 존중하며 서로의 공간을 존중해야 합니다.

복음과 가족치유

부부의 관계에서 서로에 대한 이해와 존중, 의사소통, 서로의 지원과 도움, 함께 시간을 보내는 것, 공통의 목표와 가치, 긍정적인 마인드 등은 중요한 역할을 합니다. 그러나 이런 이상적인 관계를 맺으며 살아가는 부부가 많지 않습니다.

한 몸과 한마음을 이루어 함께 움직여야 할 부부간에 문제가 생기는 이유는 대부분 상대가 나의 필요를 채워주기를 원하고, 내가 원하는 방식대로 반응하기를 원하기 때문입니다. 그래서 배우자가 자신의 요구를 들어주지 않으면 쉽게 상처를 받고 다투게 됩니다. 행복한 가정을 세우기 위해 서로 다른 삶을 살아온 부부는 상대방이 살아온 삶을 이해하고, 그 삶 안으로 들어가야 합니다. 배우자의 마음을 깊이 헤아리고, 배우자가 원하는 사랑을 베풀어야 합니다. 성별이 다른 두 부부는 다름을 끌어안고 서로 헌신하며 희생해야 합니다. 이 모습이 바로 하나님이 원하시는 부부의 모습입니다.

자기 욕심을 만족시키기 위해 결혼을 하면 결혼 이후가 불행합니다. 서로 자기 유익을 구하다 보면 반드시 실망할 때를 만나기 때문입니다.

"오직 각 사람이 시험을 받는 것은 자기 욕심에 끌려 미혹됨이니 욕심이 잉태한즉 죄를 낳고 죄가 장성한즉 사망을 낳느니라 내 사랑하는 형제들아 속지 말라"(약 1:14-16)

연약한 우리는 서로의 필요를 온전히 공급하고 채워주기 어렵습니다. 어딘가는 조금 부족하고, 모가 나있기 때문에 각자의 기대를 완벽히 충족시켜 줄 수 없습니다. 아무리 가까운 부부, 가족일지라도 서로 바라기만 하고 자기 마음대로 움직여주길 원하면 안 됩니다.

상담심리학의 권위자인 로렌스 크렙은 그의 책『결혼 건축가』에서 "가정에서 일어나는 문제들의 주된 원인은 우리의 잘못된 결혼관으로 인한 것이며 가정에 관한 성경의 바른 가르침이 눈에 띄지 않게 조금씩 힘을 잃어가고 있기 때문이다"라고 했습니다.

사람을 의지하면 상처받을 상황만 생기게 됩니다.

사람은 사랑할 대상이지, 의지할 대상이 아닙니다. 사람은 존중해야 할 대상이지, 신뢰할 대상이 아닙니다(시 146:3). 우리는 오직 하나님을 의지하고 기대해야 합니다.

"여호와께서 이와 같이 말씀하시니라 무릇 사람을 믿으며 육신으로 그의 힘을 삼고 마음이 여호와에게서 떠난 그 사람은 저주를 받을 것이라 그는 사막의 떨기나무 같아서 좋은 일이 오는 것을 보지 못하고 광야 간조한 곳, 건건한 땅, 사람이 살지 않는 땅에 살리라 그러나 무릇 여호와를 의지하며 여호와를 의뢰하는 그 사람은 복을 받을 것이라 그는 물 가에 심어진 나무가 그 뿌리를 강변에 뻗치고 더위가 올지라도 두려워하지 아니하며 그 잎이

복음과 가족치유

청청하며 가무는 해에도 걱정이 없고 결실이 그치지 아니함 같으리라"(렘 17:5-8)

사랑은 서로 오래 참고 상대를 위해 희생하고 상대방이 원하는 모양으로 사랑해주는 것입니다. 우리가 그럴 때 행복한 부부의 모습을 만들어 갈 수 있습니다. 자신의 행복이 결혼을 통해 완성된다고 믿어서는 행복한 결혼생활을 해나갈 수는 없습니다.

부부 심리 치료사 수잔 존스 박사는 "건강한 가정이란 완벽한 가정이 아니라, 문제와 고민이 있는 가정이라도 그 문제를 함께 해결하며 성장해 나가는 가정이다"라고 합니다.

우리의 가정에 수많은 문제가 있을지라도 우리는 문제를 극복하며 성장해 나가야 합니다. 한이 없는 예수 그리스도의 사랑으로 서로의 상처를 포용하며 견뎌 나가야 합니다.

팀 켈러는 자신의 저서 『결혼을 말하다』에서 "결혼은 성장이다. 결혼은 서로를 책임지겠다는 공개적인 약속이다. 결혼식은 앞으로 상대방에게 사랑스럽고, 신실하며 진실하겠노라고 하나님과 가족, 그 밖의 주요한 사회 기관 앞에서 약속하는 자리이다. 결혼은 배우자뿐만 아니라 하나님 앞에서 맺은 약속이다. 이 약속은 언제든지 가볍게 파기할 수 있는 것이 아니다. 부부는 새롭게 형성된 강력한 연합을 위해 먼저 사랑해야 한다"라고 말했습니다.

"사랑은 오래 참고 사랑은 온유하며 시기하지 아니하며 사랑은 자랑하지 아니하며 교만하지 아니하며 무례히 행하지 아니하며 자기의 유익을 구하지 아니하며 성내지 아니하며 악한 것을 생각하지 아니하며 불의를 기뻐하지 아니하며 진리와 함께 기뻐하고 모든 것을 참으며 모든 것을 믿으며 모든 것을 바라며 모든 것을 견디느니라"(고전 13:4-7)

신학자 토마스 아퀴나스는 '불완전한 행복'과 '완전한 행복'이라는 두 가지 형태의 행복을 말했습니다.
불완전한 행복은 '세상에서 자연적 힘으로 누리는 행복'입니다. **사람들이 행복에 이르는 길이라고 믿었던 여덟 가지는 재물, 명예, 건강, 영광, 육체의 선함, 영혼의 선함, 감성의 선, 창조된 선입니다.** 사람들은 이런 것들을 추구하면서 행복을 누리려 합니다. 그러나 이 세상 행복이 불완전한 이유는 신의 본질을 볼 수도 없고, 악으로부터 완전한 자유를 누리지 못하기 때문입니다.

완전한 행복은 '신의 본질을 이해하고 신의 속성에 참여함으로 도달할 수 있는 행복'입니다. 이 행복은 오직 하나님의 은혜로만 얻을 수 있습니다. 토마스 아퀴나스는 이 완전한 두 번째 행복은 천국에서 완성되는 것이라고 했습니다. 우리는 땅의 것을 추구함으로 얻는 불완전한 행복이 아닌 천국에서 완성될 완전한 행복을 향해 나아가야 합니다.
가정은 작은 천국이라는 말이 있습니다. 가정에서의 행복

복음과 가족치유

은 인생을 살아갈 때 지친 마음을 회복시켜 주고 다시금 살아갈 원동력이 됩니다. 우리는 가정 안에서 행복을 누릴 때 작은 천국을 경험할 수 있습니다.

> "하나님의 나라는 먹는 것과 마시는 것이 아니요 오직 성령 안에 있는 의와 평강과 희락이라"(롬 14:17)

천국의 행복이 가득해야 할 가정에 불행한 일들이 너무도 쉽게 자리합니다. 무조건적인 사랑과 애정이 있어야 할 자리에 학대와 분노가 있고, 영원한 신뢰와 소망이 있어야 할 자리에 의심과 배신이 존재하는 가정이 너무도 많습니다. 부부가 서로 사랑하고 서로에게 힘이 되어주기보다는 서로 미워하고 상처를 주고, 부모가 건강한 사랑과 충분한 관심으로 자녀를 양육하기보다는 왜곡된 사랑 혹은 무관심으로 자녀를 고통스럽게 합니다. 부모를 존경하며 사랑해야 할 자녀는 부모를 미워하고 원망하고, 서로에게 버팀목이 되어주어야 할 형제자매가 악한 이기심으로 분열되어 다투는 가정이 많습니다.

이혼은 하지 않았지만 이혼한 것보다도 더 서로를 미워하면서 사는 부부가 많습니다. 그런 가정에서 살아가는 자녀들은 불안함 속에 살아갑니다. 작은 부부싸움에도 아이들은 쉽게 상처를 받습니다. 부모님의 다툼을 경험하고 부모로부터 상처를 받은 아이들은 낮은 자존감, 병든 자아를 갖게 됩니다.

가정이 행복하지 않으면 자녀교육이 제대로 이루어질 수 없습니다. 부부 싸움이 자녀에게 미치는 영향을 대수롭지 않게 여기는 사람들도 있습니다. 말싸움이든, 몸싸움이든 부부 싸움은 자녀에게는 가정 폭력과 같은 것입니다. 특히 어린아이들은 부모의 싸우는 모습을 볼 때 갈등을 해결하는 과정으로 인식하지 않고 자신의 생존이 위협받고 있다고 받아들입니다. '엄마, 아빠가 저렇게 싸우다가 헤어지면 나는 제대로 살 수 없을지도 모른다'라는 공포를 느끼게 되는 것입니다.

어린 자녀들은 자신의 생존을 전적으로 부모에게 의지합니다. 그래서 부모의 싸움을 보며 자신들의 생명 유지에 대한 공포를 느낍니다. 그러나 이 사실을 모르는 부모들은 아이들 앞에서 너무 쉽게 소리를 지르고 폭력을 휘두릅니다. 더 큰 문제는 어린아이 시절 겪은 이런 생존의 공포가 다 자라 성인이 된 후에도 해결되지 않는다는데 있습니다.

노희경 작가의 SBS 수목드라마『괜찮아 사랑이야』에 등장하는 남자 주인공 장재열(조인성 분)은 화장실 트라우마를 가지고 있는 사람이었습니다. 장재열이 화장실 트라우마를 갖게 된 원인은 의붓아버지의 폭력에 있었습니다. 어린 시절 장재열이 상습적으로 폭력을 휘두르는 의붓아버지를 피해 달아나다가 가까스로 몸을 숨긴 곳이 동네 산 밑에 있는 공중변소였고, 그 때문에 남들은 코를 쥐고 멀찍이 피해 가는 화장실이

복음과 가족치유

그에게는 가장 안전한 피난처가 된 것입니다. 그래서 그는 성인이 되고 나서도 곧잘 힘든 일이 있을 때마다 화장실로 도망칩니다. 화장실에서 잠들고 화장실에서 편안함을 느낍니다.

또 여자 주인공 지해수(공효진 분)는 성관계의 트라우마를 가지고 있는 사람이었습니다. 지해수는 어린 시절에 엄마가 외간 남자와 성관계를 하는 모습을 목격하게 됩니다. 그 후로 지해수는 성관계 트라우마 때문에 남자와 깊은 관계를 유지하지 못합니다. 지혜수는 남자와 스킨십을 할 때마다 어린 시절 목격했던 엄마의 모습을 떠올립니다. 그녀는 정신과 의사였고 굉장히 밝은 성격의 소유자였지만 트라우마를 감당하지 못해서 고통스러운 시간을 보내야만 했습니다.

이렇게 어릴 때 경험한 부모의 폭력, 폭언, 외도 등은 인생의 트라우마가 되어 평생을 괴롭게 만들 수도 있습니다. 우리는 가족의 화목을 이루어 안정된 환경에서 자녀를 길러 자녀들이 가정에서 천국을 누리게 해야 합니다.

"마른 떡 한 조각만 있고도 화목하는 것이 제육이 집에 가득하고도 다투는 것보다 나으니라"(잠 17:1)

사무엘 스마일즈는 "사람 됨됨이는 가정에서 만들어진다"라고 했고, 영국의 시인 브라우닝은 "행복한 가정은 미리 누리는 천국이다"라고 말했습니다. 데일 카네기는 "진정한 행복은 내면에서 비롯되는 것이다. 외부적인 것이 아니라 내면의 평화와 만족감에서 행복이 온다"라고 했습니다.

행복은 외면적인 조건이나, 상태에서 주어지는 것이 아닙니다. 행복은 행복한 영혼, 행복한 속사람에서 출발합니다.

'속사람'은 육체 안의 숨은 사람인 우리의 영혼입니다.

우리의 육신이 세월과 세상의 흐름을 따라 삶의 외형을 형성한다면, 속사람은 우리 인생의 내면세계를 결정짓습니다. 육체는 자기 개성에 맞는 옷차림과 적절한 관리에 따라 아름다워지지만, 속사람은 죄를 떠난 성결한 삶을 통해 아름다워집니다.

육신은 성인이 되어서 장성해도 속사람은 어릴 수 있고, 육신이 아직 어려도 속사람은 장성한 분량에 이를 수도 있습니다. 육신은 화려한 패션과 세련된 화장으로 아름다워도 속사람은 추하고 부끄러운 모습일 수 있고, 육신의 모습이 초라해도 속사람은 아름답고 고귀한 모습일 수 있습니다.

우리는 우리의 속사람에 주목하고 속사람을 새롭게 해야 합니다.

"오직 마음에 숨은 사람을 온유하고 안정한 심령의 썩지 아니할 것으로 하라 이는 하나님 앞에 값진 것이니라"(벧전 3:4)

행복한 속사람을 소유한 사람이 부부가 되면 행복한 부부가 됩니다. 그러나 아무리 좋은 환경적인 조건을 갖추고 능력과 지위를 가지고 있어도 속사람이 건강하지 못한 사람들이 부부로 만나면 결코 행복한 부부가 될 수 없습니다.

좋은 직업을 가지고 있는 사람들이 부부로 만나도 얼마 가지 못해 파경을 맞기도 하고, 엄청난 재력을 가지고 있는 사람들이 부부로 만나 아름답지 못한 결말을 맞는 경우를 자주 봅니다. 그러나 좋은 직업, 엄청난 재력은 없다 하더라도 행복한 삶을 살아가는 부부가 있습니다. 내면의 차이가 삶의 질을 결정하는 것입니다.

우리는 속사람을 가꾸어 속사람이 행복해져야 합니다.

속사람이 행복하기 위해서는 죄성 가득한 자아를 깨뜨리고 하나님의 형상을 회복해야 합니다. 여러 연단의 과정 속에서 모든 육적인 욕심을 걷어내야 합니다. 죄와 상처의 결박을 풀고 내면을 치유받아야 합니다.

"너희는 유혹의 욕심을 따라 썩어져 가는 구습을 따르는 옛 사람을 벗어 버리고 오직 너희의 심령이 새롭게 되어 하나님을 따라 의와 진리의 거룩함으로 지으심을 받은 새 사람을 입으라"(엡 4:22-24)

속사람의 상태는 반드시 외면적인 삶으로 나타납니다.

속사람이 화가 나 있으면 예고 없이 분노가 터져 나오고 속사람이 우울하면 아무리 밝은 척해도 우울이 드러납니다. 속사람에 혈기가 있으면 아무리 절제해도 결국 혈기가 드러나고. 속사람이 교만이 가득하면 아무리 겸손한 척해도 교만의 기운이 인생 전체에 드리웁니다. 꽃이 있는 곳에 향기가 있고, 오물이 있는 곳에 냄새가 나듯이, 우리 속사람의 상태가 우리 인생을 향기 나는 인생을 만들지 악취 나는 인생을 만들지를 결정짓습니다.

> "입에서 나오는 것들은 마음에서 나오나니 이것이야말로 사람을 더럽게 하느니라 마음에서 나오는 것은 악한 생각과 살인과 간음과 음란과 도둑질과 거짓 증언과 비방이니 이런 것들이 사람을 더럽게 하는 것이요 씻지 않은 손으로 먹는 것은 사람을 더럽게 하지 못하느니라"(마 15:18-20)

가족은 서로의 속사람의 모습을 느끼며, 서로의 속사람의 상태에 영향을 받습니다. 굳이 말이나 행동으로 옮기지 않아도 우리는 모두 영적인 존재이기 때문에 서로의 영적 상태를 본능적으로 감지하며 영향을 받습니다. 행복한 속사람으로 가족에게 행복한 사랑을 주어야 하고, 정직한 속사람으로 가족에게 정직한 태도를 취해야 합니다. 평안한 속사람으로 평안한 섬김을 베풀고, 기쁜 속사람으로 기쁜 말과 행동을 해야 합니다. 내면의 죄와 상처를 비워 가족에게 선한 영향을 끼쳐야 합니다. 우리는 예수 그리스도의 이름의 능력을 의지하여 부부 사이의 상처, 가족 간의 상처를 치유받고, 가족의 행복을 회복해야 합니다. **예수 그리스도의 십자가는 가족의 모든 문제를 해결할 뿐 아니라 가족을 새로운 피조물로 거듭나게 하는 능력입니다.**

"그가 찔림은 우리의 허물 때문이요 그가 상함은 우리의 죄악 때문이라 그가 징계를 받으므로 우리는 평화를 누리고 그가 채찍에 맞으므로 우리는 나음을 받았도다 우리는 다 양 같아서 그릇 행하여 각기 제 길로 갔거늘 여호와께서는 우리 모두의 죄악을 그에게 담당시키셨도다"(사 53:5-6)

세상을 사랑하고 세상 것을 탐내기 시작하면 그 욕심을 쉽게 멈출 수 없습니다. 소금물은 마시면 마실수록 더욱더 목이 마르듯이, 세상 것은 가지면 가질수록 마음을 더욱 갈급하게 하여 더 채우기 위해 정처 없이 달려가게 합니다.

"부하려 하는 자들은 시험과 올무와 여러 가지 어리석고 해로운 욕심에 떨어지나니 곧 사람으로 파멸과 멸망에 빠지게 하는 것이라 돈을 사랑함이 일만 악의 뿌리가 되나니 이것을 탐내는 자들은 미혹을 받아 믿음에서 떠나 많은 근심으로써 자기를 찔렀도다"(딤전 6:9-10)

어거스틴은 그의 책 『고백록』에서 "죄를 지어 죄인이 아니라 죄인이라서 죄를 짓는다"라고 했습니다. 육을 입은 모든 인간은 한 사람도 예외 없이 죄 가운데서 태어나고 죄의 지배를 받으며 인생을 살아갑니다.

"내가 죄악 중에서 출생하였음이여 어머니가 죄 중에서 나를 잉태하였나이
다"(시 51:5)

죄는 즐겁고 유쾌한 형태로 다가와서 우리를 유혹합니다.
자석이 철을 끌어당기듯이 죄는 죄를 끌어당기는 속성이 있
습니다. 탐심은 탐심을 부르고, 정욕은 정욕을 부릅니다. 방탕
함은 방탕함을 부르고, 거짓은 거짓을 부릅니다.

"이 세상이나 세상에 있는 것들을 사랑하지 말라 누구든지 세상을 사랑하
면 아버지의 사랑이 그 안에 있지 아니하니 이는 세상에 있는 모든 것이 육
신의 정욕과 안목의 정욕과 이생의 자랑이니 다 아버지께로부터 온 것이
아니요 세상으로부터 온 것이라 이 세상도, 그 정욕도 지나가되 오직 하나
님의 뜻을 행하는 자는 영원히 거하느니라"(요일 2:15-17)

인간 안에 존재하는 죄성은 기억하지 말아야 할 것들을 더
잘 기억하고 듣지 말아야 할 것들을 더 간절히 듣기 원하게
만듭니다. 말하지 말아야 할 것들을 입 밖으로 내고, 만지지
말아야 할 것들에 손을 대며 가지 말아야 할 곳으로 발길이
향하게 합니다.

죄인 된 인간은 거룩한 삶을 살아가는 것보다는 자신 안에
육신의 정욕, 안목의 정욕, 이생의 자랑에 끌려 살아가는 어
리석은 삶을 택하는 것에 훨씬 익숙합니다. 죄는 사탄에게 통

복음과 가족치유

로를 내어주고, 사탄은 죄를 통해 우리의 영혼 육을 지배하려합니다. 우리의 속사람이 세상에서의 거짓 행복을 좇아 살아가도록 유혹합니다. 하나님 안에서의 참된 행복을 추구하지 못하게 합니다. 이런 사람들은 환경과 상황에서 작은 문제가 생기면 쉽게 주저앉습니다. 속사람이 연약하기 때문에 외부의 압력에 쉽게 무너지게 되는 것입니다.

죄에 끌려가고 사탄의 미혹에 넘어가는 이유는 우리 자신 또한 죄를 원하기 때문입니다. 우리는 예수 그리스도의 보혈의 능력으로, 죄와 사망의 권세에서 해방되었습니다. 그러나 죄 중에 태어난 인간은 아직 육신을 입고 있는 동안 죄의 경향성을 가지고 있어, 죄의 영향력에서 자유하지 못합니다. 그러므로 누가 시키지 않아도 죄를 짓게 됩니다. 순종의 무거움을 선택하기보다 죄의 가벼움을 선택하는 것에 익숙합니다. 그러므로 우리는 죄와 싸우기를 피 흘리기까지 해야 합니다(히 12:4).

"여호와의 일을 게을리 하는 자는 저주를 받을 것이요 자기 칼을 금하여 피를 흘리지 아니하는 자도 저주를 받을 것이로다"(렘 48:10)

우리의 힘으로는 결코 죄와 싸워 이길 수 없습니다. 그러므로 모든 죄를 청산하고 새로운 피조물로서의 삶, 행복한 삶을 살기 위해 먼저 성령의 충만함을 받아야 합니다. 성령의 능력을 입어 우리의 죄 된 자아를 십자가에 못 박아야 합니다. 죄로 인해 부패한 생각, 병든 마음, 상처로 뒤덮인 과거까지 모두 내려놔야 합니다. 죄로 물든 우리의 자아를 십자가에 못 박고 하나님이 주시는 새 영과 새 마음을 소유하기 바랍니다 (겔 36:25-28).

존 웨슬리는 "어떤 사람이 '죄'에 대하여 여전히 무감각한 상태에 있다면, 그 원인은 자기 부인에 실패한데 있다. 정욕과 불결한 욕망으로 가득 찬 채 말씀을 들으러 오는 성도는 스스로 자아의 욕망에서 떨어질 생각이 없으니 시간이 갈수록 더 무감각해지고, 더 깊은 영적인 잠에 빠지게 된다"라고 했습니다. 우리는 자기를 부인하고 정욕과 탐심을 십자가에 못 박아야 합니다(갈5:24).

"그러므로 땅에 있는 지체를 죽이라 곧 음란과 부정과 사욕과 악한 정욕과 탐심이니 탐심은 우상 숭배니라"(골 3:5)

영적인 존재인 인간은 하나님의 영으로 충만해질 때 비로소 행복한 삶을 살 수 있습니다. 진리 안에서만 참된 자유를 누릴 수 있고, 하나님의 은혜 안에서만 충만을 누릴 수 있으며, 하나님의 사랑 안에서만 만족을 누릴 수 있습니다. 성령 충만한 사람은 세상의 문제에 휘둘리지 않고 하늘의 지혜로 삶을 영위합니다. 가정 안에 성령 충만한 한 사람이 있으면 그

복음과 가족치유

사람을 통해 가정에 변화가 일어납니다.

고난 가운데 하나님의 섭리를 발견하고 감사가 가정에 충만하게 하며, 환난을 해석하는 지혜로 가정을 이끌어 갑니다. 가정의 배후에서 역사하는 악한 영의 간계를 파악하고 예수 그리스도의 이름으로 적극적으로 대적해 나갑니다. **영적 돌파력을 소유하여 어떠한 문제 앞에서도 주저앉지 않고 하나님이 주시는 새 힘으로 살아갑니다.** 그래서 가족들에게 복음을 전하고 진정한 그리스도의 향기를 나타냅니다. 가정 안에 하나님의 사랑, 하나님의 능력으로 행복을 유통합니다.

"끝으로 너희가 주 안에서와 그 힘의 능력으로 강건하여지고 마귀의 간계를 능히 대적하기 위하여 하나님의 전신 갑주를 입으라 우리의 씨름은 혈과 육을 상대하는 것이 아니요 통치자들과 권세들과 이 어둠의 세상 주관자들과 하늘에 있는 악의 영들을 상대함이라"(엡 6:10-12)

한 사람이 변하면 모든 것이 변합니다.

내가 변하는 것이 먼저입니다. 변화된 나를 통해 가족들은 감동을 받게 되고 하나님 안에서의 행복한 삶으로 들어갑니다. 예수를 믿는 우리는 우리가 속한 가정과 공동체, 이 나라와 세상에서 빛이 되는 삶을 살아야 합니다. 피터 마샬은 "가장 멀리, 가장 밝게 비추는 빛은 가장 가까운 집안에서부터 빛나야 한다"라고 말했습니다. 예수님을 믿는 우리는 가장 가까운 사람인 내 자녀, 내 배우자, 내 부모로부터 먼저 인정받아야 합니다. 성령의 능력으로 행복한 부부, 행복한 가정으로 변화되시기 바랍니다.

"무릇 하나님께로부터 난 자마다 세상을 이기느니라 세상을 이기는 승리는 이것이니 우리의 믿음이니라 예수께서 하나님의 아들이심을 믿는 자가 아니면 세상을 이기는 자가 누구냐 이는 물과 피로 임하신 이시니 곧 예수 그리스도시라 물로만 아니요 물과 피로 임하셨고 증언하는 이는 성령이시니 성령은 진리니라"(요일 5:4-6)

행복이 깃든 가정은 인생의 든든한 버팀목이 됩니다.

가정이 행복하면 안정감 속에서 높은 자존감과 풍요의식을 가지며 매사에 넉넉하고 여유 있는 태도를 보입니다. 가족이 주는 안정감은 삶을 살아가며 만나는 역경을 뚫고 나가게 하는 원동력이 됩니다. 가정이 행복한 사람은 학업이나 직장, 물질, 관계 등으로 수많은 스트레스로 마음이 흔들릴 때, 가정에서 힘을 얻고 마음과 생각을 지켜낼 수 있습니다.

행복한 가정을 통해 하나님이 공급하시는 안식과 위로, 사랑과 격려를 받을 때 건강한 인격과 안정적인 정서를 소유할 수 있습니다. 가정을 통해 하나님이 허락하시는 복을 받을 때 전인적인 형통을 누릴 수 있습니다.

"여호와를 경외하며 그의 길을 걷는 자마다 복이 있도다 네가 네 손이 수고

복음과 가족치유

한 대로 먹을 것이라 네가 복되고 형통하리로다 네 집 안방에 있는 네 아내는 결실한 포도나무 같으며 네 식탁에 둘러 앉은 자식들은 어린 감람나무 같으리로다 여호와를 경외하는 자는 이같이 복을 얻으리로다 여호와께서 시온에서 네게 복을 주실지어다 너는 평생에 예루살렘의 번영을 보며 네 자식의 자식을 볼지어다 이스라엘에게 평강이 있을지로다"(시 128:1-6)

가정의 핵심인 부부의 근원적인 행복은 부부의 속사람에 달려있습니다. 훌륭한 부모가 되기 위해, 좋은 자녀, 형제, 자매가 되기 위해 먼저 속사람을 강건하고 아름답게 해야 합니다. 속사람이 건강한 부모는 자연스럽게 자녀에게 좋은 부모가 됩니다. 속사람이 아름다운 배우자는 저절로 좋은 배우자가 될 수 있습니다. 그러나 가족들이 온갖 부귀, 명예, 권세, 미모, 지식 등을 다 가지고 있어도 속사람이 연약하면 행복한 가정을 이룰 수 없습니다.

속사람이 병든 부모는 아무리 많은 돈과 지식을 가지고 있어도 좋은 부모가 될 수 없고, 속사람이 병든 배우자는 아무리 노력하고 애써도 좋은 배우자가 될 수 없습니다. 그러나 속사람이 건강한 가족은 상황과 환경을 초월해서 행복한 가정을 이룰 수 있습니다. 그러므로 우리는 가족의 속사람을 치료받아야 합니다. 먼저 자신의 속사람을 치료받고, 하나님의 능력과 사랑으로 충만하게 채워야 합니다.

그리스도인으로서 행복한 부부가 되기 위해서는 반드시 속사람이 강건해야 합니다. 좋은 말씀을 먹고 영혼의 근육을 길러서 속사람을 가꾸고 행복을 이루어야 합니다. 성령의 인도를 받아 열매 맺는 삶을 살아야 합니다. 성령님이 충만한 사람은 행복을 잃지 않습니다. **부부가 행복해야 자녀가 행복하고 가정이 행복합니다.** 속사람이 건강한 가족은 돈이 없어도 부유하게 살 수 있고, 육신이 연약해도 활기찬 인생을 살아갈 수 있으며, 고난이 닥쳐와도 서로를 사랑하며 행복을 누릴 수 있습니다.

"…우리는 속이는 자 같으나 참되고 무명한 자 같으나 유명한 자요 죽은 자 같으나 보라 우리가 살아 있고 징계를 받는 자 같으나 죽임을 당하지 아니하고 근심하는 자 같으나 항상 기뻐하고 가난한 자 같으나 많은 사람을 부요하게 하고 아무 것도 없는 자 같으나 모든 것을 가진 자로다"(고후 6:8-10)

1. 속사람이 건강한 사람은
우선순위를 바르게 세워나갑니다.

프랑스 철학자 H.A. 텐은 부부 관계에 대해 이렇게 이야기했습니다.

"결혼 후 첫 1주일 동안은 서로 관찰하고, 그다음 3개월은 사랑한다. 그다음 3년은 서로 싸우고, 그 뒤 30년은 용서하면서 산다."

결혼 초창기에는 서로를 알아가고 이해하고, 서로에게 사랑과 관심을 보여주지만, 시간이 지나면서 서로의 결점과 문제점이 드러나게 되고, 서로 간의 갈등과 충돌이 생깁니다. 이것을 해결하기 위해서는 서로를 이해하고 용서해야 합니다.

문제의 해결은 속사람에 있습니다. 속사람이 건강하면 쉽게 용서하고 이해할 수 있습니다. 속사람이 행복하면 웬만한 문제는 넉넉하게 극복하고 이겨나갈 수 있습니다. 그러므로 우리는 속사람을 강건하게 하기 위해 먼저 하나님을 경외하고, 하나님과 아름다운 관계를 회복해야 합니다.

부부의 영혼이 병드는 이유는 가정의 우선순위가 잘못되었기 때문입니다. 그리스도인은 하나님을 1순위로 사랑해야 합니다. **삶의 우선순위 첫째가 삼위일체 하나님이고, 둘째가 가정이어야 합니다.** 이러한 삶의 우선순위는 입술의 고백으로 멈추는 것이 아니라 삶으로 증명되어야 합니다. 하나님이 1순위라고 말하면서도 실제로는 자녀를 우선시하는 부모, 배우자를 우선시하는 부부들을 많이 볼 수 있습니다.

우선순위가 바뀌면 자기 만족을 위한 병든 사랑을 하게 됩니다. 그리고 결국 병든 열매를 맺게 됩니다. 부부는 하나님을 사랑하고 하나님의 사랑으로 충만하여 건강한 사랑을 해야 합니다. 배우자에게 원하는 것을 모두 내려놓고 먼저 하나님과의 1:1 관계를 바로잡아야 합니다. 하나님과 나와의 관계가 올바르면 저절로 배우자와의 관계가 풀리고 행복의 문이 열리게 됩니다.

2. 속사람이 건강한 사람은
영의 눈을 열고 상대의 마음을 헤아려 줍니다.

행복한 부부가 되기 위해 상대방의 속사람을 볼 수 있는 눈을 열어야 합니다. 속사람을 보는 능력이 있으면, 상대방의 영혼의 상태를 파악하고 상대방의 때를 기다려줄 수 있으며 더 깊이 이해할 수 있습니다. 상대방의 깊은 무의식의 상처까지도 들여다보며, 속사람이 얼마나 병들었는지, 상처받았는지, 행복한지 불행한지 볼 수 있으면 더 이상 사랑하는 가족을 아프게 하지 않고 괴롭게 하지 않을 수 있습니다. 속사람을 읽어내면 내가 원하는 배우자, 내가 원하는 자녀의 모습을 고집하지 않고 진정으로 상대가 원하는 것을 해줄 수 있습니다.

속사람을 볼 수 있는 눈을 열지 않고 세상적인 가치관으로 배우자를 바라보면 배우자의 외면적인 태도와 행위를 이해하지 못하고 정죄하고 판단하게 됩니다. 그러나 영원한 삶을 위한 영혼을 외면한 인생은 결국 안개와 같이 허무한 인생입니다. 우

복음과 가족치유

리에게 현재 무엇이 주어져 있든지, 우리 눈에 보이는 것은 다 안개와 같이 지나가는 것이고 그림자와 같은 것입니다(약 4:14).

"너는 내일 일을 자랑하지 말라 하루 동안에 무슨 일이 일어날는지 네가 알 수 없음이니라"(잠 27:1)

우리는 보이는 것에만 가치를 두고 살아가서는 안 됩니다. 눈에는 보이지 않아도 확실한 것, 지극히 크고 영원한 영광의 중한 것, 저 영원한 세계를 바라보며 살아야 합니다. 보이는 것에 집중하기보다 저 영광의 나라를 소망하며 살 때, 겉사람은 낡아지지만 속사람은 날로 새로운 삶을 살아갈 수 있습니다(고후 4:16). **우리 모두 보이지 않는 속사람을 보는 영적 실력을 갖추어 행복한 가정을 꾸려가기를 원합니다**(엡 3:16-19). 영의 눈을 열어 가족의 속사람을 보고 속사람을 살리는 사랑을 하시기 바랍니다. 가족들의 겉으로 드러나는 모습만 볼 것이 아니라 보이지 않는 내면의 상처를 보고 어루만져 주시기 바랍니다.

3. 속사람이 건강한 사람은 가정을 사명적 공동체로 만들어 나갑니다.

하와는 하나님께서 먹지 말라고 명하신 선악과를 먹으라는 뱀의 유혹에 넘어갔고 나무의 열매를 따서 먹었습니다. 하와는 자신만 먹은 것으로 끝내지 않고 남편 아담에게도 주어서 먹게 하였습니다(창 3:6).

돕는 배필이 되어야 할 아내가 남편을 죽음으로 몰아가는 도구가 되어버린 것입니다. 아담도 하나님의 명령을 알고 있었지만 결국 유혹에 넘어가고 말았습니다. 부부가 한마음으로 죄의 길로 끌려갈 수도 있고 하나님의 길로 달려갈 수도 있습니다. 지혜로운 아비가일은 다윗을 돕지 않아 죽을 처지에 놓인 남편 나발에게 닥칠 화를 면하게 했습니다.

"아비가일이 나발에게로 돌아오니 그가 왕의 잔치와 같은 잔치를 그의 집에 배설하고 크게 취하여 마음에 기뻐하므로 아비가일이 밝는 아침까지는 아무 말도 하지 아니하다가 아침에 나발이 포도주에서 깬 후에 그의 아내가 그에게 이 일을 말하매 그가 낙담하여 몸이 돌과 같이 되었더니 한 열흘 후에 여호와께서 나발을 치시매 그가 죽으니라"(삼상 25:36-38)

브리스길라와 아굴라 부부는 성령 충만을 받아 주님께 헌신할 것을 결심했습니다. 그들은 자신의 집을 열어 예배 모임을 가졌고 사도 바울의 사역을 적극적으로 도왔습니다. 부부 사역자로서 고린도, 에베소, 로마 등 가는 곳마다 교회를 세우는데 큰 역할을 했습니다. 바울은 후에 이들이 목숨을 걸고 자기를 지켰다고 말합니다(롬 16:3-4).

복음과 가족치유

부부와 가정은 '사명 공동체'입니다.

가정은 단순한 혈연 공동체가 아니라 거룩한 다음 세대를 키워 하나님 나라를 확장 시키는 영적 공동체입니다. 하나님은 각 가정을 향한 분명한 목적을 가지고 계십니다. 사랑의 결과로 자녀를 낳고 그들과 함께 하나님의 나라를 확장시키는 것이 가정의 창조 목적입니다.

행복한 부부가 되기 위해서는 아내는 남편에 순종하고, 남편은 아내를 귀히 여겨야 합니다.

부부는 하나님 안에서 행복을 누려야 합니다. 그러기 위해 가정 안에서 자신의 역할을 잘 알아야 합니다. 부부는 서로 돕는 배필로서 서로의 조력자가 되어주고 인생의 동역자가 되어줄 때 가장 아름답습니다. 행복한 부부의 지름길은 하나님의 창조 질서를 따라 살아가는 것에 있습니다.

"아내들아 이와 같이 자기 남편에게 순종하라 이는 혹 말씀을 순종하지 않는 자라도 말로 말미암지 않고 그 아내의 행실로 말미암아 구원을 받게 하려 함이니 너희의 두려워하며 정결한 행실을 봄이라"(벧전 3:1-2)

본문에서 아내는 남편에게 순종해야 한다고 말합니다. 순종은 억압에 의해 억지로 하거나 굴욕적으로 행하는 것이 아니라 그리스도의 순종과 같이 자발적이고 적극적인 순종입니다.

본문에서 '순종하라'의 원어 '휘포탓소메나이(ὑποτασόμεναι)'는 '순복하라'는 뜻을 가지고 있습니다. 살다 보면 남편을 존경하기가 힘들 때가 분명 있습니다. 그러나 남편이 존경을 받을 만한 사람이 아니라고 생각할지라도 아내가 남편에게 순종하는 것은 하나님이 정하신 창조질서입니다. 본문은 아내가 남편에게 순종해야 하는 이유에 대해서 '영혼 구원'으로 설명하고 있습니다.

베드로는 하나님을 믿지 않는 남편이라 할지라도 그 아내의 행실을 보고 하나님을 믿도록 하기 위해 남편에게 순종하라고 말합니다. 하나님을 믿는 남편이라도 100% 내 만족을 채워줄 수는 없습니다. 그러므로 행복한 부부가 되기 위해서는 하나님이 정하신 창조질서를 인정하고 그리스도의 사랑으로 남편에게 순종해야 합니다.

베드로는 아내가 남편에게 순종함으로 남편을 구원할 수 있도록 하라고 당부하고 있습니다. 믿지 않는 남편이 자신에게 순종하는 아내의 모습을 통해 하나님을 만날 수 있다는 것을 인지시키고 있습니다. 만약 그리스도인 아내들이 믿지 않는 남편을 무시하고 불순종한다면, 그 남편은 그리스도인 아내의 자질을 인정하지 않을 것입니다. 그뿐 아니라 아내가 전하는 복음마저 거부하고 예수님에 대해 좋지 않은 인식을 갖게 될 확률이 높습니다. 복음에 따라 사는 모습을 보이지 않고 말로만 남편을 회심시키려고 하면 거부감만 들게 됩니다. 아내는 더욱 속사람을 아름답게 가꿔 가정 안에서 열매를 맺어야 합니다.

> "너희의 단장은 머리를 꾸미고 금을 차고 아름다운 옷을 입는 외모로 하지 말고 오직 마음에 숨은 사람을 온유하고 안정한 심령의 썩지 아니할 것으로 하라 이는 하나님 앞에 값진 것이니라"(벧전 3:3-4)

'단장'이라고 번역된 '코스모스'는 '정리, 배열, 질서'라는 뜻을 함께 가지고 있습니다. 여기서 화장품을 의미하는 '코스메틱(Cosmetics)'이라는 말이 나왔습니다. 지금 당장은 금을 차고 외모를 꾸미는 것이 중요한 것 같지만 우리 인생을 결정짓는 것은 우리의 속사람입니다.

베드로는 단장하는 것에 대해 완전히 부정한 것이 아닙니다. 그는 진짜 중요한 단장이 무엇인지 가르쳐주려 했습니다. 당시 로마의 귀족 부인들은 요란한 장식과 사치로써 자신을 꾸몄다고 합니다. 그러나 로마 귀족 부인들의 내면은 아주 황폐화되어 있었고 타락해 있었습니다. 마음을 단장하는 것에는 거의 관심이 없었습니다. 그래서 베드로는 동시대를 살고 있는 그리스도인 부녀자들에게 진짜 중요한 단장이 무엇인지 가르쳐주고자 했던 것입니다. 우리는 예수님을 믿는 자로서 속사람을 아름답게 가꿔나가야 합니다.

예수님을 믿는 아내들은 지혜롭게 남편의 말에 순종하며 그리스도의 향기를 나타내야 합니다. 바울 역시 아내들에게 남편에게 복종하기를 주께 하듯 하라고 말합니다.

> "아내들이여 자기 남편에게 복종하기를 주께 하듯 하라 아내들이여 이는 남편이 아내의 머리 됨이 그리스도께서 교회의 머리 됨과 같음이니 그가 바로 몸의 구주시니라 그러므로 교회가 그리스도에게 하듯 아내들도 범사에 자기 남편에게 복종할지니라"(엡 5:22-24)

교회가 예수님의 머리이듯 아내들은 남편을 가정의 머리로 인정하고 순종해야 합니다. 하나님의 창조질서에 따라 남편이 부족해도 인정해 주고, 세워 주고, 믿어 주고, 격려해 준다면, 남편은 아내를 통해 힘을 얻고 더 책임 있는 존재, 더 하나님을 의지하며 가정을 위해 헌신하는 삶을 선택하게 될 것입니다.

또한 남편은 아내를 귀히 여겨야 합니다.
베드로는 이어서 남편의 역할도 설명하고 있습니다. 당시 아내는 남편의 소유물로 여겨졌습니다. 그래서 일반적으로 아내를 굉장히 함부로 대했습니다. 베드로는 남편들이 일반적으로 아내를 하대한다는 것을 알고 가정에서 아내를 귀히 여기라고 권면하고 있습니다.

> "전에 하나님께 소망을 두었던 거룩한 부녀들도 이와 같이 자기 남편에게

복음과 가족치유

순종함으로 자기를 단장하였나니 사라가 아브라함을 주라 칭하여 순종한 것 같이 너희는 선을 행하고 아무 두려운 일에도 놀라지 아니하면 그의 딸이 된 것이니라 남편들아 이와 같이 지식을 따라 너희 아내와 동거하고 그를 더 연약한 그릇이요 또 생명의 은혜를 함께 이어받을 자로 알아 귀히 여기라 이는 너희 기도가 막히지 아니하게 하려 함이라"(벧전 3:5-7)

이는 결혼의 관계를 세상의 제도적인 것으로만 보지 않고 하나님께서 세우신 질서로 인식해야 함을 말하는 것입니다. 남편들은 결혼생활 속에서 연약한 아내를 보살펴 주는 것을 의무로 여겨야 합니다. 남편들은 아내를 귀하게 여기고 사랑하기를 예수님이 교회를 사랑하신 것 같이 사랑해야 합니다 (엡 5:25). 예수님은 교회를 위해 온 삶을 바치셨습니다. 인간들의 모든 죄를 용서하셨고 피 흘려 죽기까지 우리를 사랑하셨습니다. **남편들은 이같이 아내를 사랑해야 합니다.** 아내의 말을 들어주고 아내를 위한 따뜻한 말 한마디를 건네고 사랑하는 마음을 최선을 다해 표현하시길 바랍니다.

우리는 모두 영적인 존재이기 때문에 서로의 영적 상태를 본능적으로 감지하며 영향을 받습니다. 우리는 행복한 속사람으로 가족을 사랑하고, 정직한 속사람으로 가족을 정직하게 대해야 합니다. 그리스도인으로서 행복한 부부가 되기 위해서는 반드시 속사람이 강건해야 합니다. 속사람이 건강한 사람은 우선순위를 바르게 세워나갑니다. 1순위로 하나님을 사랑하고 다음에 가정을 사랑해야 합니다.

또한 속사람이 건강한 사람은 영의 눈을 열고 상대의 마음을 헤아려 줍니다. 속사람을 볼 수 있는 눈을 열어 상대방을 이해하고 상대방의 필요를 채우며 깊은 무의식의 상처까지 보듬을 수 있어야 합니다. 속사람이 건강한 사람은 가정을 사명적 공동체로 만들어나갑니다. 행복한 부부가 되기 위해서는 아내는 남편에게 순종하고, 남편은 아내를 귀히 여겨야 합니다.

우리 모두 행복한 속사람으로 행복한 부부가 되고 행복한 가정을 이루어 함께 하나님의 길로 달려가기를 축원합니다.

복음과 가족치유

주님과 동행하는 기쁨 나누기

1. 속사람이 건강하기 위한 방법은 무엇일까요?

( ) 안에 맞는 단어는 무엇입니까?

(1) 속사람이 건강한 사람은 ( )순위를 바르게 세워나갑니다.
부부의 영혼이 병드는 이유는 가정의 우선순위가 잘못되었기 때문입니다. 그리스도인은 하나님을 1순위로 사랑해야 합니다. 삶의 우선순위 첫째가 삼위일체 하나님이고, 둘째가 가정이어야 합니다. 이러한 삶의 우선순위는 입술의 고백으로 멈추는 것이 아니라 삶으로 증명되어야 합니다.
● 당신은 하나님과 가정, 자녀, 물질… 중에 무엇(누가)이 1순위입니까?

(2) 속사람이 건강한 사람은 ( )의 눈을 열고 상대의 마음을 헤아려 줍니다.
속사람을 보는 능력이 있으면, 상대방의 영혼의 상태를 파악하고 상대방의 때를 기다려줄 수 있으며 더 깊이 이해할 수 있습니다. 속사람을 읽어내면 내가 원하는 배우자, 내가 원하는 자녀의 모습을 고집하지 않고 진정으로 상대가 원하는 것을 해줄 수 있습니다.
● 당신은 상대방의 마음을 잘 헤아리고 있다고 생각합니까?

(3) 속사람이 건강한 사람은 ( )을 사명적 공동체로 만들어나갑니다.
가정은 단순한 혈연 공동체가 아니라 거룩한 다음 세대를 키워 하나님 나라를 확장 시키는 영적 공동체입니다. 하나님은 각 가정을 향한 분명한 목적을 가지고 계십니다. 사랑의 결과로 자녀를 낳고 그들과 함께 하나님의 나라를 확장시키는 것이 가정의 창조 목적입니다.

● 당신은 가정 안에서 자신의 역할을 잘 알고 행동합니까?

2. 아래 성구를 보고 당신의 삶에 일어난 일을 나누십시오.

(1) 창세기 2장 24절 – "이러므로 남자가 부모를 떠나 그의 아내와 합하여 둘이 한 몸을 이룰지로다"

(2) 야고보서 1장 14–16절 – "오직 각 사람이 시험을 받는 것은 자기 욕심에 끌려 미혹됨이니 욕심이 잉태한즉 죄를 낳고 죄가 장성한즉 사망을 낳느니라 내 사랑하는 형제들아 속지 말라"

(3) 로마서 14장 17절 – "하나님의 나라는 먹는 것과 마시는 것이 아니요 오직 성령 안에 있는 의와 평강과 희락이라"

3. 아래 성구의 (   )에 맞는 단어를 넣고 가능하면 암송합시다.

"마른 떡 한 조각만 있고도 (   )하는 것이 제육이 집에 가득하고도 (   ) 것보다 나으니라"(잠 17:1)

복음과 가족치유

7-1 행복이 넘치는 가정은

작사/작곡 이순희

Copyright © 2023. 4. 5. SOONHEE LEE.

제7장 행복한 속사람, 행복한 부부

7-2 행복한 속사람 행복한 부부

작사/작곡 이순희

♩ = 94

행 복한 속사람 행복한 부부 서 로가 인생에 버 팀목 되네

우리 우리의 속 사람 – 행복 행복을 바 라네 –

성 령 성령의 충 만 함 – 가 득 가득받 아

십 자가 보 혈 로 모 든죄 버 리 고

우 리의 영 혼 이 새 롭게 되기 원 해

행 – 복한 속사 람 행 – 복한 부 부

안 식과위로 – 사 랑과격려 – 건 강한인격 – 안 정과 기 쁨

우 리의 가정에 행 복 깃들 어 서 로의 인생에 버 팀목 되네

복음과 가족치유

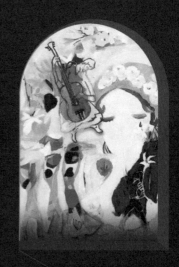

8

가족의 트라우마 치료

사무엘하 9장 1-10절

"다윗이 이르되 사울의 집에 아직도 남은 사람이 있느냐 내가 요나단으로 말미암아 그 사람에게 은총을 베풀리라 하니라 사울의 집에는 종 한 사람이 있으니 그의 이름은 시바라 그를 다윗의 앞으로 부르매 왕이 그에게 말하되 네가 시바냐 하니 이르되 당신의 종이니이다 하니라 왕이 이르되 사울의 집에 아직도 남은 사람이 없느냐 내가 그 사람에게 하나님의 은총을 베풀고자 하노라 하니 시바가 왕께 아뢰되 요나단의 아들 하나가 있는데 다리 저는 자니이다 하니라 왕이 그에게 말하되 그가 어디 있느냐 하니 시바가 왕께 아뢰되 로드발 암미엘의 아들 마길의 집에 있나이다 하니라 다윗 왕이 사람을 보내어 로드발 암미엘의 아들 마길의 집에서 그를 데려오니 사울의 손자 요나단의 아들 므비보셋이 다윗에게 나아와 그 앞에 엎드려 절하매 다윗이 이르되 므비보셋이여 하니 그가 이르기를 보소서 당신의 종이니이다 다윗이 그에게 이르되 무서워하지 말라 내가 반드시 네 아버지 요나단으로 말미암아 네게 은총을 베풀리라 내가 네 할아버지 사울의 모든 밭을 다 네게 도로 주겠고 또 너는 항상 내 상에서 떡을 먹을지니라 하니 그가 절하여 이르되 이 종이 무엇이기에 왕께서 죽은 개 같은 나를 돌아보시나이까 하니라 왕이 사울의 시종 시바를 불러 그에게 이르되 사울과 그의 온 집에 속한 것은 내가 다 네 주인의 아들에게 주었노니 너와 네 아들들과 네 종들은 그를 위하여 땅을 갈고 거두어 네 주인의 아들에게 양식을 대주어 먹게 하라 그러나 네 주인의 아들 므비보셋은 항상 내 상에서 떡을 먹으리라 하니라 시바는 아들이 열다섯 명이요 종이 스무 명이라"

8

—

가족의 트라우마 치료

가정은 인생의 뿌리이자 사회의 기본 요소이며 나라의
근간입니다. 태초에 천지를 창조하신 하나님은 가정을 작은
천국으로 만들어 놓으셨습니다. 하나님이 설계하신 가정에는
절대적인 사랑, 절대적인 보호, 절대적인 평안이 있습니다. 가
정 안에는 자녀를 향한 무조건적인 부모의 사랑이 있고, 부모
를 향한 끝없는 자녀의 신뢰가 있으며, 배우자를 향한 한없는
지지와 감사가 있습니다.

그래서 어떤 사람이 가정에 대해 이렇게 표현했습니다.
「가정이란 아기의 울음소리와 어머니의 노랫소리가 멋진 화
음을 이루는 곳이고 따뜻한 심장과 행복한 눈동자가 서로 만
나는 곳이다. 그리고 상함과 아픔이 싸매어지고, 기쁨과 슬픔

이 나누어지는 곳이며, 어버이가 존경받고, 어린이들이 사랑받는 기쁨의 공동체이다. 조촐한 식탁일지라도 왕궁이 부럽지 않고, 돈도 그다지 위세를 부리지 못하는 곳이며, 사랑이 무엇이며 바른 것이 무엇인지를 배우는 어린이들의 맨 처음 학교이다. 서로에게 관심을 갖고 그 관심을 고맙게 받아들이는 아름다운 곳 이렇게 좋은 곳이 가정이다.」

가정에는 인생의 모든 시작과 마침이 담겨있습니다.
결혼의 시작, 생명의 시작, 관계의 시작, 성장의 시작, 존재의 시작이 있고 인생의 마침도 가정 안에 있습니다. 참으로 가정은 인생의 보물 상자입니다. 우리는 가정을 통해 하나님의 사랑을 경험하고 깨달으며 험한 세상을 살아나갈 수 있는 힘을 공급받을 수 있습니다.

정용철 시인의 시집 『마음이 쉬는 의자』 중에서, 「이것 하나만으로도」라는 시의 일부분입니다.
「나에게는 사랑하는 가족이 있습니다.
나는 우리 가족을 언제라도 만날 수 있습니다.
이 하나가 나에게 얼마나 큰 기쁨인 줄 이제야 알았습니다.
나에게는 사랑하는 가족이 있습니다.
나는 우리 가족과 언제라도 전화를 할 수 있습니다.
이 하나가 나에게 얼마나 큰 즐거움인 줄
이제야 알았습니다.

(중략)

나에게는 사랑하는 가족이 있습니다.

나는 우리 가족과 언제라도 같이 식사를 할 수 있습니다.

이 하나만으로도 내가 얼마나 대단한 사람인 줄

이제야 알았습니다.

나에게는 사랑하는 가족이 있습니다.

나는 우리 가족에게 나의 아픔을

낱낱이 이야기할 수 있습니다.

이 하나만으로도 내가 얼마나 행복한 사람인 줄

이제야 알았습니다.」

그런데 이 시대의 가정은 천국의 축소판이 아니라 지옥의 축소판인 경우가 많습니다. 가정에서 행복과 안정을 누리는 사람보다 고통과 어려움을 당하는 사람들이 훨씬 더 많습니다. 현대에는 결혼을 기피하고 동거를 합리화하는 사람들이 많습니다. 쉽게 이혼하는 사람들도 많고, 가정을 쉽게 저버리는 일도 많습니다. 상처받은 부모 밑에 자란 상처받은 자녀들이 너무도 많고, 무책임한 부모에게 버림받은 자녀들도 많습니다. 그뿐만 아니라 해결할 수 없는 앙금을 가지고 쇼윈도 부부로 사는 부부들도 많습니다.

'인생의 터'인 가정이 무너지면 모든 것이 무너집니다.

가정이 행복하면 인생이 행복하고, 가정이 건강하면 사회가 건강하며, 가정이 단단하면 나라가 단단해지지만 가정이 무너지면 모든 것이 무너지게 됩니다.

그래서 간사한 사탄은 집중적으로 가정을 공격합니다.

사탄은 가정이 인간들에게 기쁨과 행복을 누리는 에덴과 같은 곳이라는 사실을 잘 알았습니다. 그래서 가정을 무너뜨리면 안식의 장소, 교제의 장소, 공급의 장소, 기쁨의 장소가 파괴되어지고 인간의 삶에 불행과 아픔과 고단함과 피곤함과 절망이 파고든다는 것을 알았습니다.

사탄은 인간들이 하나님의 형상을 완전히 잃어버리고 더욱 방황하며 타락하도록 가정을 타겟으로 삼았습니다. 최초의 가정을 무너뜨리기 위해 사탄은 가인의 배후에서 역사했습니다. 그래서 형이 동생을 시기하고 죽이고, 가정을 떠나는 가정의 파괴를 주도했습니다.

태초의 가정을 무너뜨린 사탄은 계속해서 가정을 목표로 하여 지금까지 집요하고 맹렬하게 공격해오고 있습니다. 가정이 무너지면 인간이 존재와 생명의 가치에 심각하게 타격을 입고 방황하며 범죄하게 된다는 사실을 너무나 잘 알기에 가정을 공격하는 것입니다.

현대 사회의 수많은 문제들의 근원을 추적해 보십시오.

각종 자살, 성범죄, 마약, 청소년 비행, 불륜 등의 심각한 문제들이 대부분 가정이 무너져서 만들어지는 문제들입니다. 가정불화로 인해 부부는 각자 타락의 길로 가고, 자녀들은 방황하며, 가족 구성원들의 영혼이 병들어서 여러 가지 정신질환을 앓고 각종 사회범죄에 노출되는 것입니다. 결국 가정을 무너뜨려 자녀의 영혼, 부모의 영혼, 배우자의 영혼을 죽이는 것이 사탄의 궤계입니다. 그러므로 오늘 우리는 하나님의 능력으로 가정을 공격하는 사탄의 간계를 물리치고 건강한 가정을 세워야 합니다.

건강한 가정은 오직 복음으로 만들어집니다.

복음으로 나타난 하나님의 영이 거하지 않는 곳에는 아무리 많은 돈이 있어도, 대단한 열심과 노력이 있어도 건강한 가정이 만들어지지 않습니다. 아담과 하와의 범죄 이후로 모든 인간은 죄로 물들어 병든 사랑, 병든 열심, 병든 지혜로 살게 되었습니다. 그래서 가정 안에는 병든 사랑이 만연하게 되었고, 병든 사랑이 만든 상처와 아픔이 가득하게 되었습니다.

우리는 먼저 하나님이 쓰시는 가정이 되도록 하나님 앞에 바로 서야 합니다. 더 나아가 세상을 따라 사느라 잃어버렸던 가정의 정체성을 다시 회복하고 우리 가정을 세우신 하나님의 목적을 바로 알아야 합니다.

오늘날 많은 사람들이 가정 안에서 천국을 누리지 못하고 지옥을 경험하는 이유는 하나님과 멀어졌기 때문입니다. 대부분의 가정이 가정을 세워주신 하나님의 목적을 잊어버리고 세상의 기준에 맞춰 살며 죄로 물들었습니다. 그로 인해 가정 안에 마땅히 있어야 할 안식, 자유, 사랑, 평안, 소통, 공감, 이해, 화합은 사라지고 불안, 매임, 집착, 공포, 불통, 미움이 자리 잡게 되었습니다. 더 이상 가정은 치유의 공간, 자유의 공간, 안식의 공간이 아닌 상처와 묶임의 공간이 되어버렸습니다.

이 시대는 가정에서 사랑을 받았다고 말하는 사람들보다 상처받았다고 말하는 사람들이 많아지고 있습니다. 인생의 울타리가 되어야 할 가정이 상처를 주고받는 곳이 되어버린 것입니다. 상처 입은 사람들의 이야기를 들어보면 그 상처의 출처는 대부분 가정입니다. 우리 중에도 각자 가정에서 받은 상처로 인해 평생을 고통스럽게 살았던 경우가 허다할 것입니다. 그러나 우리는 과거를 초월하여 하나님 앞에 나아가 우리의 인생을 새롭게 해야 합니다. 가정의 모든 상처를 하나님께 꺼내놓고 온전한 가정으로 회복을 받아야 합니다. **하나님은 깨어진 우리의 인생, 가정을 멋진 작품으로 변화시키십니다.**

"이르시되 너희가 너희 하나님 나 여호와의 말을 들어 순종하고 내가 보기에 의를 행하며 내 계명에 귀를 기울이며 내 모든 규례를 지키면 내가 애굽 사람에게 내린 모든 질병 중 하나도 너희에게 내리지 아니하리니 나는 너희를 치료하는 여호와임이라"(출 15:26)

우리는 가족 트라우마를 치료하실 하나님께 나아가야 합

니다. '트라우마'란 실제로 죽을 위기에 처하거나, 심각한 질병에 걸리거나, 신체적·물리적으로 자신이나 타인에게 위협이 되는 사건을 겪거나 목격한 후 겪는 심리적 외상을 말합니다. 현재까지의 연구에 의하면 어린 시절의 트라우마는 일반적인 트라우마(general trauma), 신체적 학대(physical abuse), 성적 학대(sexual abuse), 방임과 정서적 학대(neglect and emotional abuse)로 나눌 수 있습니다. 어린 시절의 트라우마는 그 사람의 예민성이나 공격성에 큰 영향을 주게 됩니다. 우울증이나 불안증, 공황장애 등으로 연결될 수 있습니다.

옛날에 어떤 농부가 연못에서 놀고 있는 자라를 잡으려고 연못 속으로 손을 집어넣었다가 손가락이 물렸습니다. 자라의 강한 이에 물려 손가락에서 피가 흐르자 놀란 농부는 바로 집으로 달려갔습니다.

특별한 비상 약품이 없던 옛날에는 된장이 이런 자상에 최고의 약이었습니다. 그런데 부엌에 들어서니 커다란 자라가 엎드려 있었습니다. 깜짝 놀란 농부는 뒤로 나자빠지면서 비명을 질렀습니다. 이 소리를 들은 아내가 안방에서 나와 그 광경을 보고서 한 말이 무엇일까요?

'자라 보고 놀란 가슴 솥뚜껑 보고 놀란다'라는 말은 그래서 생겼다고 합니다.

트라우마는 과거의 상처를 현재에 투영하게 만들어 상처의 지배를 받게 만듭니다. 특히 어린 시절에 받은 트라우마는 인생을 지배하는 괴물이 되기도 합니다. 왜냐하면 어린아이는 백지와 같은 상태에서 상처에 무방비로 노출되기 때문입니다. 구체적인 지식이나 어느 정도의 경험이 없는 어린아이는 상처를 받을 때 상처의 내용이나 정도를 잘 이해하지 못합니다. 그래서 자신이 얼마나 충격적인 일을 당했는지 가늠하지 못하고 어떤 일을 겪었는지 파악하지 못할 수 있습니다. 그렇게 이해되지 못한 상처는 무의식의 영역에 잠재되기 쉽습니다. 이렇게 어릴 때 생긴 트라우마는 마치 유령처럼 그 사람의 일부가 되어 평생을 따라다니며 고통스럽게 만듭니다.

트라우마는 시간이 흐른다고 자연스럽게 치유되는 것이 아닙니다. 10년, 20년이 지나도 10분, 20분 전에 겪은 고통처럼 생생한 것이 바로 트라우마입니다. 신기하게도 불행한 어린 시절을 보낸 사람은 후에 가정을 이루어 자신의 트라우마를 가족들에게 되풀이 하는 경우가 많습니다.

프로이트는 다음과 같이 말했습니다.

"인간에겐 어린 시절 고통을 반복하려는 강박이 있어서 부모의 불행을 반복하기 쉽다. 어린 시절 불행한 가족관계를 경험한 사람들은 자신도 모르게 성인이 되어 과거의 경험을 재현한다. 불안하게 매를 기다리기보다 차라리 매를 맞는 순간이 편안한 것처럼 즐거움, 행복감을 느끼면 너무나 불안해하면서 일부러 불행한 느낌, 고통, 불안한 감정으로 달아난다."

즉 트라우마가 강한 사람은 행복한 지금 이 상황 속에서도 불행한 과거를 끌어와 먼저 불행한 삶을 자처합니다. 어차피 당할 불행이라면 앞서 당하는 것이 낫다고 생각하는 것입니다. 앞으로 계속해서 행복하고 건강하게 살 수 있다고 말해도 트라우마에 갇혀 있는 사람은 자기 인생의 시작과 끝 전부가 불행과 상처일 것이라고 판단합니다. 그래서 계속해서 불행의 굴레 속에 자신을 가둡니다. 이같이 트라우마는 반복되고 사랑하는 가족들에게 되풀이됩니다.

트라우마는 다양한 형태로 발현됩니다.

성적 학대, 폭력, 중독으로 표출되기도 하고 외로움, 슬픔, 불안, 두려움, 분노, 우울과 같은 감정으로 나타나기도 합니다. 트라우마로 인한 고통이 너무 큰 사람들은 가족 간의 소통을 아예 차단해버리기도 하고, 죽은 듯이 무기력하게 살기도 합니다. 이렇게 트라우마는 여러 가지 죄와 상처를 파생시키며 많은 이들을 고통스럽게 합니다.

한편 트라우마에 대한 비판적인 시각도 많이 있습니다.

대표적으로 '개인 심리학'을 창시한 알프레드 아들러는 트라우마를 '인생의 거짓말'이라고 부릅니다.

아들러는 트라우마를 인정하지 않았습니다. 그에 따르면 우리가 겪는 어떤 경험도 그 자체만으로는 성공이나 실패의 원인이 될 수 없습니다.

아들러에 의하면 트라우마는 사건 자체가 아니라 사건을 해석하는 자신의 태도가 결정짓는 것이라고 말합니다. 즉 어떤 사람은 고통스러운 일을 당함으로 그로 인해 자신을 비참하게 느끼고 패배감에 젖어드는데 또 어떤 사람은 비슷한 일을 겪고도 긍정적으로 사고하고 자신을 불행하다고 느끼지 않는 반응을 할 수 있다는 것입니다.

아들러는 "불행한 사람은 자신이 불행하기로 마음먹었기에 불행한 것이다"라고 주장합니다. 이렇게 아들러는 트라우마를 '자기변명', '인생의 거짓말'이라 부르며 트라우마에 대해 중요한 비중을 두지 않았습니다.

성경적으로 트라우마를 살펴보면 아들러의 이론도 어느 정도 일리가 있다는 것을 알 수 있습니다. 성경도 트라우마에 대한 우리의 태도를 중요하게 생각하고, 우리의 믿음이 얼마든지 트라우마를 뛰어넘을 수 있다고 말합니다. 성경은 우리의 자유의지를 말하면서 우리의 의지, 우리의 결단이 중요하다고 말합니다.

"예수께서 이르시되 할 수 있거든이 무슨 말이냐 믿는 자에게는 능히 하지 못할 일이 없느니라 하시니"(막 9:23)
"그러므로 너희는 죄가 너희 죽을 몸을 지배하지 못하게 하여 몸의 사욕에 순종하지 말고 또한 너희 지체를 불의의 무기로 죄에게 내주지 말고 오직 너희 자신을 죽은 자 가운데서 다시 살아난 자 같이 하나님께 드리며 너희

복음과 가족치유

지체를 의의 무기로 하나님께 드리라 죄가 너희를 주장하지 못하리니 이는 너희가 법 아래에 있지 아니하고 은혜 아래에 있음이라"(롬 6:12–14)

그러나 또 성경은 죄성, 무의식을 간과하지 않습니다.

성경은 상처에 지배력이 있음을 인정하고 트라우마를 치료받을 필요를 말합니다. 다윗은 하나님께 자신의 무의식 세계를 살펴달라고 간구했습니다.

"하나님이여 나를 살피사 내 마음을 아시며 나를 시험하사 내 뜻을 아옵소서 내게 무슨 악한 행위가 있나 보시고 나를 영원한 길로 인도하소서"(시 139:23–24)

또 레위기 4장에는 이스라엘 백성들이 알지 못하고 지은 죄에 대하여 용서받기 위하여 제물을 드리는 규례가 기록되어 있습니다.

이스라엘 백성들은 알고 지은 죄나 모르고 지은 죄를 용서받으려면 죄에 해당하는 헌물을 드려야 했습니다. 사실 대부분의 이스라엘 백성들은 하나님을 두려워하여 죄를 짓지 않으려고 주의했습니다. 그럼에도 불구하고 사람들은 그 많은 율법들의 각 조항을 다 기억하지 못하거나, 자기 앞에 닥친 상황이 바로 율법에서 언급하고 있는 경우에 해당한다는 것을 '알지 못하여' 죄를 짓는 일이 있었습니다. 즉 부지중에, 무의식중에 지은 죄에 대해서도 그들은 하나님께 속죄했습니다.

"이스라엘 자손에게 말하여 이르라 누구든지 여호와의 계명 중 하나라도 그릇 범하였으되 만일 기름 부음을 받은 제사장이 범죄하여 백성의 허물이 되었으면 그가 범한 죄로 말미암아 흠 없는 수송아지로 속죄제물을 삼아 여호와께 드릴지니"(레 4:2-3)

우리는 우리가 모르는 영역, 무의식의 세계까지 치료받고 모든 트라우마로부터 자유해야 합니다. 아들러의 말처럼 우리 스스로가 의지적으로 트라우마를 긍정적으로 해석하고 생산적인 삶을 살면 좋겠지만, 인간은 그렇게 강한 존재가 아닙니다. 죄의 본성을 지닌 인간은 스스로 아무것도 할 수 없는 연약한 존재입니다.

우리 가정의 트라우마를 치료하실 분은 오직 하나님 한 분뿐이십니다. 우리의 굳은 마음, 심각한 트라우마를 고침 받기 위해 성령의 맑은 물이 흐르는 은혜의 보좌로 나아가야 합니다.

트라우마를 치료받기 위해 우리는 먼저 트라우마와 직면해야 합니다. 많은 사람들이 상처를 기억할 때 고통스럽고 외면하고 싶은 마음에 자신의 깊은 무의식에 밀어 넣는 경우가 많습니다. 과거의 기억이 현재 일어나는 것처럼 생생하게 떠올라 아예 기억에서 지워버리는 것입니다. 그런데 상처의 기억은 회피하면 할수록 무의식 가운데 확대되어 더 강한 힘을 갖습니

복음과 가족치유

다. 상처는 숨겨둘수록 왜곡되고 변질되어 더 큰 아픔을 불러옵니다. 이 상처는 드러낼 때 치유되기 시작합니다. 하나님은 상처를 가지고 나아온 심령에 치료의 은혜를 부어주십니다.

"하나님께서 구하시는 제사는 상한 심령이라 하나님이여 상하고 통회하는 마음을 주께서 멸시하지 아니하시리이다"(시 51:17)

상한 심령을 치유 받은 자는 상황을 객관적으로 볼 수 있는 능력이 생깁니다. 상처에서 분리되고, 왜곡된 기억에서 분리되어 객관적으로 자기 인생을 판단할 수 있게 됩니다. 상처로 인해 멈춰있던 시간은 다시 흘러가게 되고 더 이상 과거의 시간에서 고통을 당하지 않습니다. 이렇게 자기 상처에서 벗어난 사람은 인생을 객관적으로 돌아보며 '자기만 상처받은 존재가 아니었음'을 깨닫게 됩니다. 나아가 내가 '피해자'가 아니라 '가해자'일 수 있음이 깨달아지기 시작합니다.

물론 내가 '피해자'일 수도 있습니다. 그러나 그런 경우에도 상처를 주님께 꺼내놓으면 하나님께 인생의 문제를 맡기지 못했던 자신의 불신에 대해 회개할 수 있는 은혜가 임합니다. 회개의 자리에 치료의 능력은 강하게 임하고, 하나님의 완전하신 섭리가 보이기 시작합니다. 바다같이 넓고 큰마음으로 인생의 여러 사건을 품고 이해하게 됩니다. 또한 모든 것이 하나님의 뜻임을 고백하며, 상처를 통해 자신을 연단하시고 성장시키시는 하나님께 감사하게 됩니다.

"우리가 알거니와 하나님을 사랑하는 자 곧 그의 뜻대로 부르심을 입은 자들에게는 모든 것이 합력하여 선을 이루느니라"(롬 8:28)

아무리 심각하게 병든 내면일지라도 주님의 치료를 경험한다면 상처가 별이 되는 인생을 살 수 있습니다. 상처로 인해 생긴 영적 민감성으로 상처 입은 치유자가 되어 많은 영혼을 하나님께로 인도하는 삶을 살게 되는 것입니다.

성령님은 우리 가정의 깊은 트라우마를 치료하시고 새 인생을 살게 하시는 분이십니다. 그러므로 이제 우리는 창조의식을 가지고 하나님이 열어주실 새 날을 기대해야 합니다.

"너희는 이전 일을 기억하지 말며 옛날 일을 생각하지 말라 보라 내가 새 일을 행하리니 이제 나타낼 것이라 너희가 그것을 알지 못하겠느냐 반드시 내가 광야에 길을 사막에 강을 내리니 장차 들짐승 곧 승냥이와 타조도 나를 존경할 것은 내가 광야에 물을, 사막에 강들을 내어 내 백성, 내가 택한 자에게 마시게 할 것임이라"(사 43:18-20)

이제 우리 가정은 상처에 지배받는 삶이 아니라 성령님께 강권된 삶을 살아야 합니다. 더 이상 상처가 우리 가정을 노략질하지 못하도록 성령의 충만함을 입어야 합니다.

본문의 주인공은 므비보셋입니다.

므비보셋은 사울 왕의 손자이자 요나단의 아들입니다. 그는 왕가에서 태어나 다음 왕위 계승권자인 황태자의 자녀로 장래가 보장되었던 사람이었습니다. 그러나 그는 한순간에 몰락한 왕가의 자손이 되었고, 장애인이 되었습니다.

므비보셋은 갑자기 당한 화로 인해 평생 육의 고통과 마음의 고통 안에 갇혀 살아갈 수밖에 없는 운명이었습니다. 그러나 그는 은혜로 말미암아 회복되었고 트라우마에서 자유한 삶을 살았습니다. 우리는 므비보셋의 삶을 돌아보며 우리 가정의 트라우마도 치료하실 하나님을 기대해야 합니다. 아무리 큰 상처라 할지라도 하나님이 개입하시면 어둠의 영이 힘을 쓸 수 없습니다. 오히려 상처로 인해 하나님만 의지함으로 은혜 안에서 살게 되는 영광을 누리게 됩니다.

가족 트라우마를 치료받기 위해 할 일

1. 주님의 선하심을 믿으며 하나님의 은총을 간구해야 합니다.

우리 하나님은 선하십니다. 하나님을 사랑하는 사람 곧 하나님의 뜻대로 부르심을 입은 사람들에게는 모든 것이 합력하여 선을 이룹니다. 모든 것을 합력하여 선을 이루게 하시는 하나님을 제대로 만난 사람들은 항상 기뻐할 수 있고 범사에 감사하며 살아갑니다. 그리고 인생의 모든 문제를 자신의 탓으로 돌리고 자기 자신 안에서 문제의 원인을 발견합니다. 왜냐하면 믿음의 사람은 삶의 모든 순간이 단 하나의 우연이 없으며 삶의 곳곳에서 자신을 향한 하나님의 사랑의 메시지가 그 안에 담겨 있음을 볼 수 있기 때문입니다.

모든 것을 합력하여 선을 이루게 하시는 하나님은 인생이라는 과정을 통해 우리를 만들어 가십니다. 이 과정 중에 우리는 참으로 많은 일을 만나고 많은 사람들을 만납니다. 하기 싫은 일을 해야 할 때가 있고, 견디기 힘든 순간을 견뎌야 할 때가 있습니다. 보기 싫은 사람과 상대해야 할 때도 있고 오해와 불신 속에 인간관계가 어려워질 때도 있습니다.

이 모든 것이 과정입니다.

이 모든 것이 단 하나도 우연이 없는, 바로 나를 만들어 가시는 하나님의 가르침이 숨어있는 훈련과정입니다. 우리의 삶 전체의 모든 세밀한 순간순간에는 이렇게 나와 하나님과의 비밀스럽고 인격적인 관계가 깔려 있습니다. 그러므로 우리는 삶의 모든 순간에 여호와의 선하심을 맛보아 알아야 합니다.

"너희는 여호와의 선하심을 맛보아 알지어다 그에게 피하는 자는 복이 있도다"(시 34:8)

우리가 인생을 살다 보면 뜻하지 않은 어려움을 만나게 될 때가 있습니다. 대부분의 사람들은 인생의 시련 앞에 상처받고 망가지기도 합니다. 그러나 하나님의 선하심을 신뢰하는 자, 의지하는 자는 그 아픔 때문에 오히려 더 깊고 성숙한 인생을 이루어 나갑니다.

본문은 다윗이 사울 집안의 남은 자들을 찾으면서 시작됩니다.

> "왕이 이르되 사울의 집에 아직도 남은 사람이 없느냐 내가 그 사람에게 하나님의 은총을 베풀고자 하노라 하니 시바가 왕께 아뢰되 요나단의 아들 하나가 있는데 다리 저는 자니이다 하니라 왕이 그에게 말하되 그가 어디 있느냐 하니 시바가 왕께 아뢰되 로드발 암미엘의 아들 마길의 집에 있나이다 하니라 다윗 왕이 사람을 보내어 로드발 암미엘의 아들 마길의 집에서 그를 데려오니"(삼하 9:3-5)

고대 근동의 나라들은 새로운 왕권이 세워지면 이전 왕권의 후손들을 다 제거하는 관습이 있었습니다. 이는 후환을 없애기 위함이었습니다. 지금도 새로운 정권이 권력을 잡으면 '적폐청산'이라 말하며 전 정권의 힘을 무력화시키고자 합니다. 언뜻 보아 다윗이 사울의 집에 남은 사람들을 찾는 것이 바로 이러한 적폐청산의 이유일 것이라 생각될 수 있습니다. 그러나 다윗의 마음은 달랐습니다. 그는 하나님의 은총을 베풀기 위해 사울의 집안의 남은 자들을 찾았습니다.

므비보셋은 사울 왕의 손자이자 요나단의 아들입니다.

다음 왕위 계승권자인 황태자를 아버지로 둔 므비보셋은 왕가의 적손으로서 장래가 보장된 자였습니다. 그러나 보장되었던 그의 미래는 하루아침에 역전되었습니다.

> "사울의 아들 요나단에게 다리 저는 아들 하나가 있었으니 이름은 므비보셋이라 전에 사울과 요나단이 죽은 소식이 이스르엘에서 올 때에 그의 나이가 다섯 살이었는데 그 유모가 안고 도망할 때 급히 도망하다가 아이가 떨어져 절게 되었더라"(삼하 4:4)

왕가의 적손이었던 그가 하루아침에 아버지와 할아버지를 잃고 자신도 다리를 저는 장애인이 되어버렸습니다. 게다가 자신의 할아버지였던 사울 왕이 현재 왕이 된 다윗에게 얼마나 악하게 대했는지에 대해 당시 모든 사람들이 알고 있었습니다. 므비보셋은 자신의 존재가 노출되면 언제 죽을지 모른다는 두려움 속에 살았을 것입니다.

그뿐만 아니라 육체적 한계와 정신적인 트라우마에도 극도로 시달렸을 것입니다. 그렇기에 므비보셋은 요단 동편 길르앗 마길의 집에 숨어 생활하였습니다. 그런 상황 속에서 므비보셋은 다윗이 자신을 찾는다는 소식을 들었으니 얼마나 두려웠을까요? 자신의 트라우마에 직면해야 하는 순간이었을 것입니다.

므비보셋은 너무나 두렵고 떨렸겠지만 사실 다윗은 하나님의 은총을 베풀기 위해 그를 찾았습니다. 당시 히브리인들 사이에서 '하나님의 은총'이라는 표현은 사랑과 우정에 대해서도 최상급으로 사용되던 표현 방식이었습니다.

여기서 말하는 은총은 히브리어로 '헤세드(חֶסֶד)'입니다. 이는 언약에 근거한 하나님의 변함없는 사랑을 의미합니다. 이는 감정이나 환경에 구애받지 않는 무조건적인 사랑이자, 영원한 사랑, 절대적인 사랑, 무한한 사랑이자 거룩한 사랑입니다.

바로 이러한 하나님의 사랑이 므비보셋에게 임했습니다.

하나님은 그의 트라우마를 치료하시고자 다시금 그 트라우마에 직면하게 하셨습니다. 이와 마찬가지로 우리에게도 트라우마를 직면하게 하시는 순간이 있습니다. 이는 드러내어 고치시는 하나님의 크신 사랑의 섭리입니다. 상처를 직면하고, 상처가 드러날 때 우리가 할 일은 오직 하나님의 절대적인 사랑을 의지하며 하나님의 은총을 구하는 것입니다.

그러나 많은 사람들이 마음속 상처를 직면해야 할 때 하나님을 외면하고 원망합니다. 하나님의 선하심을 오해하고 믿음을 저버립니다. 그렇게 회피한다면 깊은 내면의 상처, 트라우마는 해결될 수 없습니다. 우리는 상처에 직면하여 트라우마를 치료받아야 합니다.

"그가 비록 근심하게 하시나 그의 풍부한 인자하심에 따라 긍휼히 여기실 것임이라 주께서 인생으로 고생하게 하시며 근심하게 하심은 본심이 아니시로다"(애 3:32-33)

우리는 하나님의 선하심을 믿고 의지해야 합니다.

우리의 아픔, 괴로움, 상처 모두 다 주님께 드러내 보이고 치유하실 하나님의 은총을 간구해야 합니다.

"여호와의 말씀이니라 너희를 향한 나의 생각을 내가 아나니 평안이요 재앙이 아니니라 너희에게 미래와 희망을 주는 것이니라 너희가 내게 부르짖으며 내게 와서 기도하면 내가 너희들의 기도를 들을 것이요 너희가 온 마음으로 나를 구하면 나를 찾을 것이요 나를 만나리라"(렘 29:11-13)

우리의 심령을 치유해 주실 수 있는 분은 단 한 분, 예수 그리스도이십니다. 예수 그리스도 앞에 나아갈 때 우리의 상한 마음이 주님의 보혈로 깨끗이 씻겨집니다. 성령의 생수로 우리의 트라우마가 치유되고 우리의 마음에 기쁨이 샘솟게 됩니다. 주님의 언약을 의지하여 주님 앞에 나아가 우리의 모든 상처를 치유받길 원합니다.

2. 가족 트라우마를 치료받기 위해서 받은 은혜에 감사하며 상처의 사슬을 끊어야 합니다.

"사울의 손자 요나단의 아들 므비보셋이 다윗에게 나아와 그 앞에 엎드려 절하매 다윗이 이르되 므비보셋이여 하니 그가 이르기를 보소서 당신의 종이니이다"(삼하 9:6)

므비보셋은 다윗 앞에 나아가 엎드려 절했습니다.

이러한 자세는 왕 앞에 보이는 일반인의 자세에 대한 묘사 이상의 의미로 그의 두려운 마음이 몸짓에 드러난 것입니다. 사실 므비보셋은 유아 시절 이후 왕궁에 출입한 경험이 전혀 없었습니다. 또한 므비보셋은 다윗에게 "당신의 종이니이다"라고 말했습니다. 이는 자신이 왕의 노예와 같은 비천한 존재로서 어떠한 처분도 감수하겠다는 의미입니다.

므비보셋은 몰락한 사울 집안의 사람으로 숨어 살던 처지에 있었기 때문에 다윗의 갑작스런 부름에 두렵고 떨리는 마음으로 다윗 앞에 나아갔습니다. 두려워 떠는 므비보셋을 향해 다윗은 "무서워하지 말라"라고 말하며 "요나단으로 말미암아 은총을 베풀겠다"라고 했습니다. 이렇게 므비보셋은 다윗을 통해 상상할 수도 없었던 은혜를 받게 되었습니다.

분명히 트라우마는 너무나 아프고 견디기 힘든 사건입니다. 그러나 이를 극복하면 우리의 삶은 더욱 풍요로워집니다. '외상 후 성장'이라는 용어가 있습니다. 이는 '개인적인 역량과 삶에 대한 만족도가 트라우마 사건을 겪기 이전에 비해 더 높아지게 되는 변화'를 뜻합니다. 고난을 통해 역량이 커지는 것입니다. '비온 뒤 땅이 굳는다'라는 속담처럼 극적인 사건 이후 감사가 깊어지고 이웃과의 관계가 돈독해지며 내적으로는 더욱 강인해질 수 있습니다.

2020년 7월 6일 CIO 매거진은 "영국 옥스퍼드 대학교의 연구에 따르면 외상후 스트레스장애(PTSD)를 겪은 사람들 가운데 무려 70%가 '성장'을 경험한다"라고 기재했습니다. 우리도 고난으로 인해 좌절하며 무너지는 것이 아니라 고난을 통해 더욱 성장해야 합니다.

은혜를 붙드는 자는 어떤 상황도 이겨낼 수 있는 힘을 가집니다. 하나님은 모든 사람들에게 은혜와 사랑을 베풀어 주시는 좋으신 분입니다. 트라우마로 인해 마음이 병든 사람이라 할지라도 하나님께서 예비하신 은혜의 날, 좋은 날이 분명히 있습니다. 우리는 그 은혜로우신 하나님을 소망하며 기대해야 합니다. 트라우마 안에 감추어진 영적인 은혜와 사랑을 깨닫기 위해 기도해야 합니다.

"기록된 바 하나님이 자기를 사랑하는 자들을 위하여 예비하신 모든 것은 눈으로 보지 못하고 귀로 듣지 못하고 사람의 마음으로 생각하지도 못하였

복음과 가족치유

다 함과 같으니라"(고전 2:9)

따라서 우리는 상처와 아픔에 매이는 상처의식을 버리고 받은 은혜에 감사해야 합니다. 하나님의 뜻은 우리가 범사에 감사하는 것입니다.

"항상 기뻐하라 쉬지 말고 기도하라 범사에 감사하라 이것이 그리스도 예수 안에서 너희를 향하신 하나님의 뜻이니라"(살전 5:16–18)

유명한 기도의 사람이었던 윌리엄 로우는 "만일 어떤 사람이 인생의 행복과 만족을 찾는 가장 빠르고 확실한 방법이 무엇이냐고 묻는다면 그 사람에게 어떤 사건이 일어나든지 그 사건에 대해서 무조건 하나님께 감사하고 찬양해야 한다고 대답하겠다. 왜냐하면 얼른 보기에는 불행한 재화같이 보이는 일이라도 그것을 위해 하나님께 감사하며, 찬양하는 가운데서 그것이 도리어 축복의 결과가 될 때가 있기 때문이다"라고 말했습니다. **범사에 감사하는 사람이 고난 속에서도 하나님의 섭리를 깨달으며 영적 성장을 이룹니다.**

한편 다윗은 다윗 앞에 나아온 므비보셋에게 "므비보셋이여!"라고 그 이름을 불러주었습니다. 히브리 관습에서 이름을 부르는 것은 상대에 대한 호의와 함께 그의 실체를 인정해준다는 의미를 담고 있습니다. 이는 므비보셋을 패망한 왕가의 일원이 아닌 자신과 대등한 위치로 대우해 주었다는 것을 이야기합니다.

"다윗이 그에게 이르되 무서워하지 말라 내가 반드시 네 아버지 요나단으로 말미암아 네게 은총을 베풀리라 내가 네 할아버지 사울의 모든 밭을 다 네게 도로 주겠고 또 너는 항상 내 상에서 떡을 먹을지니라 하니"(삼하 9:7)

또한 다윗은 므비보셋에게 "사울의 모든 땅을 도로 주고 내 상에서 떡을 먹을 것이다"라고 했습니다. 므비보셋은 이전까지 로드발 마길의 집에서 숨어 지냈습니다. 로드발이란 의미는 '목초가 없는'이라는 뜻입니다. 므비보셋은 황무지 같은 척박한 지역에서 살았습니다. 그런 그가 이제 사울의 땅을 다 얻게 되었습니다.

또한 "내 상에서 먹을지니라"라는 말은 단순히 다윗 옆에 앉아서 밥을 먹는다는 의미가 아닙니다. 이는 다윗이 므비보셋을 가족의 일원처럼 친근하게 대하겠다는 뜻입니다. 넓게는 나라의 일에 직접 참여할 수 있는 자격을 부여한 것입니다. 위에서도 말했듯이 므비보셋은 두 다리를 저는 자입니다. 율법에 의하면 신체적 결함이 있는 자는 부정한 자로 간주되었습니다.

"아론에게 말하여 이르라 누구든지 너의 자손 중 대대로 육체에 흠이 있는 자는 그 하나님의 음식을 드리려고 가까이 오지 못할 것이니라"(레 21:17)

복음과 가족치유

율법을 초월하는 은혜를 받은 므비보셋은 몰락한 왕가의 아들이자 다리를 저는 부정한 자에서 한순간에 승격되어 왕의 상에서 함께 먹는 자가 되었습니다. 다윗이 은혜를 베풀고 므비보셋이 그 은혜에 감사하는 순간 영혼의 회복을 누리게 되었습니다. 즉 상처의 사슬이 끊어지게 된 것입니다. 불행했던 므비보셋의 삶이 다윗을 만나게 된 순간 완전히 역전되었습니다.

우리도 하나님을 만나면 모든 것이 회복되고 변화될 수 있습니다. 벼랑 끝에서 주님을 만나면 벼랑에서 뛰어오르는 하나님의 기적을 체험하게 됩니다. 광야 같은 인생이 하나님을 만나면 생수가 넘치는 오아시스를 발견하게 됩니다.

토마스 아 켐피스는 자신의 책 『내면을 향한 유익한 권면』에서 "언제나 은혜는 마땅히 감사하는 자에게 주어지는 것이기 때문에 교만한 자는 은혜를 빼앗기고 겸손한 자가 그 은혜를 얻을 것입니다"라고 말했습니다. 감사할 때 우리는 주어진 은혜를 누릴 수 있고 그 은혜로 말미암아 상처를 회복시킬 수 있습니다.

3. 가족 트라우마를 치료받기 위해서 겸손한 마음과 사랑의 태도로 연합해야 합니다.

"그가 절하여 이르되 이 종이 무엇이기에 왕께서 죽은 개 같은 나를 돌아보

　므비보셋은 다윗이 베푼 은혜에 감격하여 "이 종이 무엇이기에 죽은 개 같은 나를 돌아보시나이까"라고 말했습니다. 여기서 '이 종이 무엇이기에'라는 표현은 노예와 같은 존재인 자신에게 다윗의 호의가 분에 넘친다는 의미를 담고 있습니다.

　또한 '죽은 개'라는 표현은 고대 근동에서 자신보다 월등한 자 앞에서 자신의 무가치함을 드러내는 겸양의 표현으로 쓰였습니다. 불구인 자신을 영예의 자리에 앉혀주고 국정에 관여할 권한을 준 다윗에게 충성으로 보답하겠다는 의지를 간접적으로 표현하고 있는 것입니다.

　은혜를 받은 므비보셋은 겸손한 마음으로 주어진 은혜에 감사하며 다윗과 한마음이 되어 연합했습니다. 이후에 다윗은 아들 압살롬의 쿠데타로 인해 쫓겨나 도망자 신세가 되었습니다.

　다윗이 모든 힘을 잃고 쫓겨날 때 므비보셋은 다윗을 따라가지 못했습니다. 므비보셋의 종 시바가 므비보셋을 배신하고 함께 데리고 가지 않았기 때문입니다. 시바는 다윗에게 므비보셋이 아비의 나라를 도로 찾으려 한다고 말하며 이간질했습니다. 시바에게 속아 므비보셋이 배신했다고 생각한 다윗은 므비보셋의 땅을 시바에게 다 주었습니다. 그러나 다윗이 다시 돌아오니 시바의 거짓이 드러났습니다.

"사울의 손자 므비보셋이 내려와 왕을 맞으니 그는 왕이 떠난 날부터 평안히 돌아오는 날까지 그의 발을 맵시 내지 아니하며 그의 수염을 깎지 아니하며 옷을 빨지 아니하였더라"(삼하 19:24)

므비보셋은 다윗을 위하여 발에 맵시를 내지 않았고 수염도 깎지 않고 옷을 빨지 않았습니다. 이는 죽은 자의 애곡과 관련이 있는 행위입니다. 므비보셋은 다윗이 피난 가 있는 동안 다윗이 죽은 것처럼 슬퍼했습니다. 모든 사정을 알게 된 다윗이 땅을 다시 돌려주려고 하자 므비보셋은 왕이 돌아온 것으로 족하다 말했습니다.

"므비보셋이 왕께 아뢰되 내 주 왕께서 평안히 왕궁에 돌아오시게 되었으니 그로 그 전부를 차지하게 하옵소서 하니라"(삼하 19:30)

이는 다윗 왕이 돌아왔으니 다른 건 중요하지 않다는 뜻입니다. 선물보다 선물을 주신 분이 더 중요하다는 것입니다. 이처럼 므비보셋은 다윗과 한마음이 되어 연합을 이뤘습니다. 자신을 오해한 다윗에게 상처받지 않고 오히려 다윗을 향한 충성된 마음을 보였습니다. 이는 지난날 다윗이 베풀어 준 은혜에 감사하는 마음이 있었기 때문입니다.

다윗 역시 므비보셋을 사랑했습니다. 므비보셋의 마음을 알게 된 다윗은 끝까지 므비보셋과 아름다운 관계를 맺었습니다. 이와 같이 가족이 사랑으로 서로 연합한다면 상처는 더이상 힘쓸 수 없습니다. 따라서 우리는 모든 상처와 허물을 덮는 그리스도의 사랑으로 충만해야 합니다. 먼저 나 한 사람이 하나님의 사랑으로 충만하여 가족을 품고 사랑해야 합니다. 하나 됨의 시작은 사랑입니다.

므비보셋은 지난날의 트라우마를 이겨내고 겸손한 마음으로 주어진 은혜에 감사했습니다. 자칫 관계가 깨질 수 있는 위기 속에서도 사랑의 태도로 연합했습니다.

하나님은 사랑으로 연합하는 그 자리에 천국의 복을 허락하십니다. 결혼은 하나님께서 사람들을 위하여 세우신 제도입니다. 하나님께서는 혼자 있는 아담을 좋게 보지 않으셨고 아담의 갈빗대를 취하여 하와를 만드시고 둘이 연합하게 하셨습니다. 하나님이 통치하시는 가정 안에는 이 세상 어디서도 경험할 수 없는 기쁨과 행복이 있습니다.

다만 안타까운 사실은 이러한 가정의 복을 온전히 누리는 가정이 많지 않다는 것입니다. 이기적인 죄성을 가진 인간은 결코 스스로의 힘으로 온전한 연합을 이룰 수 없습니다. 오직 성령의 능력으로만 서로의 유익을 구하는 영적인 사랑, 조건 없는 아가페 사랑을 할 수 있습니다. 모든 상처를 치유받은 겸손한 심령으로 이해하는 사랑, 오래 참는 사랑, 끝까지 소망을 품는 예수님의 사랑을 흘려보내시기 바랍니다.

하나님은 먼저 사랑하고 용서하기로 결단한 사람을 통해 일하십니다. 예수 그리스도의 사랑으로 끈끈한 연합을 이룬 가정은 험한 세상 속에서 그 모든 역경과 위기를 넉넉히 극복하게 만드는 힘의 원천, 능력의 공급처가 됩니다. 이러한 가정이 되기 위해 우리는 가정의 운전대를 철저히 주님께 내어 드려야 합니다.

"여호와께서 집을 세우지 아니하시면 세우는 자의 수고가 헛되며 여호와께서 성을 지키지 아니하시면 파수꾼의 깨어 있음이 헛되도다"(시 127:1)

우리는 하나님의 기쁨이 된 가정을 세우기 위해 트라우마를 치료받아야 합니다. 가족 트라우마를 치료받기 위해 주의 선하심을 믿으며 하나님의 은총을 간구해야 합니다. 받은 은혜에 감사하며 상처의 사슬을 끊어야 합니다. 겸손한 마음과 사랑의 태도로 연합해야 합니다.

우리 모두가 가족 트라우마를 치료받아 가정 속에서 건강한 사랑, 건강한 행복을 누리길 주님의 이름으로 축원합니다.

주님과 동행하는 기쁨 나누기

1. 가족 트라우마를 치료받기 위해 필요한 것은 무엇일까요?

( ) 안에 맞는 단어는 무엇입니까?

(1) 주님의 (　　　)하심을 믿으며 하나님의 은총을 간구해야 합니다.

모든 것을 합력하여 선을 이루게 하시는 하나님을 제대로 만난 사람들은 항상 기뻐할 수 있고 범사에 감사하며 살아갑니다. 그리고 인생의 모든 문제를 자신의 탓으로 돌리고 자기 자신 안에서 문제의 원인을 발견합니다.

● 모든 것이 합력해 선을 이루게 된 체험이 얼마나 있습니까?

(2) 받은 주님의 은혜에 감사하며 상처의 (　　　)을 끊어야 합니다.

우리는 상처와 아픔에 매이는 상처 의식을 버리고 받은 은혜에 감사하며, 하나님의 뜻이 무엇인지 깨닫고 범사에 감사해야 합니다.

● 지금의 어려움도 주님의 도우심으로 합력해서 좋은 결과가 있으리라 믿습니까?

(3) 겸손한 마음과 사랑의 태도로 (　　　)해야 합니다.

가족이 사랑으로 서로 연합한다면 상처는 더 이상 힘쓸 수 없습니다. 따라서 우리는 모든 상처와 허물을 덮는 그리스도의 사랑으로 충만해야 합니다. 먼저 나 한 사람이 하나님의 사랑으로 충만하여 가족을 품고 사랑해야 합니다. 하나 됨의 시작은 사랑입니다.

● 지금도 가족 누구에 대해 상처가 있습니까?

복음과 가족치유

2. 아래 성구를 보고 당신의 삶에 일어난 일을 나누십시오.

(1) 출애굽기 15장 26절 – "이르시되 너희가 너희 하나님 나 여호와의 말을 들어 순종하고 내가 보기에 의를 행하며 내 계명에 귀를 기울이며 내 모든 규례를 지키면 내가 애굽 사람에게 내린 모든 질병 중 하나도 너희에게 내리지 아니하리니 나는 너희를 치료하는 여호와임이라"

(2) 시편 139편 23, 24절 – "하나님이여 나를 살피사 내 마음을 아시며 나를 시험하사 내 뜻을 아옵소서 내게 무슨 악한 행위가 있나 보시고 나를 영원한 길로 인도하소서"

(3) 시편 51장 17절 – "하나님께서 구하시는 제사는 상한 심령이라 하나님이여 상하고 통회하는 마음을 주께서 멸시하지 아니하시리이다"

3. 아래 성구의 ( )에 맞는 단어를 넣고 가능하면 암송합시다.

"예수께서 이르시되 할 수 있거든이 무슨 말이냐 (   ) 자에게는 능히 하지 못할 일이 없느니라 하시니"(막 9:23)

8-1 행복한 가정 하나님이 쓰시는

작사/작곡 이순희

♩= 96

F **Gm** **C/E** **F** **C/E** **F**

행 복 한 가 정　하 나 님 이 쓰 시 는　우 리 가 정　천 국 이 네
주 님 의 사 랑　주 의 평 강 넘 치 는

F **Gm** **F/A** **B♭** **C** **F C/E**

하 나 님 이　쓰 시 는 가 정　정 체 성 을 회 복 하 네
온 가 족 이　하 나 님 만 나　변 화 되 고 회 복 됐 네

Gm **C/E** **F** **Gm** **C/E F**

주 의 선 하 심 을 믿 으 며　주 의 은 총 간 구 하 네
복 된 가 정 천 국 누 리 며　주 님 의 뜻 이 ― 루 네

Fine

F **/A** **C** **/E** **F**

예 수 의 사 랑 배 우 고　실 천 하 는 가 정

C **B♭** **F/A** **F** **Gm** **C/E**

예 수 의 겸 손 배 우 고　행 하 는 가 정

B♭ **C** **Dm** **C/E** **F** **Gm** **B♭ F/A**

행 복 한 우 리 가 정　주 의 희 생 본 받 고 실 천 하 네

B♭ **C** **F/A** **C** **F**

하 나 님 주 인 된 가 정　날 마 다 웃 음 꽃 피 어 나 네

D.S

복음과 가족치유

8-2 하나님은 가정을 통해

작사/작곡 이순희

♩ = 78

하나님 은 가정 을 통해　풍요함 과 기쁨 허락 하셨네

하나님 의 축복 받기 위해 －　주님이 주인되 셔야하 네

하나님 보다더 사랑 하는 것　그 것이 무엇이든 우상이라네

하나님 보다더 사랑 하는 것　그 것이 무엇이든 우상이라네

하 나님과재 물　겸하 여 섬기지 못하 네

하 나님과세 상　겸하 여 섬기지 못하 네

하나님주인삼 는 가정　하나님 주인삼 는인생 －　살기원하네

사랑과집착구분 하여　가정의 우상무너뜨려 －　천국누리 세

9

부모의 귀에는 들리지 않는 자녀의 아우성

골로새서 3장 21절
"아비들아 너희 자녀를 노엽게 하지 말지니 낙심할까 함이라"

9

부모의 귀에는 들리지 않는 자녀의 아우성

자녀는 하나님의 축복입니다.
자녀는 하나님이 주시는 기업이자 상급입니다.

"보라 자식들은 여호와의 기업이요 태의 열매는 그의 상급이로다"(시 127:3)

'아이를 낳아야 어른이 된다'라는 말이 있을 만큼, 사람은 자녀를 낳아 기르면서 한층 더 성숙해집니다. 많은 사람들이 임신과 출산의 과정을 거치면서 부모가 된 후, 자신만을 위한 삶이 아니라 자녀를 위한 삶을 살기 시작합니다. 자녀를 양육하면서 말로 형용할 수 없는 기쁨과 환희를 느끼고, 깊이가 다른 슬픔과 아픔을 맛보기도 합니다. 또 부모는 자녀를 통해 천국의 모형을 보게 됩니다. 때 묻지 않은 아이의 눈빛을 보며, 해맑은 아이의 웃음소리를 들으며 천국을 느낍니다. 절대적으로 부모를 신뢰하며 꾸밈없이 감정을 표현하는 아이의 모습을 통해 천국을 경험하게 됩니다.

> "예수께서 이르시되 어린 아이들을 용납하고 내게 오는 것을 금하지 말라 천국이 이런 사람의 것이니라 하시고"(마 19:14)

자녀는 가정을 향기롭게 하는 꽃이자 열매입니다.

또한 가정에 생명력을 공급하는 통로입니다.

자녀를 키우는 부모는 양육을 위해 수고도 하지만, 그 수고와 견줄 수 없는 기쁨과 행복을 누립니다. 그런데 많은 부모들이 자녀로 인해 행복을 누리기도 하지만, 자녀로 인해 고통받기도 합니다.

'무자식이 상팔자'라는 말은 자식으로 인해 겪는 근심과 고통이 만만치 않음을 보여줍니다. 자녀에게 문제가 생기면 부모는 인생 전체가 흔들릴만한 아픔을 느끼게 됩니다. 말 안 듣는 자녀, 게임중독 등 각종 중독에 빠진 자녀, 병약한 자녀, 우울증에 빠진 자녀를 둔 부모들은 쉬지 않고 근심하며 자식 문제로 인해 깊은 상처를 받습니다. 특히 요즘은 학교폭력, 가출뿐만 아니라 청소년의 자살 문제도 심각하게 부각되고 있습니다. 지금 우리나라는 10대, 20대, 30대의 사망원인 1위가 자살인 비극적인 현실을 맞이했습니다.

복음과 가족치유

이 시대에는 부모와 행복한 관계를 누리며 아름다운 가정 속에 살아가는 자녀보다, 부모를 원수처럼 여기고 부모를 향해 원망과 욕설을 거리낌 없이 내뱉는 자녀들이 훨씬 많습니다. 가정을 행복의 울타리로 여기는 자녀보다, 스트레스와 상처의 공간으로 여기는 자녀들이 더 많습니다.

문제아가 많다는 것은 그만큼 문제 부모가 많다는 말입니다. 자녀들은 백지와 같은 상태로 세상에 태어나 부모로부터 지대한 영향을 받으며 인격과 가치관을 형성하게 됩니다. 깨끗하고 여린 자녀들의 심령에는 부모의 말, 표정, 행동 등 모든 것이 세밀하게 새겨집니다. 자녀가 부모의 거울이 되는 것입니다. 그래서 악하고 이기적인 부모를 만난 자녀는 악하고 이기적인 삶을 배우고, 선하고 이타적인 부모를 만난 자녀는 선하고 이타적인 삶을 배웁니다. 친절하고 따뜻한 부모를 만난 자녀는 친절하고 따뜻한 언행을 배우고, 냉정하고 계산적인 부모를 만난 자녀는 냉정하고 계산적인 언행을 배우게 됩니다.

자녀에게 스며든 부모의 영향력은 아주 깊숙이 박혀서 자녀의 인생 전체를 지배합니다. 그러므로 우리는 무엇보다 좋은 부모가 되어 하나님의 뜻대로 자녀를 잘 양육해야 합니다. 성경은 부모가 하나님의 뜻대로 자녀를 양육하지 못했을 경우 저주를 받게 될 것이라고 경고하고 있습니다.

"미련한 아들은 그 아비의 근심이 되고 그 어미의 고통이 되느니라"(잠 17:25)

"채찍과 꾸지람이 지혜를 주거늘 임의로 행하게 버려 둔 자식은 어미를 욕되게 하느니라"(잠 29:15)

어린아이를 둔 어머니가 있었습니다.

그녀는 아이를 훌륭하고 위대한 사람으로 키우고 싶었습니다. 그래서 위대한 천재 아인슈타인처럼 살라고 「아인슈타인 우유」를 먹였습니다. 그런데 아이는 아인슈타인처럼 되기는 힘들어 보였습니다.

그래서 이번에는 법조인이 되기를 바라면서 「서울우유」를 먹였습니다. 그런데 시간이 갈수록 서울대 입학하기는 힘들어 보였습니다.

그래서 이번에는 연세대라도 가라고 「연세우유」를 먹였습니다. 또 연세대도 못 갈 것 같아 건국대라도 가라고 「건국우유」를 먹였습니다.

그런데 건국대도 못 갈 것 같아 지방대라도 가라고 「저지방 우유」를 먹였습니다. 아이가 커가면서 하는 행동이 지방대도 못 가는 현실이 되어 대학은 못 갈 것 같고 밝고 건강하게 살라고 「빙그레 우유」를 먹였습니다.

그 아이는 결국 세상을 밝고 건강하게 빙그레 살았다고 합니다.

복음과 가족치유

최고의 부모는 하나님의 대리자가 되어주는 부모입니다.

자녀에게 하나님의 사랑을 부어주고, 하나님의 지혜를 가르쳐주며, 하나님의 마음을 알게 하는 부모가 최고의 부모입니다. 부모는 자녀라는 축복을 받고, 그 축복에 바르게 응답해야 할 책임을 가진 존재입니다.

마틴 루터는 '자녀의 올바른 교육'을 '하늘나라에 이르는 지름길'이라고 표현하며, 자녀에 대한 세상적인, 영적인 권위와 권한을 부모에게 부여하였습니다. 그렇기에 마틴 루터는 "부모가 자녀에게 목사이자 통치자이며, 하나님의 대리자가 된다"라고 말했습니다.

"마땅히 행할 길을 아이에게 가르치라 그리하면 늙어도 그것을 떠나지 아니하리라"(잠 22:6)

이 시대는 좋은 부모의 역할이 그 어느 때보다 중요한 때입니다. 21세기는 정신질환 대란의 시대입니다. 13세기에는 한센병, 14세기에는 페스트, 15~16세기에는 매독, 19세기에는 콜레라, 20세기에는 암, 에이즈가 인류 역사를 위협했다면, 21세기에는 우울증, 공황장애, 정신분열과 같은 정신질환이 세계 인류를 위협하고 있습니다.

우울증과 같은 정신질환은 무서운 속도로 확산되어 현재 우리나라 인구의 4분의 1 이상이 경증 이상의 우울증을 앓고 있는 것으로 집계되었습니다.

우울증은 개인의 영혼과 삶을 좀먹을 뿐 아니라 한 가정을 무너뜨리고, 사회와 나라에 치명적인 악영향을 끼칩니다. 우울증과 같은 정신질환에 빠지면 정상적인 생활을 할 수 없을 뿐만 아니라 가족과 가까운 사람들에게 심리적, 물질적 피해를 끼치게 되고, 심한 경우에는 관계도 없는 누군가를 향해 폭언과 폭력을 행사하며 범죄행위를 가하기도 합니다. 그래서 가족 중 한 사람이라도 우울증에 빠지면 온 가족이 말로 형용할 수 없는 고통을 당하게 됩니다.

모든 정신질환의 확실한 회복은 예방에 있습니다. 우울증이 표면 위로 드러나기 전에, 다른 정신적 이상 증상이 더 진행되기 전에, 사랑과 관심을 가지고 영적인 회복에 힘쓰면 정신질환으로 말미암는 비극을 막을 수 있습니다. 그러므로 오늘 우리는 영적으로 깨어있는 부모, 건강한 사랑으로 충만한 부모가 되어 자녀의 영혼을 살리는 부모가 되어야 합니다.

대부분 정신질환, 각종 중독에 빠지는 자녀들은 충분한 사랑을 받지 못해서 마음의 상처를 이겨내지 못한 경우가 많습니다. 사랑받지 못한 마음의 빈자리가 우울증을 만들고 각종 중독에 빠지게 하는 것입니다. 실제로 부모와 애착 관계가 불안정한 청소년일수록 알코올이나 흡연, 인터넷 중독에 쉽게 빠진다는 조사결과가 나왔습니다.

중앙대학교병원 정신과 이영식 교수팀은 금연·금주 교실을 다니는 청소년 중독자 255명을 포함해 서울시 중·고등학생 2천여 명을 조사한 결과 이같이 나타났다고 밝혔습니다.

특히 맞벌이와 같이 자녀에게 지속적인 관심이 소홀해지기 쉬운 환경인 경우 자녀의 인터넷 중독 성향이 높게 나타났으며, 결손가정의 청소년에게서 애착 형성의 의존도가 낮게 나타나 불안정한 가족 형태가 부정적 영향을 미치는 것으로 분석됐습니다.

이영식 교수는 "청소년의 중독행위 감소를 위해서는 청소년 개인뿐만 아니라 위기에 처한 부모와 가정을 대상으로 애착 증진을 위한 가족치료 등의 다양한 접근방법이 필요하다"라고 강조했습니다.

"무엇보다도 뜨겁게 서로 사랑할지니 사랑은 허다한 죄를 덮느니라"(벧전 4:8)

정신이 병든 사람, 마음이 상한 사람, 영혼이 지친 사람을 고치는 최고의 묘약은 사랑입니다.

미국의 유명한 예방의학자 피터 핸슨은 "건강한 삶을 위해 적당한 음식, 적절한 음식을 먹어야 하고, 적당한 운동을 해야 하며, 나쁜 습관에서 벗어나야 하는데, 이 세 가지는 건강 비결의 50%를 차지한다. 나머지 50%는 사랑이다"라고 말했습니다.

우리는 사랑하고 사랑받을 때 건강해집니다.

부모의 사랑을 충분히 받은 자녀는 정서적으로 건강한 삶을 살 수 있습니다. 특별히 부모와 대화가 잘 통하는 자녀는 마음에 응어리를 품지 않고 안정된 심령을 소유할 수 있습니다. 부모와 자녀 간의 대화는 가정 안에서의 자녀 양육과 교육 및 영적 교제의 기본적이고도 중요한 통로가 됩니다.

부모는 자녀와의 대화를 통해 자녀에게 언어를 가르치고 삶을 살아가는 방법, 신앙생활을 하는 방법을 가르칠 수 있습니다. 또 자녀와 대화하면서 자녀의 마음을 살필 수 있고, 부모와 자식 간의 사랑과 신뢰를 쌓아갈 수 있습니다. 그러므로 자녀와의 대화는 항상 끊임없이 계속되어야 할 뿐만 아니라 조심스럽고도 신중하게 이루어져야 합니다. 대화보다 더 위대한 치료약은 없습니다. 건강한 대화는 자녀에게 심리적인 산소가 되고, 정서적인 영양소가 됩니다.

자녀에게 비싼 옷을 사주고, 고액의 학원비를 주는 것보다 중요한 것이 자녀와 진실한 대화를 나누는 것입니다.

그런데 많은 부모들이 자녀와의 대화를 소홀히 여기거나, 어렵게 여깁니다.

자녀를 사랑하지 않는 부모는 없지만, 자녀와 소통하는 부

복음과 가족치유

모는 많지 않은 것입니다. 자녀를 위해 시간, 물질, 노력을 쏟으면서도 자녀의 마음은 공감해 주지 못하는 부모가 참으로 많습니다. 자녀가 외롭다고 소리 질러도 알아듣지 못하고, 자녀가 힘들다고 울부짖어도 눈치조차 채지 못하는 부모가 많습니다.

우리는 어떻습니까?

우리의 자녀와 얼마나 공감하며, 얼마나 소통하고 있습니까?

사실 자녀는 태어나는 순간부터 부모에게 자신의 마음을 표현합니다. 배가 고플 때, 아플 때, 엄마가 그리울 때 자기가 낼 수 있는 가장 큰 소리로 울면서 자기 마음을 표현합니다. 하지만 초보 엄마, 아빠는 자녀의 울음소리를 이해하지 못해 난감해하기도 합니다. 아이가 왜 우는지 몰라서 허둥지둥하는 경우가 많습니다. 그러나 아이는 성장하면서 다양한 방법으로 자기감정을 표현하게 됩니다. 기쁘면 웃고, 화나면 화를 내고, 슬프면 눈물을 흘립니다. 성장함에 따라 부모에게 섭섭하면 삐지기도 하고, 돌발적인 행동으로 부모의 관심을 끌려고 유도하기도 합니다.

그런데 자녀가 말문이 열리고 언어로 자기를 표현해도 자녀의 마음을 이해하지 못하는 부모가 많습니다. 자녀는 성숙해 가면서 여러 가지 마음과 생각을 가지게 되는데, 부모는 성숙

제9장 부모의 귀에는 들리지 않는 자녀의 아우성

하지 못해서 평생 초보 엄마, 초보 아빠에 머무르는 사람들이 많습니다.

만년 초보 부모들은 자녀들의 행동에 당황만 하고 자녀를 이해하지 못합니다. "도대체 얘가 왜 이렇게 불안해하지? 왜 이렇게 떼를 쓰는 거야. 왜 이렇게 고집이 센 거야"라고 말하며 자녀의 마음을 이해하지는 못하고 그저 자신의 자녀를 문제아 취급합니다.

자녀는 여러 가지 방법으로 자기 마음을 표현했는데 부모가 충분히 공감해 주지 못할 때 좌절을 경험하게 됩니다. 여러 차례 부모에게 접근해도 부모가 자신의 마음을 알아주지 못한다고 느낄 때 자녀들은 서서히 부모를 향해 마음을 닫게 됩니다. 그러므로 우리는 신속하게 가정 안에 소통의 문을 열어야 합니다.

대화에는 여러 등급이 있습니다.
- 5등급의 대화는 틀에 박힌 습관적인 대화입니다.

상투적인 대화로 대답을 기대하지도 않는 질문 등이 여기에 해당합니다.
- 4등급의 대화는 사실 보고의 수준입니다.

다른 사람의 이야기가 주이며 정보 위주의 대화를 말합니다.
- 3등급의 대화는 자신의 생각을 말하는 수준입니다.

이러한 대화부터 친밀감이 조금씩 생기기 시작합니다. 문제

복음과 가족치유

는 이러한 대화를 시도할 때 공격, 비난, 무시당하게 되면 습관적인 대화의 단계로 퇴행해 버리고 맙니다.

● 2등급의 대화는 자신의 감정을 표현하는 수준입니다.

본격적으로 마음을 나누는 대화 수준입니다.

● 1등급의 대화는 모든 것을 투명하게 말할 수 있는 깊은 대화입니다.

감정을 완전히 나누며, 인격적으로 신뢰하는 대화로서 상대방의 감정을 읽어주면서 공감하는 대화의 수준을 말합니다. 이 수준에서는 감정표현이 머리로 얘기하는 차원을 넘어서 마음으로 이야기하게 됩니다.

우리는 몇 단계의 대화를 하며 살아가고 있습니까?

우리는 1등급 대화를 할 수 있는, 소통하는 부모가 되어야 합니다.

소통과 공감은 그 자체로 막강한 힘을 가지고 있습니다. 인간은 자신을 이해해 줄 사람을 찾아 헤매고, 그런 사람을 만나지 못할 때 고통에 빠집니다.

아무리 힘든 일이 있어도 누군가가 자신의 말을 들어주고 이해해 주면 그 자체만으로도 힘을 얻게 됩니다. 사람들은 공감해 주는 사람 앞에서 마음을 열고 자신의 진실한 내면을 표출합니다. 한 사람이라도 진정으로 자신을 믿어주고 격려해 주는 사람이 곁에 있는 사람은 영혼의 독소를 만드는 상처를 키우지 않습니다.

심리학자 에미 워너 교수는 가족 구성원들이 가정불화, 이혼, 알코올 중독, 정신질환 등으로 시달리는 열악한 환경에서 자란 201명의 아이들을 추려 그들의 성장 과정을 분석했습니다. 그리고 그 아이들 중 3분의 1인 72명이 밝고 건강한 청년으로 문제없이 성장한 것을 알게 되었습니다. 그래서 어떤 요인이 열악한 환경 속에 자란 아이들을 건강하게 성장하게 했는지 알기 위해 10년을 더 연구했습니다.

그 결과는 놀라웠습니다. 어려운 환경 속에서도 꿋꿋이 제대로 성장해 나가는 힘을 발휘한 아이들에게는 예외 없이 그 아이의 입장을 무조건적으로 이해해 주고 받아주는 어른이 적어도 한 명은 주위에 있었다는 것입니다. 그 한 명이 어머니나 아버지, 할아버지, 할머니, 이모, 고모, 삼촌, 학교 선생님 누구라도 상관없었습니다. 자신의 존재 자체를 인정해 주고, 가까이에서 지켜봐 주며, 무조건적인 사랑을 베풀어주는 어른이 단 한 사람이라도 있었던 아이들은 역경을 이기는 내면의 힘이 있었던 것입니다.

'아빠의 위로'라는 이야기가 있습니다.
여행에서 돌아오다가 우리 가족은 큰 사고를 당하고 말았습니다. 그 사고로 나는 두 개의 보조 다리 없이는 걸을 수 없게 되었습니다. 나보다는 덜했지만 아빠도 보조 다리 없이는 걸을 수가 없었습니다. 나는 사춘기를 보내며 죽고 싶을 정도

복음과 가족치유

의 열등감에 시달렸습니다. 내가 밥도 먹지 않고 책상에 엎드려 울고 있을 때, 위안이 되어준 사람은 아빠였습니다. 아빠는 나와 똑같은 아픔을 가지고 있었기 때문에 나의 아픔을 낱낱이 알고 있었습니다.

아빠의 사랑으로 나는 무사히 사춘기를 넘기고 대학에 입학하게 되었습니다. 대학 입학식 날, 아빠는 내가 자랑스럽다고 말하며 눈물을 글썽였습니다. 입학식을 끝내고 나올 때였습니다. 눈앞에 아주 긴박한 상황이 벌어지고 있었습니다. 차도로 한 어린 꼬마가 뛰어들고 있었습니다.

그런데 내 눈앞엔 믿을 수 없는 일이 일어나고 있었습니다.

아빠가 보조 다리도 없이 아이를 향해 전속력으로 달리고 있었습니다. 나는 내 눈을 의심하며 아빠가 그 아이를 안고 인도로 나오는 모습을 지켜보았습니다.

"아빠?…"

나는 너무 놀라 소리쳤지만 아빠는 못 들은 척 보조 다리를 양다리에 끼고는 서둘러 가버렸습니다.

"엄마, 엄마도 봤지? 아빠 걷는 거…."

하지만 엄마의 얼굴은 담담해 보였습니다.

"놀라지 말고 엄마 말 잘 들어. 언젠가는 너도 알게 되리라 생각했어. 아빠는 사실 보조 다리가 필요 없는 정상인이야. 그때 아빠는 팔만 다치셨어. 그런데 4년 동안 보조 다리를 짚고 다니신 거야. 같은 아픔을 가져야만 아픈 너를 위로할 수 있다고 말이야."

하나님은 부모를 자녀에게 조건 없는 사랑과 이해를 베푸는 존재로 만드셨습니다. 그러므로 부모는 절대적으로 자녀를 사랑하고 이해하는 존재가 되어야 합니다. 아이는 부모가 자신의 슬픈 마음을 공감해 주면 금세 고통을 잊고 마음의 회복을 경험합니다. 공감 능력이 뛰어난 부모를 둔 자녀는 늘 자신이 존중받고 배려 받는다고 느끼기 때문에 불필요한 내적 갈등을 겪지 않습니다.

우리는 돈 많은 부모, 힘 있는 부모보다 자녀와 소통하는 부모가 되어야 합니다. 부모님이 자신의 마음을 알아주고 공감하고 있다고 믿는 자녀는 잘못된 길로 가지 않습니다. 그런데 자녀와의 소통은 인간적인 노력으로 이루어지는 것이 아닙니다. 불통의 원인이 죄에 있기 때문입니다. 죄는 관계를 깨뜨립니다. 죄가 불통을 만들기 때문에 죄가 있는 곳에는 하나님과의 관계, 자기 자신과의 관계, 부모와 자식 간의 관계, 부부 사이의 관계가 깨어집니다.

"여호와의 손이 짧아 구원하지 못하심도 아니요 귀가 둔하여 듣지 못하심도 아니라 오직 너희 죄악이 너희와 너희 하나님 사이를 갈라 놓았고 너희 죄가 그의 얼굴을 가리어서 너희에게서 듣지 않으시게 함이니라"(사 59:1-2)

죄짓기 전에 아담과 하와는 완전한 연합을 누리며 공감과 소통을 누렸습니다. 아담은 하와를 '뼈 중의 뼈, 살 중의 살'이라고 말하며 자신의 삶에 가장 소중한 존재로 여겼습니다. 하지만 죄를 범한 후 아담은 하와를 비난하며 정죄했고, 하와 때문에 자신이 범죄했다고 변명했습니다.

"아담이 이르되 하나님이 주셔서 나와 함께 있게 하신 여자 그가 그 나무 열매를 내게 주므로 내가 먹었나이다"(창 3:12)

죄로 인해 부부 사이가 분열된 아담과 하와는 자녀와의 관계도 힘들어졌습니다. 첫째 가인이 둘째 아벨을 시기하여 아벨을 죽이고, 유리하며 방황할 때 아담과 하와의 모습은 전혀 성경에 등장하지 않습니다. 두 아들을 한순간에 잃어버린 치명적인 비극을 맞이하면서도 부모로서 아무런 역할도 하지 못한 것입니다. 이렇게 **불통은 무능한 부모를 만듭니다.**

자녀가 너무 고통스럽고 힘들어서 울부짖어도 알아차리지 못하는 부모는 그저 무능한 존재에 지나지 않는 것입니다. 그러므로 오늘 우리는 죄로 인해 높게 세워진 불통의 담을 무너뜨려야 합니다. 우리 모두가 예수 그리스도의 보혈로 죄의 권세를 이기고 소통의 문을 열기를 바랍니다.

"이제는 전에 멀리 있던 너희가 그리스도 예수 안에서 그리스도의 피로 가까워졌느니라 그는 우리의 화평이신지라 둘로 하나를 만드사 원수 된 것

곧 중간에 막힌 담을 자기 육체로 허시고 법조문으로 된 계명의 율법을 폐하셨으니 이는 이 둘로 자기 안에서 한 새 사람을 지어 화평하게 하시고 또 십자가로 이 둘을 한 몸으로 하나님과 화목하게 하려 하심이라 원수 된 것을 십자가로 소멸하시고 또 오셔서 먼 데 있는 너희에게 평안을 전하시고 가까운 데 있는 자들에게 평안을 전하셨으니 이는 그로 말미암아 우리 둘이 한 성령 안에서 아버지께 나아감을 얻게 하려 하심이라"(엡 2:13-18)

본문은 사도 바울이 골로새 교인들에게 전하는 서신서의 일부분으로 자녀를 향한 부모의 역할을 강조하고 있는 말씀입니다.

"아비들아 너희 자녀를 노엽게 하지 말지니 낙심할까 함이라"(골 3:21)

'자녀를 노엽게 하지 말라'는 것은 '자녀의 감정을 상하게 하지 말라'는 것입니다. 이것은 마땅히 행해야 할 훈계나 가르침을 통해 자녀를 괴롭게 하지 말라는 말이 아닙니다. 본문에서 '자녀를 노엽게 하지 말라'라는 말은 부모답지 못한 행동으로 자녀에게 상처를 주거나 격양시키지 말라는 것입니다.

사실 자녀들이 낙심에 빠지는 주된 원인은 부모에게 있습니다. 부모가 자녀를 노엽게 하기 때문에 자녀가 낙심하여 사탄의 조종을 받으며 악한 길로 가는 것입니다.

본문의 '낙심하다'의 원어는 '겁쟁이가 되다, 살아갈 용기를

복음과 가족치유

잃는다, 마음이 위축된다'라는 뜻을 가지고 있습니다. 부모가 자녀에게 상처를 주면 자녀는 인생을 살아갈 힘을 잃고 마음에 치명적인 병을 앓게 됩니다.

자녀에게 상처를 주는 부모의 행동 5가지

(1) 자녀가 잘못한 것이 없는데 부당하게 매를 때리거나 책망할 때 자녀는 상처를 받습니다.

자녀들은 자신이 잘못한 일에 대해 부모가 징계하고 교훈하면 상처받지 않습니다. 순간적으로는 감정이 상해서 반발할 수 있지만 자녀들도 자신들의 잘못을 알기 때문에 부모의 가르침에 수긍합니다. 그러나 자녀가 스스로 이성과 양심으로 생각할 때 부당하게 맞고 혼이 났다고 여겨지면 마음에 독을 품습니다. 부모가 자녀에게 자기 상처를 쏟고 분풀이를 할 때 자녀는 마음이 비뚤어지거나 낙심하여 삶을 비관하게 됩니다.

(2) 인격 모독을 당하고 존중받지 못할 때 자녀는 상처를 받습니다.

"너 같은 게 왜 태어나서 나를 힘들게 하니! 넌 애물단지야" 등의 말을 들은 자녀들은 자존감이 무너지고, 주눅이 들게 됩니다. 아이들에게는 부모를 기쁘게 해주기를 원하고 부모에게 인정받기 원하는 본성이 있습니다. 그런데 부모가 자녀를 무시하거나 다른 사람과 자녀를 비교하면 자녀는 심적인 부담을 갖게 되면서 낙심하게 됩니다.

(3) 부모가 자녀의 사랑을 거부할 때
자녀는 상처를 받습니다.

어린 자녀들은 본능적으로 부모에게 다가옵니다.

어린 자녀는 부모와 떨어지는 것을 두려워하고 부모의 품에 안기려고 합니다. 어느 정도 성장한 자녀는 부모와 함께 놀고 싶어 하고, 부모에게 관심을 받고 싶어 하며, 부모님과 소통하고 싶어 합니다. 그런데 부모가 자녀들이 다가오는 것을 뿌리치거나 자녀들의 사랑을 거절할 때 자녀들의 마음에 상처가 생깁니다. 부모가 자신을 거부한다는 생각을 거듭하게 되면 부모가 자신을 귀찮게 여긴다고 생각하고 마음 둘 곳을 찾지 못합니다. 그리고 그러한 낙심과 고독이 깊어지고 오래되면 부모를 무시하기 시작합니다. 그래서 부모와의 대화가 단절되는 것입니다. 그러므로 부모는 언제든지 자녀들을 사랑으로 맞아주고 안아주어야 합니다. 만일 피치 못할 사정이 있어서 자녀와 함께 하지 못한다면 자녀들에게 설명하고 양해를 구해야 합니다. 아이들은 부모의 마음을 이해하기만 하면 상처받지 않습니다.

(4) 부모가 자녀에게 무관심하거나 지나친 보호를 할 때
자녀는 상처를 받습니다.

복음과 가족치유

자녀에게 부모의 돌봄은 필수적인 것입니다.

그러므로 부모는 자녀에게 때에 맞는 관심을 가지고 돌보아 주어야 합니다. 자녀 입장에서 부모가 자신에게 무관심하다고 느끼면, 자녀의 마음에 큰 상처가 남습니다. 반대로 부모가 자녀에게 필요 이상의 관심을 갖고, 과잉보호를 해도 자녀는 상처를 받습니다. 부모가 자녀가 하는 일에 사사건건 참견하고 자녀를 조종하려 들면, 자녀는 자기 존재감을 존중받지 못한다고 여기고 부모가 자신을 로봇처럼 취급한다고 생각하게 됩니다.

또 과잉보호를 하는 부모들은 자녀들에 대한 노파심 때문에 한시도 자녀를 내버려 두지 않고 자녀를 통제하려고 하는데, 이때 자녀들은 자신이 부모를 만족시킬 수 없다고 생각하면서 거짓말을 하기 시작합니다. 부모의 감시로부터 벗어나고 싶어 하고, 돌발적인 행동을 하며 반항하는 경우도 있습니다.

자녀들 주위에서 맴돌면서 자녀를 일일이 간섭하는 엄마를 가리켜 '헬리콥터 맘'이라 부릅니다.

정신과 의사 가타다 다다미는 자신의 책 『철부지 사회』에서 헬리콥터 부모가 자녀와 부모 모두를 어른이 되지 못하게 만든다고 경고했습니다. 그는 "자녀를 과잉보호하는 부모의 기저에는 스스로의 불안과 공포가 자리 잡고 있다"라고 분석했습니다. 자녀가 실패하면 자신이 불안하므로 자녀의 인생에 개입한다는 것입니다. 이런 환경에서 자란 자녀는 실패를 더 두려워하게 되고 성인으로 제대로 성장하지 못합니다. 그는 "자녀가 '진짜 어른'으로 성장하려면 스스로 실패를 딛고 일어나는 경험을 해야 한다"라고 주장합니다.

(5) 부모가 그릇된 삶을 살 때 자녀는 상처를 받습니다.

자녀들에게 가장 깊은 상처를 주는 것은 바로 '부모의 그릇된 삶'입니다. 부모가 부모답지 못하게 행동할 때, 부모가 폭언과 폭력을 휘두를 때, 부모가 서로 싸우고 갈등할 때 자녀는 극심하게 상처받고 고통스러워합니다. 존경할 수 없는 부모의 삶이 자녀들의 큰 아픔이 되는 것입니다.

우리는 자녀에게 상처를 주는 삶을 청산하고 자녀를 진리 안에서 양육해야 합니다. 그래서 에베소서에서는 아비들에게 자녀를 노엽게 하지 말라고 당부하는 동시에 주의 교훈과 훈계로 양육하라고 강조했습니다.

> "또 아비들아 너희 자녀를 노엽게 하지 말고 오직 주의 교훈과 훈계로 양육하라"(엡 6:4)

훈계는 양육을 위해 반드시 필요한 부분입니다.
훈계는 원어로 '파이데이아(παιδεία)'라고 하는데 그 뜻은 의로 행할 수 있도록 '훈련하다, 가르치다, 반복시키다'라는 뜻입니다. 여기에는 벌과 상, 그리고 꾸지람과 칭찬의 개념이 담겨 있습니다. 즉, 벌과 상을 통해, 그리고 책망과 칭찬을 통해 계속 선을 행할 수 있도록 훈련하는 것을 훈계라고 합니다.

가장 유익한 자녀 양육은 진리의 말씀으로 자녀를 인도하는 것입니다. 우리는 자녀들에게 하나님의 진리를 가르쳐 주고 하나님의 사랑을 느끼게 하는 부모가 되어야 합니다.

"모든 성경은 하나님의 감동으로 된 것으로 교훈과 책망과 바르게 함과 의로 교육하기에 유익하니 이는 하나님의 사람으로 온전하게 하며 모든 선한 일을 행할 능력을 갖추게 하려 함이라"(딤후 3:16-17)

우리는 자녀에게 상처를 주지 않는 부모가 되기 위해 무엇보다도 먼저 자녀와 소통의 문을 열어야 합니다. 사실 부모도 인간이기 때문에 피치 못 하는 이유로, 혹은 무의식적으로라도 자녀에게 상처를 줄 수 있습니다. 부모에게도 치료되지 않은 상처가 있고, 해결되지 않은 문제가 있을 때 본의 아니게 자녀에게 상처를 주게 됩니다. 그러나 부모가 자녀와 대화를 잘하면 자녀도 부모를 이해하고 상처를 극복할 수 있습니다. 우리 모두가 자녀와의 소통의 문을 열고 소통으로 모든 가정의 상처를 치유하는 은혜받기를 소원합니다.

소통하는 부모가 되기 위해

1. 자녀 앞에 자신이 어떤 부모인지 돌아보고 먼저 자기 영혼의 상처를 치료받아야 합니다.

세상에는 부모 때문에 상처받으며 고통스러워하는 자녀는 많아도, 자신이 자녀에게 상처를 준 사실을 인식하거나 깨닫는 부모는 많지 않습니다. 대부분의 부모들은 자기 자신의 모습을 객관적으로 인지하지 못합니다.

부모를 원망하고 증오하는 자녀들이 나날이 증가하고 있고, 심지어 자신이 자살을 해서 부모에게 복수를 하든지, 자신이 부모를 직접 죽이겠다고 생각하는 자녀들까지 나타납니다. 정작 부모는 문제의 원인이 자신에게 있다고 전혀 생각하지 못하는 경우가 대부분입니다.

자녀에게 돌이킬 수 없는 비극적인 일이 일어나기 전까지는 안일한 태도로 자녀 문제를 방치하고, 자기 자신을 돌아보지 않는 부모들이 많습니다. 자신이 어떤 부모인지 깨닫지 못하는 사람은 자녀와 소통할 수 없습니다. 자기의 잘못은 생각하지 못하고, 자녀에게 질책과 정죄, 판단과 비난만을 쏟기가 쉽기 때문입니다. 그러므로 소통하는 부모가 되기 위해 먼저 자

복음과 가족치유

신의 모습을 깨달아야 합니다. 혹시 내가 자녀에게 노엽게 하며 자녀를 낙심시키는 부모는 아닌지 돌아보아야 하고, 깨달은 자신의 잘못을 인정해야 합니다.

미국 영화 『미세스 다웃파이어』는 가족에 대한 아버지의 사랑을 다룬 작품입니다.

만화영화 더빙 성우이며 거리낌 없고 자유분방한 삶을 사는 주인공 다니엘은 주변 사람들을 늘 즐겁게 해주는 사람입니다. 특히, 다니엘은 그의 자녀들에게 영웅과 같은 존재입니다. 그는 자신의 세 아이를 위해서라면 무엇이든지 했습니다. 그러나 그는 실직을 거듭하는 경제적으로 무능한 아버지였습니다.

한편 매사가 정확한 아내 미란다는 남편의 장점이라 여겼던 모든 것이 현실에서는 단점이 될 뿐임을 깨달았습니다. 미란다는 가족을 부양해야 한다는 생각을 가지고 다니엘에게 진지한 대화를 요구했지만 다니엘은 그때마다 대화를 거부했습니다. 결국 14년을 지낸 결혼생활은 무너지고 말았습니다. 세 아이의 양육권은 미란다에게 주어지고, 다니엘에겐 주 1회 방문만이 허락되었습니다.

아이들을 볼 수 있는 토요일만 기다리며 살게 된 다니엘은 어느 날 미란다가 낸 가정부 구인 광고를 보게 되었습니다. 갑자기 묘책을 떠올린 다니엘은 분장 전문가인 남동생에게 소리를 질렀습니다.

"나를 여자로 만들어줘!"

다니엘은 은발의 할머니 가정부 '미세스 다웃파이어'로 분장한 채 미란다와 아이들 앞에 나타났습니다. 그리고 은발의 가정부 할머니로 변신한 다니엘은 폭소를 유발시키는 실수와 해프닝을 연발합니다.

미세스 다웃파이어는 다니엘로서는 듣지 못한 미란다의 진심을 알게 되고, 다니엘로서는 보지 못한 자신의 모습을 보게 되었습니다. 그리고 다니엘로서 해주지 못한 가족의 울타리 역할을 하게 되었습니다.

자녀의 치료는 부모의 치료로부터 시작되고, 자녀의 변화는 부모의 변화로부터 시작됩니다. 부모가 먼저 자신의 모습을 깨닫고 변화되기 시작하면 자녀들은 저절로 변하게 되고, 순차적으로 가정이 회복되게 됩니다. 그러므로 우리는 우리의 무의식 속에 숨어있는 상처, 잠재의식 속으로 눌러놓았던 고통을 십자가 앞에 꺼내놓고 완전히 치료받아야 합니다. 그리고 하나님이 우리를 사랑하심을 알고 믿음으로 속사람을 치료받고 자녀에게 건강한 사랑, 건강한 영성을 전수해주어야 합니다.

"이러므로 내가 하늘과 땅에 있는 각 족속에게 이름을 주신 아버지 앞에 무릎을 꿇고 비노니 그의 영광의 풍성함을 따라 그의 성령으로 말미암아 너희 속사람을 능력으로 강건하게 하시오며 믿음으로 말미암아 그리스도께서 너희 마음에 계시게 하시옵고 너희가 사랑 가운데서 뿌리가 박히고 터가 굳어져서 능히 모든 성도와 함께 지식에 넘치는 그리스도의 사랑을 알고 그 너비와 길이와 높이와 깊이가 어떠함을 깨달아 하나님의 모든 충만하신 것으로 너희에게 충만하게 하시기를 구하노라"(엡 3:14-19)

2. 말로 표현하지 않는 자녀의 속마음을 읽어야 합니다.

자녀는 언제나 부모에게 표현합니다. 다만 자녀의 표현방식이 부모에게는 이해가 되지 않는 방법일 수도 있습니다. 우리는 너무 과하게 웃는 자녀, 무표정한 자녀, 말하지 않는 자녀, 수시로 분노하는 자녀, 집착하는 자녀의 속마음을 읽을 수 있는 영의 눈을 열어야 합니다. 과도하게 자신의 능력을 과시하면서 허세를 부리는 자녀는 사실 '외롭다'라고 자기 마음을 표현하고 있는지도 모릅니다.

지나치게 짜증을 내면서 화를 내는 자녀는 '힘들다'라며 속마음을 보이고 있는지도 모릅니다. 무기력에 빠져 우울해하는 자녀는 연신 '두렵다'라고 외치고 있는 중인지도 모릅니다. 그래서 겉으로 보이는 자녀의 모습만 볼 것이 아니라 자녀의 말 이면에, 표정 이면에, 행동 이면에 어떤 속마음이 숨겨져 있는

지 보아야 합니다.

　자녀들이 엉뚱한 행동을 하거나, 돌발적인 행동을 할 때에는 다 이유가 있습니다. 아이는 문제를 일으키기 전에 반드시 싸인을 보냅니다. 귀가가 늦어진다거나, 말수가 적어진다거나, 갑자기 짜증이 늘고 분노를 폭발시키기도 합니다. 이때 부모는 재빨리 자녀의 속마음을 눈치채고 자녀의 마음을 돌봐주어야 합니다.

　하지만 많은 부모들이 자녀의 심리상태에 둔감하여 자녀가 보내는 싸인을 알아채지 못하고 놓쳐버립니다. 설령 순간적으로 알아챘다 해도, 사춘기 아이들의 감정은 쉽게 변하기 때문에 다음 순간 괜찮아 보이는 아이의 모습에 안심하고 넘겨버립니다. 사실 아이의 싸인을 보고도 그냥 지나가는 것은 부모의 두려움 때문입니다. 우려했던 일이 사실로 드러날 경우 부딪쳐야 하는 문제들을 피하고 싶기 때문입니다. 그래서 '곧 괜찮아질 거야. 그 나이 때는 다들 그러잖아'라고 합리화하면서 문제를 피해 갑니다.

　하지만 자녀의 문제를 방치하다가 문제가 눈덩이처럼 불거져 수습할 수 없는 때를 만나게 됩니다. 그러므로 우리는 자녀의 행동 속에 숨겨진 메시지를 읽어야 합니다. 행동 이면의 마음과 생각까지 읽을 줄 아는 민감한 부모가 되어야 합니다.

복음과 가족치유

3. 자녀와의 대화시간을 소중히 여기고
자녀의 이야기를 진지하게 들어주어야 합니다.

소통에는 부모의 용기와 정성이 필요합니다.

자녀가 부모에게 다가와서 대화를 시작하는 것은 힘들기 때문입니다. 부모는 때때로 자녀가 부모를 거부하는 것처럼 행동해도 사실은 부모의 사랑을 원한다는 것을 알고 자녀의 마음을 헤아려 자녀에게 다가가야 합니다. 그리고 부모가 자녀와의 대화를 귀하게 여기고, 자녀의 말을 중요하게 생각한다는 것을 알게 해야 합니다. 사실 자녀가 하는 말을 잘 들어주는 것 자체가 부모가 자녀에게 줄 수 있는 좋은 선물이 됩니다.

자녀와의 대화에서 중요한 것은 아이 입장에서 이야기를 진지하게 수용하는 것입니다. 자녀는 부모가 자신의 문제를 해결해 주지 못한다 할지라도 부모가 자신의 입장에서 고민하고 함께 노력한다는 모습을 볼 때 힘을 얻습니다.

때때로 부모는 자신이 잘못한 부분에 대해 자녀에게 사과해야 합니다. 그리고 하나님의 말씀을 따라 살려고 노력하는 모습을 지속적으로 보여주어야 합니다. 사실 부모들의 가장 큰 실수는 자신은 완벽하지 않으면서 아이들에게 완벽을 요구한다는 것입니다. 자녀들은 성장하면서 부모의 모순과 연약함을 적나라하게 알게 됩니다. 그래서 자기도 하지 못하는 것을 자녀에게 강요하는 부모를 보면 무시하게 됩니다.

그러므로 부모는 자신이 실수할 수 있음을 인정하고 잘못한 일이 있으면 사과도 해야 합니다. 그리고 오직 하나님의 진리만이 절대적인 기준임을 가르치며 자녀와 함께 진리 가운데로 나아가도록 기도해야 합니다.

4. 자녀를 하나님의 뜻에 맡기고
   자녀가 하나님의 뜻대로 살게 해야 합니다.

자녀는 부모의 소유물이 아닙니다. **부모의 최종 목적은 자녀가 하나님의 뜻에 부합하는 삶을 살 수 있도록 도와주는 것입니다.** 그러므로 부모는 늘 자녀가 하나님의 소유임을 기억하고 자녀가 하나님의 뜻대로 살도록 지원해야 합니다. 모든 대화의 결론을 하나님의 뜻이 되도록 하여, 자녀의 가치관이 하나님의 뜻에 있도록 해야 합니다. 자녀가 하나님의 뜻대로 살기만 하면 더 이상 부모는 자녀를 걱정할 필요가 없게 됩니다. 전지전능하신 하나님이 자식을 향한 부모의 사랑과 견줄 수 없는 완전하고 뜨거운 사랑으로 자녀의 인생을 책임지시고 돌보시기 때문입니다.

"그러므로 하나님의 능하신 손 아래에서 겸손하라 때가 되면 너희를 높이시리라 너희 염려를 다 주께 맡기라 이는 그가 너희를 돌보심이라"(벧전 5:6-7)

우리는 자녀를 노엽게 하여 자녀를 낙심시키는 부모가 되면 안 됩니다. 자녀를 노엽게 하고 상처를 주는 부모는 자녀가 잘못한 것이 없는데 부당하게 매를 때리거나 책망하는 부모, 자녀의 인격을 모독하고 자녀를 존중하지 못하는 부모, 이런저런 핑계로 자녀의 사랑을 거부하는 부모, 자녀에게 무관심하거나 과잉보호하는 부모, 자녀들이 보기에 그릇된 삶을 사는 부모입니다.

우리는 자녀에게 상처를 주는 삶을 청산하고 소통의 문을 열어서 행복한 가정, 건강한 가정을 만들어야 합니다. **소통과 공감은 자녀를 치료하는 최고의 명약입니다.** 소통하는 부모가 되기 위해 먼저 자녀 앞에 자신이 어떤 부모인지 돌아보고 자기 영혼의 상처부터 치료받아야 합니다. 말로 표현하지 않는 자녀의 속마음을 읽어야 하고 자녀와의 대화 시간을 소중히 여기며 자녀의 이야기를 진지하게 들어주어야 합니다. 또 자녀를 하나님의 뜻에 맡기고 자녀가 하나님의 뜻대로 살게 해야 합니다.

우리 모두가 자녀의 내면의 소리를 듣는 소통하는 부모, 공감하는 부모가 되어 자녀의 영혼을 살리고 행복하고 건강한 가정의 복을 누리기를 주님의 이름으로 축원합니다.

주님과 동행하는 기쁨 나누기

1. 소통하는 사람이 되기 위해 필요한 것은 무엇일까요?

( ) 안에 맞는 단어는 무엇입니까?

(1) 자신이 어떤 사람인지 돌아보고 먼저 자기 영혼의 (   )를 치료
받아야 합니다.
소통하는 사람이 되기 위해 먼저 자기 자신의 모습을 깨달아야 합니
다. 혹시 내가 상대방에게 노엽게 하며 낙심시키는 사람이 아닌지 돌
아보아야 하고, 깨달은 자신의 잘못을 인정해야 합니다.
 ● 상대방과 대화할 때 내가 주의할 점을 인식하고 있습니까?

(2) 말로 표현하지 않는 상대방의 (   )마음을 읽어야 합니다.
겉으로 보여지는 상대방의 모습만 볼 것이 아니라 상대방의 말 이면
에, 표정 이면에, 행동 이면에 어떤 속마음이 숨겨져 있는지 보아야
합니다.
 ● 상대방이 대화 중에 침묵할 때 차분하게 기다리는 편입니까?

(3) 상대방과의 대화 시간을 소중히 여기고 (   )의 이야기를 진지하
게 들어주어야 합니다.
상대방과의 대화에서 중요한 것은 상대방 입장에서 이야기를 진지하
게 수용하는 것입니다. 상대방은 내가 자신의 문제를 해결해 주지 못
한다 할지라도 내가 자신의 입장에서 고민하고 함께 노력한다는 모
습을 볼 때 힘을 얻습니다.
 ● 대화 때 말을 많이 하는 편/말을 많이 듣는 편입니까?

2. 아래 성구를 보고 당신의 삶에 일어난 일을 나누십시오.

(1) 잠언 29장 15절 – "채찍과 꾸지람이 지혜를 주거늘 임의로 행하게 버려 둔 자식은 어미를 욕되게 하느니라"

(2) 베드로전서 5장 6, 7절 – "그러므로 하나님의 능하신 손 아래에서 겸손하라 때가 되면 너희를 높이시리라 너희 염려를 다 주께 맡기라 이는 그가 너희를 돌보심이라"

(3) 이사야 59장 1, 2절 – "여호와의 손이 짧아 구원하지 못하심도 아니요 귀가 둔하여 듣지 못하심도 아니라 오직 너희 죄악이 너희와 너희 하나님 사이를 갈라 놓았고 너희 죄가 그의 얼굴을 가리어서 너희에게서 듣지 않으시게 함이니라"

3. 아래 성구의 ( )에 맞는 단어를 넣고 가능하면 암송합시다.

"모든 성경은 하나님의 감동으로 된 것으로 교훈과 책망과 바르게 함과 의로 교육하기에 유익하니 이는 하나님의 사람으로 (   )하게 하며 모든 선한 일을 행할 (   )을 갖추게 하려 함이라"(딤후 3:16-17)

9-1 가정의 활짝 핀 꽃 자녀

복음과 가족치유

9-2 하나님이 맡겨주신

작사/작곡 이순희

제9장 부모의 귀에는 들리지 않는 자녀의 아우성

10

교회 같은 가족, 가족 같은 교회

마가복음 10장 29-30절
"예수께서 이르시되 내가 진실로 너희에게 이르노니 나와 복음을 위하여 집이나 형제나 자매나 어머니나 아버지나 자식이나 전토를 버린 자는 현세에 있어 집과 형제와 자매와 어머니와 자식과 전토를 백 배나 받되 박해를 겸하여 받고 내세에 영생을 받지 못할 자가 없느니라"

10

교회 같은 가족,
가족 같은 교회

가정의 위기는 사회와 국가의 위기를 넘어서 문명의 위기요, 세계의 위기입니다. 가정이 무너지면 인생의 기초가 무너집니다. 기초가 무너진 인생은 우울증을 비롯한 각종 정신질환에 무방비로 노출되어 피폐한 인생을 살기 쉽고, 많은 사람들에게 악영향을 끼치는 인생으로 전락하기 쉽습니다. 가정에서 상처받은 한 개인이 심각한 국가의 문제를 초래할 수 있으며, 나아가 세계인을 위협하는 가해자가 될 수 있는 것입니다.

사람은 누구나 천사 같은 아기의 모습으로 이 땅에 태어납니다. 갓 태어난 아기의 눈동자는 샛별 같은 빛을 내며 때 묻지 않은 천진난만함을 보여줍니다. 그런데 어떤 부모, 어떤 가정을 만나느냐에 따라 천사 같은 아기의 인생은 난폭하고 비뚤어진 인생으로 변질되기도 하고, 더욱 숭고하고 아름다운 인생으로 나아가기도 합니다.

한 가정에 남자아이가 태어났습니다.
어머니는 세 번째 결혼해서 이 아이를 낳았습니다.
어머니의 두 번째 남편이 어머니의 폭력이 두려워 이혼했을 만큼 어머니는 몹시 거친 여자였습니다. 설상가상으로 이 아이의 아버지는 아이가 태어나기 며칠 전에 심장마비로 죽었습니다. 어머니는 자기 생활에 바빠서 아이를 돌볼 시간이 없었고, 아이는 어머니의 사랑을 전혀 받지 못하고 자랐습니다.

13살 때 담임선생님이 '이 소년은 사랑이라는 말조차 모르는 아이와 같다'라고 학생기록부에 적어 놓을 정도였습니다. 소년 시절 이 아이는 여학생들과는 사귀지도 못하고 남학생들과는 늘 싸움질만 했습니다. 아이큐가 상당히 높았지만 성적은 낙제점이었습니다.

고등학교를 중퇴하고 해병대에 들어갔지만 적응하지 못하고 쫓겨났습니다. 절망에 빠진 그는 외국에 가서 사생아인 여자를 만났고, 미국으로 돌아와 두 아이를 낳았습니다. 그러나 이 여자도 이 청년이 너무 난폭하고 험악했기 때문에 헤어지고 말았습니다. 청년은 그녀 앞에 무릎을 꿇고 빌었지만 청년

복음과 가족치유

의 고약한 성격을 너무 잘 아는 그녀는 끝내 함께 살 것을 거절했습니다. 오기에 찬 청년은 돈 벌 결심을 하고 이튿날부터 일을 시작했습니다. 그러나 그것도 며칠 가지 않았습니다.

그의 삶은 되는 일이 없는 불행의 연속이었습니다. 1963년 11월 22일. 그는 숨겨두었던 총을 들고 한 건물로 올라갔습니다. 그리고 그곳을 지나던 어떤 사람을 향해 방아쇠를 당겼고 총알은 그 사람에게 명중했습니다. 그가 쏜 총에 맞은 사람은 바로 미국의 35대 대통령 존 F. 케네디였습니다. 총을 쏜 사람은 스물네 살의 리 하비 오스왈드였습니다. 사랑받지 못하고 자란 외로운 아이가 한 나라의 대통령을 죽이는 비극을 불러온 것이었습니다.

부모는 자녀를 행복하고 훌륭하게 양육할 책임이 있고, 자녀는 부모의 사랑을 충분히 받고 건강하게 자라날 권리가 있습니다. 그런데 너무도 많은 자녀들이 부모에게 상처를 받고, 가정에서 외롭게 성장하여 삐뚤어진 인격과 상한 심령을 소유한 채로 성인이 됩니다.

세상 그 어떤 부모도 고의적으로 악한 마음을 품고 자녀의 인생을 망치고자 할 사람은 없습니다. 그럼에도 불구하고 부모에게 상처받지 않은 자녀는 찾아보기가 힘들만큼, 많은 자녀가 부모에게 상처를 받습니다. 그렇게 상처받은 자녀가 다시 상처 입은 부모가 되어 자기 자녀에게 상처를 줍니다.

사랑받아본 적이 없는 자녀가 사랑할 줄 모르는 부모가 되어 다시 또 외로운 자녀를 만들고, 그 외로운 자녀는 다시 또 사랑할 줄 모르는 부모가 되어 외로움의 상처를 이어가는 것입니다.

우리의 가정은 축복과 사랑을 유통하고 있습니까?
아니면 원치 않는 상처와 아픔을 이어가고 있습니까?
우리는 가정 안의 상처 뿌리를 뽑아내고, 인생의 뿌리를 치료받아야 합니다. 이를 위해 우리는 가정을 공격하는 어둠의 영과의 영적 전쟁에서 승리해야 합니다. **그리고 교회 같은 가족을 세우고, 가족 같은 교회를 세워야 합니다.**

교회는 또 하나의 가족이며, 가정은 또 하나의 교회입니다. 가족은 서로의 허물을 덮고 부족함을 채워주는 관계입니다. 가족이 서로의 아픔을 감싸주듯이 교회의 모습도 이런 모습이어야 합니다. 약점과 허물을 덮어주고, 사랑해야 합니다. 그것이 바로 '가족 같은 교회'입니다.

인생의 회복을 만드는 가정의 회복은 영적 전쟁에서 승리해야 이루어집니다. 왜 서로 사랑해서 결혼한 부부가 서로 미워하고, 왜 부모가 생명보다 더 귀한 자녀에게 상처를 주겠습니까? 왜 자녀가 세상에 하나뿐인 부모를 원망하며 거역하는 일이 있겠습니까? 또 왜 피를 나눈 형제, 자매가 서로 다투며 배신하는 일이 있겠습니까?

이 모든 가정의 붕괴 배후에는 사탄의 세력이 있습니다.

가정은 하나님이 세우신 최초의 공동체인 동시에, 사탄이 공격 대상으로 삼은 최초의 공동체입니다. 하나님은 태초에 기쁨의 공간인 에덴동산을 만드시고 아담에게 하와를 주심으로 가정을 꾸리게 하셔서 완전한 행복을 누리도록 하셨습니다. 하나님은 가정을 통해 하늘의 복을 부으시고, 가정 안에서 하나님의 사랑을 알게 하시며, 가정 속에서 완전한 즐거움을 느끼도록 하셨습니다. 그러나 사탄은 가정을 통해 천국을 이루려는 하나님의 계획에 처음부터 대적했습니다. 그래서 온 인류를 패망의 길로 끌고 가려는 계략을 세우고 가정을 공격했습니다.

가정을 무너뜨리는 사탄의 계략

(1) 가정을 무너뜨리는 사탄의 계략은 먼저 부부 사이가 깨어지는 것으로 드러납니다.

에덴동산에서 이루어진 사탄의 처음 공격은 하와에게 초점이 맞추어졌습니다. 간교하게 하와에게 접근한 사탄은 하와의 욕심을 자극했는데, 하나님과 같이 되고자 하는 마음을 부추겼습니다.

"욕심이 잉태한즉 죄를 낳고 죄가 장성한즉 사망을 낳느니라"(약 1:15)

사탄은 어떻게 하든지 하나님과 사람 사이를, 사람과 사람 사이를 갈라놓습니다. 하나님과 자녀의 관계, 부모와 자녀의 관계, 주님의 종과 성도의 관계, 남편과 아내의 관계, 형제와 자매의 관계를 갈라놓는 것이 사탄입니다. 사탄은 교묘한 방법으로 인간을 속여서 이간질하기 때문에, 우리는 잘 분별할 수 있도록 깨어있어야 합니다. "그는 속이는 자"(요 8:44)이기 때문에 속이는 일을 잘합니다. 특히 사탄은 가정을 파괴하려고 합니다.

하와는 사탄의 미혹을 받고 하나님이 먹지 말라고 한 선악과를 먹으면서 자신이 하나님과 같이 될 것이라는 환상에 빠졌습니다. 그리고 남편을 사랑한다는 명분 하에 남편 아담에게도 '하나님과 같이 되게 하는' 선악과를 주었습니다.

"뱀이 여자에게 이르되 너희가 결코 죽지 아니하리라 너희가 그것을 먹는 날에는 너희 눈이 밝아져 하나님과 같이 되어 선악을 알 줄 하나님이 아심이니라 여자가 그 나무를 본즉 먹음직도 하고 보암직도 하고 지혜롭게 할 만큼 탐스럽기도 한 나무인지라 여자가 그 열매를 따먹고 자기와 함께 있는 남편에게도 주매 그도 먹은지라"(창 3:4-6)

그런데 범죄 한 그들에게 임한 첫 번째 결과는 바로 부부 사이가 깨어지는 것이었습니다. 본래 아담과 하와는 극도로 아름다운 가정의 복을 누리며 서로 사랑했습니다. 둘 사이에는 빈틈없는 만족과 공감, 이해와 소통이 있었습니다.

> "아담이 이르되 이는 내 뼈 중의 뼈요 살 중의 살이라 이것을 남자에게서 취하였은즉 여자라 부르리라 하니라 이러므로 남자가 부모를 떠나 그의 아내와 합하여 둘이 한 몸을 이룰지로다 아담과 그의 아내 두 사람이 벌거벗었으나 부끄러워하지 아니하니라"(창 2:23-25)

하지만 죄를 짓고 곧바로 부부 사이가 깨어져서 서로에 대한 사랑이 식어버렸습니다. 아담은 마치 하와를 사랑한 적이 없었던 것처럼 '하나님이 주셔서 나와 함께 있게 하신 여자'가 자신을 범죄 하도록 미혹했다고 말하면서 하와를 원망했습니다.

> "아담이 이르되 하나님이 주셔서 나와 함께 있게 하신 여자 그가 그 나무 열매를 내게 주므로 내가 먹었나이다 여호와 하나님이 여자에게 이르시되 네가 어찌하여 이렇게 하였느냐 여자가 이르되 뱀이 나를 꾀므로 내가 먹었나이다"(창 3:12-13)

하와는 자신을 탓하기만 하는 아담의 모습을 보면서 절망했을 것입니다. 그녀는 속절없이 자신을 미혹한 뱀을 탓하며 책임을 외면하려 했습니다. 결국 변명만 늘어놓았던 아담과 하와는 하나님께 저주를 받았습니다.

"또 여자에게 이르시되 내가 네게 임신하는 고통을 크게 더하리니 네가 수고하고 자식을 낳을 것이며 너는 남편을 원하고 남편은 너를 다스릴 것이니라 하시고 아담에게 이르시되 네가 네 아내의 말을 듣고 내가 네게 먹지 말라 한 나무의 열매를 먹었은즉 땅은 너로 말미암아 저주를 받고 너는 네 평생에 수고하여야 그 소산을 먹으리라 땅이 네게 가시덤불과 엉겅퀴를 낼 것이라 네가 먹을 것은 밭의 채소인즉 네가 흙으로 돌아갈 때까지 얼굴에 땀을 흘려야 먹을 것을 먹으리니 네가 그것에서 취함을 입었음이라 너는 흙이니 흙으로 돌아갈 것이니라 하시니라"(창 3:16-19)

저주받은 아담은 땀 흘려 수고하지 않으면 굶어 죽어야 하는 인생의 고통을 맛보게 되었고, 저주받은 하와는 임신의 고통과 더불어 평생 남편을 원하나 자기가 원하는 만큼 남편의 사랑을 받지 못하는 불만족에 허덕이는 삶을 살게 되었습니다.

하와가 받은 저주인 "너는 남편을 원하고 남편은 너를 다스릴 것이니라"의 구절을 개역한글 성경은 "너는 남편을 사모하고 남편은 너를 다스릴 것이니라"로, 공동번역 성경은 "남편을 마음대로 주무르고 싶겠지만, 도리어 남편의 손아귀에 들리라"로, 새번역 성경은 "네가 남편을 지배하려고 해도 남편이 너를 다스릴 것이다"로 번역했습니다. 죄와 저주의 결과로 부부 사이에서 얻을 수 있는 참된 만족과 기쁨이 깨어진 것입

복음과 가족치유

니다.

우리는 부부 사이에 금이 가고, 부부 사이가 멀어질 때 사탄의 역사가 배후에 있음을 빨리 눈치채야 합니다. 부부 사이가 깨어지는 것은 가정 붕괴의 시작입니다. 부부가 서로 사랑하고 행복하면 가정 전반의 웬만한 문제는 넉넉하게 풀어나갈 수 있습니다. 그러나 부부 사이에 금이 가면 아무리 노력해도 자녀 양육을 안정적으로 할 수 없고, 건강하고 행복한 가정을 세울 수 없습니다. 예수 그리스도는 모든 깨어진 관계를 화목하게 하시는 화평의 주님이십니다. 예수 그리스도의 이름으로 깨어진 부부관계, 부모와 자식 관계, 형제자매 관계가 회복되기 바랍니다.

"그런즉 누구든지 그리스도 안에 있으면 새로운 피조물이라 이전 것은 지나갔으니 보라 새 것이 되었도다 모든 것이 하나님께로서 났으며 그가 그리스도로 말미암아 우리를 자기와 화목하게 하시고 또 우리에게 화목하게 하는 직분을 주셨으니 곧 하나님께서 그리스도 안에 계시사 세상을 자기와 화목하게 하시며 그들의 죄를 그들에게 돌리지 아니하시고 화목하게 하는 말씀을 우리에게 부탁하셨느니라"(고후 5:17-19)

사탄은 부부 사이를 깨뜨리기 위한 전략으로 남녀 간의 사랑을 이기적인 사랑으로 둔갑시켜버렸습니다. 그래서 서로 순수하게 사랑해서 결혼하는 경우가 많지 않습니다.

많은 청년들이 배우자를 선택할 때 외모, 물질, 학력, 배경을 보고 '사랑'의 동기보다 '자기의 유익'을 위해서 결혼하려고 합니다. '자기의 유익'을 위해 결혼해서 자기 뜻대로 되지 않으면 쉽게 이혼합니다. 우리는 모든 일에 하나님의 나라와 하나님의 뜻을 앞세워야 합니다.

결혼도 육신의 정욕, 안목의 정욕, 이생의 자랑을 따라갈 것이 아니라 하나님이 주신 사명과 비전 안에서 하나님이 주신 숭고한 사랑으로 해야 합니다.

그리고 부부 사이를 깨뜨리려는 모든 악한 영의 공격으로부터 자유하기 위해 언제나 하나님을 1순위로 사랑하고 섬기는 가정을 세워야 합니다.

인간의 사랑은 한계가 있습니다.

사랑의 유효기간이 3년이라는 말이 있듯이 인간적인 사랑으로 사랑하면 언젠가 식상해질 때를 만나게 됩니다. 인간의 사랑은 잠깐은 서로를 행복하게 할 수 있지만 서로의 영혼에 참된 행복을 주지는 못합니다. 하지만 하나님의 사랑은 끝이 없습니다. 하나님을 사랑하는 남편은 더 깊은 사랑으로 아내를 사랑하게 되고, 하나님을 사랑하는 아내는 더 뜨거운 사랑으로 남편을 사랑하게 됩니다. 가정을 무너뜨리는 사탄의 첫 번째 계략이 부부 사이를 깨뜨리는 것이라는 것을 깨달아 예수 그리스도의 보혈로 부부의 사랑을 지켜나가기 바랍니다.

복음과 가족치유

(2) 가정을 무너뜨리는 사탄의 계략은 둘째로 형제자매 사이가 깨어지는 것으로 드러납니다.

사실 부부 사이가 깨어지면 사탄의 전략이 절반은 수행된 것입니다. 부부 사이가 깨어지면 자녀를 향한 부모의 건강한 양육이 어려워지기 시작하기 때문입니다. 부부 사이가 깨어지면 자녀들은 이내 가정의 불편한 분위기를 알아차리고 상처를 받습니다. 그리고 가정에서 '생존'하기 위한 경쟁의식을 가지게 됩니다.

자녀가 태어나 처음에는 부모의 모든 사랑과 관심을 전부 받다가 어느 순간 동생이 생기면서 관심과 애정이 동생에게 주어지는 것을 느끼며 자신의 지위에 대해 위협을 느끼게 됩니다. 정신분석학자들은 이 형제 서열이 성격 형성에 중요한 영향을 미친다고 강조했는데 첫째 아이에게 있어서 동생의 탄생은 강한 심리적 상처 즉 트라우마를 경험하게 한다고 합니다.

물론 형제자매 관계는 이렇게 경쟁의식만 존재하는 것이 아닙니다. 서로에 대한 긍정적 감정을 더 많이 가집니다. 한 집에서 한 부모 밑에 자라면서 많은 것을 공유하게 되는 것이 형제자매 관계입니다. 화목한 가정에서 느끼는 행복도, 때로는 부모의 야단과 부모의 불화로 인한 불안도 함께 공유하면서 매우 친밀한 관계를 형성하게 되는데 이를 '형제간 친밀감'이라고 합니다. 사탄은 형제간의 좋은 관계, 친밀한 관계를 이간질하고 깨어놓습니다.

부모님의 관계가 좋지 않고 부부싸움이 거세질수록, 형제자매는 관계 속에서 이기적인 자세를 취하며 자신이 살아남기 위해 다른 형제자매를 이겨야 한다는 태도를 취하기 쉽습니다. 인류 최초의 끔찍한 살인인 가인이 동생 아벨을 죽인 사건이, 이런 맥락에서 일어났습니다.

"세월이 지난 후에 가인은 땅의 소산으로 제물을 삼아 여호와께 드렸고 아벨은 자기도 양의 첫 새끼와 그 기름으로 드렸더니 여호와께서 아벨과 그의 제물은 받으셨으나 가인과 그의 제물은 받지 아니하신지라 가인이 몹시 분하여 안색이 변하니 여호와께서 가인에게 이르시되 네가 분하여 함은 어찌 됨이며 안색이 변함은 어찌 됨이냐 네가 선을 행하면 어찌 낯을 들지 못하겠느냐 선을 행하지 아니하면 죄가 문에 엎드려 있느니라 죄가 너를 원하나 너는 죄를 다스릴지니라 가인이 그의 아우 아벨에게 말하고 그들이 들에 있을 때에 가인이 그의 아우 아벨을 쳐죽이니라"(창 4:3-8)

가인이 인류 최초의 살인자가 되어 하나님 앞을 떠나서 에덴 동쪽 놋 땅에 거주할 때까지 가인의 부모인 아담과 하와는 등장하지 않습니다. 아담과 하와는 마치 존재하지 않는 것처럼 가인에게 아무런 영향을 미치지 못했습니다. 부부 사이가 깨어졌을 때 부모 자식 관계도 깨어졌기 때문입니다.

복음과 가족치유

유명무실한 부모, 서로 적대관계에 있는 형제자매, 이것이 깨어진 가정의 모습입니다. 우리는 간교한 사탄이 가정의 배후에서 역사하여 부부 사이를 분열시키고 부모 자식 사이를 분열시키며 형제자매 사이를 분열시킨다는 사실을 직시하여 가정을 무너뜨리려는 모든 어둠의 영을 예수님의 이름으로 물리쳐야 합니다. 그리고 **이 세상 속에서 건강한 가정, 행복한 가정을 세우기 위해 교회 같은 가정을 세워야 합니다.**

학자 비버(Beaver)는 문화적, 배경적 차이를 넘어서 **건강한 가정이 지니는 8가지 공통적인 요소**를 다음과 같이 밝혔습니다.

① 건강한 가정은 모든 가족 구성원들이 자기가 가족 전체 아래 속한 부분이요, 또한 가족 안에서도 '나'란 존재가 중요한 존재라는 것을 인식합니다. 나 하나의 행동이 다른 사람들에게도 영향을 줄 수 있다는 사실을 서로 잘 이해하고 있다는 것입니다. 그래서 건강한 가정은 모든 가족 구성원이 자신의 행동이 다른 가족에게 미칠 영향력을 잘 파악하고 긍정적인 영향을 미치도록 노력합니다.

② 건강한 가정은 너무 엄격하지도, 너무 유연하지도 않은 적절한 기준을 가지고 자녀를 양육합니다. 적절한 기준을 가지고 신혼, 어린 자녀를 둔 단계, 청소년 자녀를 둔 단계, 장성한 자녀가 가정을 떠나는 단계, 부부만의 노후의 단계 등 '가

족의 발달 주기'(Cycle) 상에서 현저하게 요구하는 변화에 잘 대처하고 적응합니다.

③ 건강한 가정은 말과 행동이 일치합니다. 의사소통이 명확하게 되고, 모든 사실을 숨김없이 말할 수 있는 열린 분위기가 조성됩니다.

④ 건강한 가정은 남편과 아내가 서로 힘의 균형을 가집니다. 부부가 부모로서 자녀 양육을 위하여 동등하게 연합을 하고, 강제력 혹은 물리력에만 의지하지 않습니다. 자녀 양육을 위한 부부의 협력이 균등하고, 동등하게 이뤄진다는 것입니다.

⑤ 건강한 가정은 부모들이 자녀가 자신들의 품을 떠나서 독립적인 존재로서 살게 되는 때를 대비하여 돕는다는 생각으로 자녀를 양육합니다. 자녀를 과잉보호하거나 방치하지 않는 것입니다. 그래서 자녀로 하여금 건강한 경계선들을 지키는 한도 안에서 자주적으로 판단하게 하고 행동하게 합니다. 그리고 가정의 공동 목표를 자진해서 공유하도록 만듭니다.

⑥ 건강한 가정은 따뜻하고 낙관적인 감정들을 나누며, 가족이 서로 하는 말에 관심과 주의를 기울입니다. 그리고 '갈

복음과 가족치유

등'(Conflict)을 인정, 수용하고 해결하려고 노력합니다.

⑦ 건강한 가정은 가족에게 닥치는 도전적 과제들과 문제점들에 대해 협력적인 자세로 대처하고 인내해 냅니다.

⑧ 건강한 가정은 초월적 가치를 믿습니다. 즉 신앙이나 인간존재의 문제, 삶의 의미, 사회와 정치 문제 등의 다양한 영역들에 대한 나름의 신조들이나 믿음의 체계를 가지고 있다는 것입니다.

주님 안에서 가장 유능한 개인은 자기를 부인하고 교회적인 삶을 사는 사람이고(마 16:24) 가장 강력한 가정은 예수 그리스도와 복음을 위해 하나가 된 가정입니다.

"예수께서 이르시되 내가 진실로 너희에게 이르노니 나와 복음을 위하여 집이나 형제나 자매나 어머니나 아버지나 자식이나 전토를 버린 자는 현세에 있어 집과 형제와 자매와 어머니와 자식과 전토를 백 배나 받되 박해를 겸하여 받고 내세에 영생을 받지 못할 자가 없느니라"(막 10:29-30)

하나님은 자기를 부인하고 예수 그리스도를 따르는 자에게 성령을 부으시고, 인간적인 욕심을 버리고 십자가의 길을 가는 가정에게 백배의 축복을 허락하십니다.

교회 같은 가정을 세움으로 백배의 축복을 누리는 기적의 주인공이 되기 바랍니다.

집이나 형제, 자매, 어머니, 아버지, 자식, 전토는 가정의 구성요소를 총집결한 것입니다. 예수님이 말씀하신 본래의 의미는 가정을 소홀히 여기거나 가정을 버려야 한다는 의미가 아닙니다. 오히려 주님은 이렇게 말씀하십니다.

"누구든지 자기 친족 특히 자기 가족을 돌보지 아니하면 믿음을 배반한 자요 불신자보다 더 악한 자니라"(딤전 5:8)

예수님의 말씀의 초점은 '우선순위'에 있습니다.
예수님은 복음을 최우선 순위의 가치로 삼아야 한다는 것을 강조한 것입니다. 집보다, 형제보다, 부모보다, 자녀보다, 자기 자신보다 복음을 더 사랑해야 한다는 것입니다.
우리는 마음을 다하고 힘을 다하고 뜻을 다하여 하나님을 사랑할 때 영혼의 만족을 누리며 최고의 행복을 누리도록 지음 받은 존재입니다. 하나님을 1순위로 사랑하고, 복음을 1순위로 두어야 부모답게 살 수 있고, 자녀답게 살 수 있으며, 하나님이 부으시는 가정의 복을 누릴 수 있습니다.

"너는 마음을 다하고 뜻을 다하고 힘을 다하여 네 하나님 여호와를 사랑하라 오늘 내가 네게 명하는 이 말씀을 너는 마음에 새기고 네 자녀에게 부지런히 가르치며 집에 앉았을 때에든지 길을 갈 때에든지 누워 있을 때에든

복음과 가족치유

지 일어날 때에든지 이 말씀을 강론할 것이며 너는 또 그것을 네 손목에 매어 기호를 삼으며 네 미간에 붙여 표로 삼고 또 네 집 문설주와 바깥 문에 기록할지니라 네 하나님 여호와께서 네 조상 아브라함과 이삭과 야곱을 향하여 네게 주리라 맹세하신 땅으로 너를 들어가게 하시고 네가 건축하지 아니한 크고 아름다운 성읍을 얻게 하시며 네가 채우지 아니한 아름다운 물건이 가득한 집을 얻게 하시며 네가 파지 아니한 우물을 차지하게 하시며 네가 심지 아니한 포도원과 감람나무를 차지하게 하사 네게 배불리 먹게 하실 때에"(신 6:5-11)

하나님보다 자녀를 더 사랑하는 부모는 그 사랑으로 오히려 자녀를 망치게 됩니다. 하나님보다 남편을 더 사랑하는 아내는 남편을 향한 사랑 때문에 남편을 괴롭게 만듭니다. 하나님보다 아내를 더 사랑하는 남편 역시 아내를 향한 사랑 때문에 어리석은 삶을 살게 됩니다.

하나님보다 가정을 우선시하게 될 때 우리의 가정은 사탄의 표적이 되어 육체의 생각과 육체의 행동인 시기, 미움, 다툼, 질투, 원망이 가득한 인생을 살게 됩니다.

진정으로 가정을 살리고 싶다면 하나님을 1순위로 사랑해야 합니다. 참으로 자녀를 훌륭하게 키우고 싶다면 복음으로 가정의 기준을 세워야 합니다. 이를 통해 교회 같은 가족을 세우고, 가족 같은 교회를 세워야 합니다. 하나님은 교회 같은 가정을 세우는 부모에게 자녀를 양육할 수 있는 지혜와 사랑을 부으시고, 교회 같은 가정을 세우는 자녀에게 부모에게 효도할 수 있는 능력과 은혜를 부으십니다. 복음을 1순위로 사랑하는 가정은 박해를 겸하여 받아도 하늘의 능력으로 이겨낼 수 있습니다.

"또 네가 많은 증인 앞에서 내게 들은 바를 충성된 사람들에게 부탁하라 그들이 또 다른 사람들을 가르칠 수 있으리라 너는 그리스도 예수의 좋은 병사로 나와 함께 고난을 받으라 병사로 복무하는 자는 자기 생활에 얽매이는 자가 하나도 없나니 이는 병사로 모집한 자를 기쁘게 하려 함이라"(딤후 2:2-4)

교회 같은 가정을 세우기 위해

1. 교회 같은 가정을 세우기 위해 먼저 인간의 힘으로 가정을 지킬 수 없다는 사실을 인정해야 합니다.

가정은 하나님으로부터 시작되었습니다.

가정은 하나님이 기획하시고 이루신 혈연공동체요, 생명공동체입니다. 남녀가 만나 가정을 이루고 자녀의 생명이 태어나는 모든 과정 속에는 하나님의 역사가 있습니다. 그러므로 가정을 행복하게 세우고 지키는 힘은 오직 하나님께 있습니

복음과 가족치유

다. 인간적인 사랑, 인간적인 노력만으로 가정을 꾸려가려고 하면 사탄의 공격에 속수무책으로 넘어질 수밖에 없습니다. 우리는 오직 성령의 능력을 힘입을 때 건강한 가정을 세울 수 있습니다.

자녀에게 상처 주지 않는 부모. 자녀를 훌륭하게 양육하고 자녀에게 존경받는 부모가 되기 위해서는 하나님의 능력을 받아야 합니다. 행복한 부부관계, 행복한 부모 자식 관계, 행복한 형제 관계를 유지하기 위해서는 하나님의 사랑을 힘입어야 합니다. 인간의 힘으로는 가정을 세울 수 없음을 인정하고 오직 여호와 하나님을 경외하며 그 도를 행함으로 하나님께서 허락하신 복을 받아야 합니다.

"여호와를 경외하며 그의 길을 걷는 자마다 복이 있도다 네가 네 손이 수고한 대로 먹을 것이라 네가 복되고 형통하리로다 네 집 안방에 있는 네 아내는 결실한 포도나무 같으며 네 식탁에 둘러 앉은 자식들은 어린 감람나무 같으리로다 여호와를 경외하는 자는 이같이 복을 얻으리로다 여호와께서 시온에서 네게 복을 주실지어다 너는 평생에 예루살렘의 번영을 보며 네 자식의 자식을 볼지어다 이스라엘에게 평강이 있을지로다"(시 128:1-6)

인간의 힘으로는 가정을 지킬 수 없다는 사실을 인정하고 자기 자아를 내려놓아야 합니다. 부모는 부모로서의 자아를 내려놓고. 남편과 아내는 남편과 아내로서의 자아를 내려놓아야 하며, 자녀는 자녀로서의 자아를 내려놓아야 합니다. 그리고 오직 성령의 인도를 따라 성령의 능력을 힘입어야 합니다. 우리는 철저히 나는 죽고 예수로 살아감으로 우리 자신뿐만 아니라 우리 가정의 운전대를 주님께 맡겨드려야 합니다.

> "내가 그리스도와 함께 십자가에 못 박혔나니 그런즉 이제는 내가 사는 것이 아니요 오직 내 안에 그리스도께서 사시는 것이라 이제 내가 육체 가운데 사는 것은 나를 사랑하사 나를 위하여 자기 자신을 버리신 하나님의 아들을 믿는 믿음 안에서 사는 것이라"(갈 2:20)

성령님의 역사가 있는 곳에는 반드시 관계의 회복이 있습니다. 찢어진 부부가 다시 만나고, 원수가 되었던 형제자매가 화목하게 됩니다. 야곱의 인생을 보아도 그가 자기 욕심에 이끌릴 때는 형도 아버지도 안중에 없는 삶을 살았습니다. 그러나 얍복 나루에서 천사와 씨름하여 이김으로 하나님을 경험하고 깊은 영성을 소유했을 때, 반목했던 형과 화해했습니다. **하나님의 영에 강권되면 용서하지 못할 일이 없고 이해하지 못할 사람이 없습니다.** 인간의 무력함을 인정하고 자아가 깨어진 자리에는 반드시 화목과 화해의 역사가 있습니다.

> "너희는 모든 악독과 노함과 분냄과 떠드는 것과 비방하는 것을 모든 악의와 함께 버리고 서로 친절하게 하며 불쌍히 여기며 서로 용서하기를 하나님이 그리스도 안에서 너희를 용서하심과 같이 하라"(엡 4:31-32)

아직도 용서하지 못하는 가족이 있습니까?

아직도 이해하지 못하는 사건이 있습니까? 자아의 무력함을 깨닫고 자아를 내려놓아 성령님의 인도를 받기 바랍니다. 고집과 아집이 깨어진 곳에 임하는 화평케 하시는 성령의 역사를 체험하기 바랍니다.

2. 교회 같은 가정을 세우기 위해 가족 구성원 모두가 예수님 안에서 거듭나야 합니다.

진정한 가족은 영적으로 통하는 가족입니다.

육으로는 한집에 살아도 영으로 하나가 되지 못한 가정은 온전한 가정이 아닙니다. 예수님은 "하나님의 뜻대로 행하는 자가 예수님의 형제요, 자매요, 어머니"라고 했습니다.

"그 때에 예수의 어머니와 동생들이 와서 밖에 서서 사람을 보내어 예수를 부르니 무리가 예수를 둘러 앉았다가 여짜오되 보소서 당신의 어머니와 동생들과 누이들이 밖에서 찾나이다 대답하시되 누가 내 어머니이며 동생들이냐 하시고 둘러 앉은 자들을 보시며 이르시되 내 어머니와 내 동생들을 보라 누구든지 하나님의 뜻대로 행하는 자가 내 형제요 자매요 어머니이니라"(막 3:31-35)

예수님은 가족제도를 무시하지 않으셨습니다.

예수님은 어려서부터 마지막 순간까지 부모에게 순종했고 십자가에 달려 죽으실 때 어머니를 제자 요한에게 부탁하실 정도로 어머니를 생각하고 효도했습니다. 예수님은 또한 가나의 혼인 잔치에 가서서 결혼과 새 가정을 축복해 주셨습니다. **예수님은 가족과 가족 제도를 귀중하게 보셨습니다.**

그러나 예수님은 육신의 가족관계에 머무르기를 원하지 않으셨습니다. 우리에게도 육신적 관계도 중요하지만 영적 관계가 더욱 중요합니다. 우리는 인간중심적 가족관계에서 하나님 중심적 가족관계로 나아가야 합니다. 온 가족이 예수님 안에서 거듭나도록 인도해야 하고, 예수님 안에서 거듭난 형제자매를 가족으로 여겨야 합니다.

"너희가 다 믿음으로 말미암아 그리스도 예수 안에서 하나님의 아들이 되었으니 누구든지 그리스도와 합하기 위하여 세례를 받은 자는 그리스도로 옷 입었느니라 너희는 유대인이나 헬라인이나 종이나 자유인이나 남자나 여자나 다 그리스도 예수 안에서 하나이니라"(갈 3:26-28)

혹시 아직 가족 구성원 모두가 예수님을 믿지 않고 영으로 하나 되지 못했다 하더라도 낙심하지 마십시오. 우리의 영혼이 먼저 성령의 충만함을 받고 가정의 축복의 통로, 빛의 통로로 세워지기 바랍니다. 가족 구성원 중에 한 사람이라도 강력한 그리스도의 영으로 무장하면 온 집안에 흐르는 영적 분위기가 바뀝니다.

"강한 자가 무장을 하고 자기 집을 지킬 때에는 그 소유가 안전하되 더 강한 자가 와서 그를 굴복시킬 때에는 그가 믿던 무장을 빼앗고 그의 재물을 나누느니라"(눅 11:21-22)

우리는 강력한 예수 그리스도의 영으로 무장하여 가정을 지키고 교회 같은 가족, 가족 같은 교회를 세워야 합니다.

예수님의 보혈로 온전히 거듭난 사람은 교회를 가족으로 느끼고, 가족을 교회로 느낍니다. 교회는 가족이 되고 가족은 교회가 되는 것이 바로 이상적인 하나님 나라입니다. 예수님은 그리스도의 피로 하나 된 교회를 만들었을 때 어머니 마리아가 육신의 어머니가 아니라 교회의 일원으로서 새롭게 시작할 수 있음을 보여주셨습니다.

"예수의 십자가 곁에는 그 어머니와 이모와 글로바의 아내 마리아와 막달라 마리아가 섰는지라 예수께서 자기의 어머니와 사랑하시는 제자가 곁에 서 있는 것을 보시고 자기 어머니께 말씀하시되 여자여 보소서 아들이니이다 하시고 또 그 제자에게 이르시되 보라 네 어머니라 하신대 그 때부터 그 제자가 자기 집에 모시니라"(요 19:25-27)

예수님의 죽으심으로 이제 요한은 마리아의 아들이 되고, 마리아는 요한의 어머니가 된 것입니다. 육체적인 혈연을 넘어서 예수 그리스도의 피로 가족이 된 것입니다.

우리는 십자가로 말미암아 하나가 되었음을 깊이 깨닫고

더욱 서로 사랑해야 합니다.

아들이 어머니를 섬기듯 성도들은 서로 섬겨야 하고, 어머니가 아들을 품듯이 성도들은 서로 품어야 합니다. 인간적이고 육적인 정에 이끌리기보다 하나님의 뜻을 위해 연합하여 주님의 뜻을 이루는 교회를 세워야 합니다. 육적인 자녀와 부모의 관계에 머무르며 편파적이고 육적인 삶을 사는 것이 아니라 영적인 자녀와 부모의 관계가 되어서 모든 것이 주님의 것임을 삶으로 고백하고 오직 주님의 뜻을 이루기 위해 달려가기를 바랍니다.

우리의 영혼이 잘되어야 범사가 잘 되듯이, 우리가 영적인 가족을 돌보면 하나님은 우리의 육의 가족을 돌보아주십니다. 내 남편, 내 아내, 내 자녀만 중요하게 여기는 이기주의의 벽을 깨뜨리고 주 안에서 영적 가족을 돌보기 바랍니다. 복음을 전하며 영적 가족을 세울 때 우리는 백배의 부모의 복, 백배의 자녀의 복, 백배의 형제자매의 복을 누리며 치료의 복을 누릴 수 있습니다.

"내가 기뻐하는 금식은 흉악의 결박을 풀어 주며 멍에의 줄을 끌러 주며 압제 당하는 자를 자유하게 하며 모든 멍에를 꺾는 것이 아니겠느냐 또 주린 자에게 네 양식을 나누어 주며 유리하는 빈민을 집에 들이며 헐벗은 자를 보면 입히며 또 네 골육을 피하여 스스로 숨지 아니하는 것이 아니겠느냐 그리하면 네 빛이 새벽 같이 비칠 것이며 네 치유가 급속할 것이며 네 공의가 네 앞에 행하고 여호와의 영광이 네 뒤에 호위하리니 네가 부를 때에는 나 여호와가 응답하겠고 네가 부르짖을 때에는 내가 여기 있다 하리라 만일 네가 너희 중에서 멍에와 손가락질과 허망한 말을 제하여 버리고 주린 자에게 네 심정이 동하며 괴로워하는 자의 심정을 만족하게 하면 네 빛이 흑암 중에서 떠올라 네 어둠이 낮과 같이 될 것이며 여호와가 너를 항상 인도하여 메마른 곳에서도 네 영혼을 만족하게 하며 네 뼈를 견고하게 하리니 너는 물 댄 동산 같겠고 물이 끊어지지 아니하는 샘 같을 것이라"(사 58:6-11)

3. 교회 같은 가정을 세우기 위해 영혼을 보는 눈을 열고 서로의 영혼을 성장시키는 삶을 살아야 합니다.

교회 같은 가족을 세우기 위해 우리는 남편의 연봉보다 남편의 영혼에 더 관심을 가져야 하고, 자녀의 성적보다 자녀의 영혼에 더 관심을 기울여야 합니다. 영혼을 관리하고 영혼을 세우는 예배 중심적인 가정, 말씀 중심적인 가정을 세워야 합니다. 이를 위해 우리는 영혼을 보는 눈을 열어야 합니다.

많은 부모들이 자녀의 속마음을 모릅니다.

많은 남편과 아내들이 서로의 마음을 모릅니다. 속사람을 볼 수 있는 눈이 열리지 않았기 때문입니다.

언제나 듣고 싶은 말만 듣고 진심의 소리를 듣지 못하며,

가면을 쓴 얼굴만 보고 진짜 얼굴을 보지 못하기 때문에 가족의 영혼을 외면합니다. 한 이불 속에 남남이 많이 있습니다. 영의 눈이 열려서 가족의 영적 상태를 읽을 수 있기 바랍니다.

자녀의 영적 상태를 읽을 수 있는 부모는 자녀의 영혼이 죽어가는 것을 보고 절대로 방치하지 않습니다. 배우자의 영적 상태를 읽을 수 있는 사람은 배우자의 영혼이 지쳐가는 것을 보고 모른척하지 않습니다. 문제는 제대로 보지 못하는데 있습니다. 외로워서 부들부들 떨고 있는 속은 보지 못하고 차갑고 도도한 겉모습만 본다면, 두려움으로 가득 찬 속은 보지 못하고 거만한 겉모습만 본다면, 우리는 상대를 진정으로 이해할 수 없습니다.

얼굴이라는 말은 영혼을 뜻하는 '얼', 통로를 뜻하는 '굴'이 합쳐진 단어로 '영혼의 통로'라는 뜻을 가진 말입니다. **얼굴은 영혼의 통로입니다.** 우리의 얼굴을 통해 영혼의 모습이 비칩니다. 우리의 눈은 마음의 창이요, 마음은 영혼의 창이기에 우리의 얼굴은 우리의 영혼을 보여줍니다.

가족의 영적 상태를 볼 수 있는 영의 눈을 뜨기를 바랍니다.

유기농 음식보다 하나님의 말씀으로, 화려한 옷보다 하나님의 사랑으로 가정의 영성을 강건하게 하기 바랍니다. **인간의**

문제는 깨달음의 문제입니다. 하나님이 주시는 통찰력을 가지고 가족과 소통하며 행복한 하루하루를 보내는 천국 가정이 되기를 바랍니다.

"보라 형제가 연합하여 동거함이 어찌 그리 선하고 아름다운고 머리에 있는 보배로운 기름이 수염 곧 아론의 수염에 흘러서 그의 옷깃까지 내림 같고 헐몬의 이슬이 시온의 산들에 내림 같도다 거기서 여호와께서 복을 명령하셨나니 곧 영생이로다"(시 133:1-3)

우리는 우리의 삶을 통해 하나님의 얼굴을 나타내야 합니다. 자녀들에게 하나님을 보여주는 부모, 부모에게 하나님을 나타내는 자녀가 되어야 합니다. 서로에게 하나님의 사랑을 경험하게 하는 부부가 되어야 합니다. 유대인 격언 중에 이런 말이 있습니다.

"하나님은 세상 모든 곳에 직접 계실 수 없어서 어머니를 보냈습니다. 어머니가 계신 곳에 하나님이 계시고, 어머니의 마음이 하나님의 마음이요, 어머니의 손이 가는 곳에 하나님의 손이 가는 것이며, 어머니가 일하는 곳에 하나님이 일하고 계십니다."

우리는 영적으로 강건한 그리스도인이 되어 하나님을 나타냄으로 가정을 세워야 합니다. 많은 잔소리보다 중요한 것은 우리의 삶이 변화되는 것입니다. 많은 가르침보다 중요한 것이 우리의 영혼이 변화되는 것입니다.

우리는 그리스도의 빛을 발하고 향기를 발해야 합니다.

주님은 영이시기에 사람들 눈에 보이지 않지만 우리가 예수님과 함께 죽고 예수와 함께 살면 하나님의 형상을 회복해 많은 사람들이 우리를 통해 예수님을 볼 수 있습니다.

"너희는 세상의 빛이라 산 위에 있는 동네가 숨겨지지 못할 것이요 사람이 등불을 켜서 말 아래에 두지 아니하고 등경 위에 두나니 이러므로 집 안 모든 사람에게 비치느니라 이같이 너희 빛이 사람 앞에 비치게 하여 그들로 너희 착한 행실을 보고 하늘에 계신 너희 아버지께 영광을 돌리게 하라"(마 5:14-16)

4. 교회 같은 가정을 세우기 위해 가정 위에 허락하신 사명을 깨닫고 사명에 집중된 삶을 살아야 합니다.

초대교회는 가정집에서 세워졌습니다.

루디아의 집에서 빌립보 교회가 세워졌고, 브리스길라의 집에서 에베소 교회가 세워졌습니다. 그래서 사도 바울은 '누구누구의 집에 있는 교회가'라고 편지를 썼습니다.

"아시아의 교회들이 너희에게 문안하고 아굴라와 브리스가와 그 집에 있는 교회가 주 안에서 너희에게 간절히 문안하고 모든 형제도 너희에게 문안하니 너희는 거룩하게 입맞춤으로 서로 문안하라"(고전 16:19-20)

복음과 가족치유

초대교회는 믿음의 여러 가정들이 모인 공동체였습니다.

그러기에 가정이 교회였고, 교회가 가정이었습니다. 가장 성경적인 가정, 가장 능력 있는 가정은 교회로서의 가정으로 세워지는 가정입니다. 하나님은 각 사람마다 사명을 주셨고, 가정마다 사명을 주셨습니다. 우리는 하나님의 능력을 받고, 하나님의 보호를 받으며 천국 같은 가정을 이루기 위해 가정 위에 허락하신 사명을 깨닫고 사명에 집중된 삶을 살아야 합니다. 초대교회는 모든 가정이 하나가 되어 예배하는 일, 영혼 살리는 일에 주력했습니다.

"그들이 사도의 가르침을 받아 서로 교제하고 떡을 떼며 오로지 기도하기를 힘쓰니라 사람마다 두려워하는데 사도들로 말미암아 기사와 표적이 많이 나타나니 믿는 사람이 다 함께 있어 모든 물건을 서로 통용하고 또 재산과 소유를 팔아 각 사람의 필요를 따라 나눠 주며 날마다 마음을 같이하여 성전에 모이기를 힘쓰고 집에서 떡을 떼며 기쁨과 순전한 마음으로 음식을 먹고 하나님을 찬미하며 또 온 백성에게 칭송을 받으니 주께서 구원 받는 사람을 날마다 더하게 하시니라"(행 2:42-47)

가정이 교회로 세워지면 가족 구성원의 모든 인생이 영혼 구원을 위한 삶에 초점을 맞추게 됩니다. 부모가 돈을 버는 것도. 자녀가 공부를 하는 것도, 휴식을 취하고 먹고 마시는 일련의 과정도 모두 영혼 구원에 집중한 사명이 됩니다. **가정의 모든 삶이 예배와 사명이 될 때, 가정은 그리스도의 군대로**

우뚝 서서 주님의 사랑 안에서 스스로 세워지게 됩니다.

"그에게서 온 몸이 각 마디를 통하여 도움을 받음으로 연결되고 결합되어 각 지체의 분량대로 역사하여 그 몸을 자라게 하며 사랑 안에서 스스로 세우느니라"(엡 4:16)

우리의 가정은 사명에 집중된 가정으로 세워져야 합니다. 가정에 새로운 생명이 탄생하면 모두가 기뻐하듯이 가정이 사명을 감당함으로 한 영혼이 주님께로 돌아오면 새 생명으로 인한 천국의 기쁨이 샘솟습니다.

"아버지가 이르되 얘 너는 항상 나와 함께 있으니 내 것이 다 네 것이로되 이 네 동생은 죽었다가 살아났으며 내가 잃었다가 얻었기로 우리가 즐거워하고 기뻐하는 것이 마땅하다 하니라"(눅 15:31-32)

가장 지혜롭게 가정을 돌보는 길, 가장 능력 있게 가정을 보호하는 길은 가정을 교회와 같은 영적 공동체, 사명 공동체로 세우는 것입니다.

우리는 인간의 힘으로 자녀를 행복하게 양육할 수 없고, 부모를 행복하게 모실 수 없으며, 배우자를 충만하게 사랑할 수 없습니다. 오직 하나님의 능력만이 우리 가정을 온전하게 할 수 있습니다. 우리는 가정을 무너뜨리는 사탄의 계략을 깨닫고 예수님 이름으로 물리쳐야 합니다.

교회 같은 가족을 세우기 위해 인간의 힘으로 가정을 지킬 수 없다는 사실을 인정하고, 가족 구성원 모두가 예수님 안에서 거듭나야 합니다. 영혼을 보는 눈을 열고 서로의 영혼을 성장시키는 삶을 살아야 합니다. 사명을 깨닫고 사명에 집중하는 삶을 살아야 합니다. 사명에 집중하는 삶을 살아감으로 많은 영혼을 살려 이 땅에서도 천국을 누리는 가정이 되기 바랍니다.

우리 모두가 교회 같은 가족, 가족 같은 교회를 세움으로 현세에서 가정의 복을 백배나 받고 내세에 영생을 누리는 기적의 주인공이 되기를 주님의 이름으로 축원합니다.

주님과 동행하는 기쁨 나누기

1. 교회 같은 가정을 세우기 위해 해야 할 일은 무엇일까요?

( ) 안에 맞는 단어는 무엇입니까?

(1) 인간의 힘으로 ( )을 지킬 수 없다는 사실을 인정해야 합니다
가정은 하나님으로부터 시작되었으며, 하나님이 기획하시고 이루신
혈연 공동체요, 생명 공동체입니다. 남녀가 만나 가정을 이루고 자
녀의 생명이 태어나는 모든 과정 속에는 하나님의 역사가 있습니다.
그러므로 가정을 행복하게 세우고 지키는 힘은 오직 하나님께 있습
니다.
● 당신의 삶과 가정을 하나님께서 이루고 계심을 믿습니까?

(2) 가족 구성원 모두가 예수 안에서 거듭나야 합니다.
우리는 '인간 중심적 가족 관계'에서 '하나님 중심적 가족 관계'로 나
아가야 합니다. 온 가족이 예수님 안에서 거듭나도록 인도해야 하고,
예수님 안에서 거듭난 형제자매를 가족으로 여겨야 합니다.
● 가족 중에 누구의 구원을 위해 기도하고 있습니까?

(3) 영혼을 보는 눈을 열고 서로의 영혼을 성장시키는 삶을 살아야 합
니다.
영혼을 관리하고 영혼을 세우는 예배 중심적인 가정, 말씀 중심적인
가정을 세워야 합니다. 이를 위해 우리는 영혼을 보는 눈을 열어야 합
니다.
● 예배 중심적인 가정을 이루기 위해 무엇을 하고 있습니까?

2. 아래 성구를 보고 당신의 삶에 일어난 일을 나누십시오.

(1) 야고보서 1장 15절 – "욕심이 잉태한즉 죄를 낳고 죄가 장성한즉 사망을 낳느니라"

(2) 창세기 3장 4-6절 – "뱀이 여자에게 이르되 너희가 결코 죽지 아니하리라 너희가 그것을 먹는 날에는 너희 눈이 밝아져 하나님과 같이 되어 선악을 알 줄 하나님이 아심이니라 여자가 그 나무를 본즉 먹음직도 하고 보암직도 하고 지혜롭게 할 만큼 탐스럽기도 한 나무인지라 여자가 그 열매를 따먹고 자기와 함께 있는 남편에게도 주매 그도 먹은지라"

(3) 디모데전서 5장 8절 – "누구든지 자기 친족 특히 자기 가족을 돌보지 아니하면 믿음을 배반한 자요 불신자보다 더 악한 자니라"

3. 아래 성구의 (   )에 맞는 단어를 넣고 가능하면 암송합시다.

"그에게서 온 몸이 각 마디를 통하여 (   )을 받음으로 연결되고 (   )되어 각 지체의 분량대로 역사하여 그 몸을 자라게 하며 (   ) 안에서 스스로 세우느니라"(엡 4:16)

10-1 사람들의 사랑은

작사/작곡 이순희

사 람들의사랑은 순 간적인기쁨 줄 수있지만

서 로의영혼에 참 만족을주지못하 네

하 나님 의사랑끝없는사랑 조 건없는사랑이라 네

하 나 님 을사랑하는부부는 주 의사랑으로사랑 하 네

뜨 거운 사 랑 으로— 더 깊은사랑으로—

한 없 는 사 랑 으로— 조 건없는사랑 으로—

가 정의모든문제 넉 넉하게풀어 풀어나가네

건 강하고행복한 천 국가정세—우—네

복음과 가족치유

10-2 사람의 사랑 이기적인 사랑

작사/작곡 이순희

제10장 교회 같은 가족, 가족 같은 교회

⟨복음과 가족치유 INDEX⟩

1장

1. **사무엘 스마일즈:** (Samuel Smiles, 1812년 12월 23일~1904년 4월 16일) 스코틀랜드의 작가이다. 에든버러 대학(University of Edinburgh)에서 의학 공부를 했다. 1840년 스마일즈는 "단순한 정치 개혁만으로는 오늘날 사회 곳곳에 펼쳐져 있는 악들을 제거하지 못한다"라고 주장하며 '개인 개혁'의 중요성을 강조했고, 성공을 위한 최고의 길은 '자조(self help)'임을 강조했다. 근면, 절약, 자기계발을 논하는 그의 책 『자조론(Self-Help)』은 1859년에 전 세계로 출간되었다. '스마일즈의 4대 복'으로 일컬어지는 후속작 『인격론(Character)』(1871), 『검약론(Thrift)』(1875), 『의무론(Duty)』(1880) 등을 집필하였다.

2. **웨브:** 마르다 베아트리스 웨브(Martha Beatrice Webb, 1858년 1월 22일~1943년 4월 30일) 영국의 여성 사회학자, 경제학자, 사회주의자, 노동 역사가였다. 시드니 웨브(Sidney James Webb)의 아내로, 부부 공동의 학문 연구, 사회주의 사상의 보급, 정치 활동, 학교경영 활동을 하였다. 1895년에 런던정치경제대학교를 설립했다. 사회경제 개혁의 선구자인 웹 부부는 영국의 사회사상과 제도에 깊은 영향을 미쳤다. 저서로는 『영국 노동조합 운동』이 있다.

3. **수잔 포워드:** (Susan Forward, 1858년 1월 22일~1943년 4월 30일) 세계적으로 유명한 미국의 심리치료사이자 대중 저술가. UCLA 대학원에서 정신의학의 사회적 연구로 석사, 박사학위 취득. 미국 ABC 라디오 방송 상담 프로그램을 진행하였고, 심리치료에 관한 많은 저술과 강연 활동으로 주목받고 있다. 주요 저서로는 ⟨뉴욕타임스⟩ 선정 베스트셀러를 기록한 『독이 되는 부모가 되지 마라(Toxic Parents)』와 『사랑이 나를 미치게 할 때(Men Who Hate Women and the Women Who Love Them)』 등이 있다.

4. **엘머게이츠:** (Elmer Gaits, 1929년~2015년) 미국의 세계적인 심리학자로서 인간의 '화(禍), 분노가 담긴 숨결의 독성'을 실험으로 증명했다. 인간이 토해내는 숨을 액체 공기로 냉각시키면 침전물이 생기는데 이 침전물의 색깔이 호흡을 할 때의 감정에 따라 달라진다는 것이었다. 엘머 게이츠 박사가 가진 특허권은 에디슨보다 훨씬 많은 것으로 유명하다.

5. **라 로슈푸코:** (francois de la Rochefoucauld, 1613년 9월 15일~1680년 3월 17일) 17세기 프랑스의 고전 작가이자 사상가. 파리의 귀족 가정에서 태어나 정계에 뛰어들었으나 반란과 음모에 휘말려 투옥되었다. 석방 후 정치적 야심을 버리고 파리에 거주하면서 사색과 저술로 후반생을 보냈다. 주요 저서로는 『잠언과 고찰』이 있다. 인간 심리의 미묘한 심층과 깊은 성찰을 담고 있다.

2장

1. **에디 쉐이퍼:** (Edwin H. 'Ed' Shaper, 1931~2018년 3월 28일) 미국의 교육학자. 가정치유학 분야의 선구자. 뉴욕 버팔로에서 어린 시절을 보내고 캘리포니아 대학교 버클리 캠퍼스에서 심리학 학사, 메릴랜드 대학교에서 석사와 박사 취득. 이후 펜실베니아 주립 대학교에서 교육학 교수가 되어 가정 치유학 분야에서 많은 논문과 책을 쓰며 연구를 이어나갔다. 그는 가정이 인격 발달 및 자아실현에 중요한 역할을 한다고 주장했으며, 가정 갈등해결과 가족 간의 커뮤니케이션, 정서적 안정 방법에 대해서도 연구했다. 1981년 가정치유학 분야에서 최고의 상으로 여겨지는 'Distinguished Contribution to Family Therapy Award'를 수상했다.

2. **데이비드 스투프:** (David Stoop, 1937년 6월 10일~2021년 3월 10일) 가족 치료사이자, 상담심리학자이며, YWAM 열방대학의 주강사. 그는 아내 잰과 함께 캘리포니아 뉴포트 비치에 살았으며 가족치료센터를 운영했다. 공인 심리학자이자 가족 상담사로 35년 이상 결혼 생활과 가족을 강화하

기 위해 노력했다. 라디오 및 TV 프로그램 「New Life Live」의 공동 진행자였다. 40권이 넘는 책을 집필, 공동 집필했으며 그중 대부분 베스트셀러가되어 수백만 권이 팔렸다. 창의적이고 뛰어난 작가로 많은 사람에게 존경과 사람을 받았다. 대표적인 저서로 『부모를 용서하기 나를 용서하기』, 『좋은 아버지를 향한 발돋움』, 『기질을 알면 자녀가 보인다』, 『완벽주의로부터의 해방』, 『영성 회복을 위한 일곱 가지 열쇠』 등이 있다.

3. **존 F. 케네디:** (John Fitzgerald Kennedy, 1917년 5월 29일~1963년 11월 22일) 하버드대학에서 정치학을 공부하고, 메사추세츠 하원의원, 상원의원을 거쳐서 미국의 35대 대통령으로 당선되었다. 미국 진보층과 민주당지지자들에게 정신적 지주였다. 그의 취임 연설은 20세기 미국을 대표하는명연설로 남아있다. "조국이 여러분을 위해 무엇을 할 수 있는가를 묻지 말고, 여러분이 조국을 위해 무엇을 할 수 있는가를 물으십시오." 그는 쿠바위기를 해결하고, 아폴로 계획을 출범시켰다. 초선 2년 10개월만인 1963년 텍사스에서 암살당했다.

4. **재클린 케네디 오나시스:** (Jacqueline Lee Kennedy Onassis, 1929년 7월28일~1994년 5월 19일) 제35대 미국 대통령인 존 F. 케네디의 배우자로당시 미국인들에게 많은 사랑을 받았던 영부인이다. 대통령 부부는 호황기미국의 이미지와 어울리는 시대적 아이콘으로 사랑받았고 사람들은 그녀를 '재키'라고 부르며 많은 지지를 보냈다. 그녀는 남편 케네디 대통령과 함께 전 세계 순방길에 동행하였고 가는 곳마다 각국의 지도자들을 매료시켰다고 한다.

5. **에이브러햄 링컨:** (Abraham Lincoln, 1809년 2월 12일~1865년 4월 15일) 미국의 제16대 대통령. 공화당 출신 첫 대통령으로 미국의 역사와 정치에 있어서 결코 빼놓을 수 없는 인물이며, 미국뿐만 아니라 전 세계에서 가장 존경받는 사람 중 하나이다. 가난한 가정에서 태어난 링컨은 스스로 공부하고 독학으로 학업을 마친 뒤에 변호사가 되었다. 정계에 들어선 뒤에일리노이주 의원이 되었고 하원의원을 한번 했다. 상원의원 선거에서 두

번 실패했지만 포기하지 않았고 1860년 11월 6일 마침내 제16대 대통령이 되었다. 그는 임기 동안 남북전쟁으로 미국을 하나로 통합했으며, 노예해방 예비 선언을 발표하여 미국의 역사를 새롭게 썼다.

6. **게리 콜린스:** (Gary R. Collins, 1934년 10월 22일~2021년 12월 13일) 미국기독교상담가협회 회장과 세계상담가연구소 소장 역임. 기독교 상담을 주도한 기독교 상담계의 대부. 미국 퍼듀대학교에서 임상심리학(Ph.D) 전공. 덴버 신학대학교에서 신학대학원 과정 이수. 트리니티 복음주의 신학대학교에서 20여 년간 기독교 상담학을 가르쳤다. 그는 생전 60권이 넘는 책을 썼고, 주요 저서로는 『기독교 상담의 성경적 기초』, 『New 크리스천 카운슬링』, 『기독교와 상담 윤리』(이상 두란노), 『훌륭한 상담자』(생명의말씀사) 등이 있다.

7. **데이브 카더:** (Dave Carder, 1945~) 32년간 캘리포니아 풀러턴에 있는 제일복음주의자유교회에서 상담 사역 목사로 섬겼다. 그는 평신도 상담 프로그램을 감독 및 훈련하고 있다. 성서 문학과 결혼과 가족치료 분야에서 학위를 취득한 그는 캘리포니아 결혼 및 가족 치료사 협회의 임상 회원이다. 주요 저서로는 『가계도의 비밀』, 『찢어진 산산조각: 부부가 불신앙에서 회복하도록 돕기』 등이 있다.

8. **팀 슬레지:** (Tim Sledge) 미국 텍사스 오스틴 태생. 목회자, 상담가, 라디오 토크쇼 진행자, 작가로 활동. 1976년 서던 침례 신학대학원에서 목회학 박사학위를 취득. 그 후 미국 17개 주에서 그리스도 안에서의 정서적 치유와 회복에 대해 가르치고, 유니온침례교연합회 상담소에서 성인 아이 상담에 힘쓰고 있다. 1996년부터는 매일 1시간씩 라디오 토크쇼 프로그램 「Giant Steps」를 진행하고 있다.

9. **낸시 커티스:** (Nancy Fry Curtis) 작가, 교사. 주요 저서로는 『생존의 너머서』(Beyond Survival : The New Testament Solution for Adult Children of Alcoholics)가 있다.

10. **앨버트 엘리스:** (Albert Ellis, 1913년 9월 27일~2007년 7월 24일) 합리적 정서행동치료(REBT)의 창시자. 컬럼비아 대학교와 미국 전문 심리학위원회(ABPP)에서 임상심리학 석사 및 박사학위 취득. 앨버트 엘리스 연구소(Albert Ellis Institute)를 창립해 수십 년간 소장을 역임했다.

11. **로버트 해퍼:** 로버트 알란 해퍼(Robert Allan Harper, 1915~2004) 심리학, 사회학 교수. 미군 정신과 사회 복지사, 결혼 및 가족 상담가. 그의 관심은 사회적 행동의 순응에 있었다.

12. **존 로크:** (John Locke, 1632년 8월 29일~1704년 10월 28일) 잉글랜드 왕국의 철학자, 정치 사상가. 정부의 정당성에 대해 연구하였으며 프랑스 혁명과 미국 독립운동에 사상적 기반을 마련했다. 그래서 '근대 자유주의의 시조'라고 불린다. '경험론'으로도 잘 알려져 있는데 그의 저서 중 『인간 오성론』은 인간이 백지상태로 태어나 다양한 경험을 통해 지식을 습득해 나간다고 주장한다.

13. **로버트 서비:** 로버트 서펠(Robert J. Serpell) 잉글랜드에서 출생. 심리학, 문화 심리학, 교육 심리학 연구자. 옥스퍼드 대학에서 박사 취득 후에 자바 상업 대학교 교수로 재직 중이다. 같은 지역 출신 교육학자 에디 쉐이퍼와 같이 망각 체계론적 가정치료모델을 발표했고, 가정치료 프로그램 계발에 힘써왔다.

14. **윌리엄 제임스 홀:** (William James Hall, 1860년 1월 16일~1894년 11월 24일) 1890년대 조선에서 활동한 선교사이다. 의과대학을 졸업한 그는 뉴욕에서 일하다가 감리교 감독 교회 의료 선교부에서 의료 감독관이 되었다. 아내 로제타 셔우드와 함께 선교 사업에 지원해 조선에 오게 되었다. 3년간 조선 사람들을 치료하는데 힘썼으며, 1894년 11월 24일 대동강 유역에 있던 부상자를 돌보다가 장티푸스에 걸려 세상을 떠났다.

15. **로제타 셔우드 홀:** (Rosetta Sherwood Hall, 1865년 9월 19일~1951년)

윌리엄 제임스 홀의 아내. 1890년 조선 최초의 여성전문병원인 이화여자대학교 의료원에서 이화학당 학생 5명에게 의학을 가르쳤고 그중 박에스더를 미국 유학까지 보내 조선 최초의 여의사로 양성시켰다. 그녀는 43년간 교육과 치료를 위해 힘썼으며 특별히 조선 여성들에게 많은 영향력을 끼쳤다. 평양맹아학교를 설립하는 등 평양에서도 많은 일을 하였고, 한글 점자를 최초로 사용했다.

16. **박에스더**: (1876년 3월 16일~1910년) 한국 최초의 여의사. 본명 김점동. 에스더라는 이름은 세례명이며 성은 남편의 성을 따라 '박'이 되었다. 그녀는 이화학당에 네 번째 학생으로 입학했다. 이화학당에서 영어와 의학을 배웠으며 로제타 셔우드 홀의 도움으로 미국 볼티모어 여자 의과대학에서 공부했다. 1900년 의사가 되어 조선으로 돌아온 박에스더는 보구녀관(여성병원)에서 일하며 10개월간 3,000명이 넘는 환자들을 돌봤다. 하지만 안타깝게도 1910년 4월 13일 폐결핵에 걸려 34세의 나이로 세상을 떠났다.

17. **셔우드 홀**: (Sherwood Hall, 1893년 11월 10일~1991년 4월 5일) 윌리엄 제임스 홀과 로제타 홀의 아들로 서울에서 태어났다. 1928년 일제강점기 조선에 결핵 요양소를 세우고 '결핵 환자의 위생학교'라는 이름을 붙였다. 1932년 결핵 요양소 운영비를 마련하기 위해 최초로 남대문을 그린 크리스마스 씰을 만들었다. 1904년 일본 헌병대에게 간첩 혐의로 체포된 뒤에 조선을 떠나 인도에서 의료선교를 하다가 1963년 은퇴하고 캐나다 밴쿠버에서 세상을 떠났다. 그의 유해는 1992년 4월 10일 한국에 있는 양화진선교사 묘원에 옮겨졌다.

18. **메리안 B. 홀**: (Marian Bottomley Hall, 1896년 6월 21일~1991년 9월 19일) 1896년 영국에서 태어나 1911년 캐나다로 이민하였다. 1918년 유니온 대학 재학 중 셔우드와 약혼했다. 1920년 필라델피아 여자의과대학에 입학하고 1925년 미국감리회 선교사로 임명되고 1년 뒤에 조선땅에 왔다. 해주 구세병원과 요양원에서 의료선교사로 활동하며 결핵 퇴치와 크리스마스 씰 발행에 힘썼다. 그녀는 헌신적으로 환자를 돌봐 주위 사람들로

부터 인정을 받았다. 1941년 일제탄압으로 한국을 떠나 인도에서 결핵 사업을 이어가다가 은퇴한 뒤에 남편과 함께 캐나다로 돌아갔다. 그녀가 별세한 뒤에 그녀의 유해는 한국에 돌아와 양화진선교사 묘원에 안장되었다.

3장

1. **에이미 멕도웰 말로우:** (Amy McDowell Marlow) 13살에 아버지의 자살로 인해 PTSD(외상 후 스트레스 장애)에 시달렸고 20년째 우울증과 불안장애에 시달리고 있다. 워싱턴포스트지에 "우리 아버지는 내가 13살 때 자살하셨습니다"를 기고했고, 워싱턴 포스트(Washington Post)가 2019년 9월 14일 자로 보도했다.

2. **빌 렌즈:** (Bill Lenz, 1958~2017년 12월 4일) 미국 윌리엄스 베이(Wiliams Bay) 태생. 워싱턴 주립대학교(Washington State University) 학사, 1985년 캘리포니아 비엔나(Vienna)의 그레이스 바이블 칼리지(Grace Bible College) 신학 석사. 크라이스트더락 교회(Christ the Rock Community Church)에서 2000년부터 담임목사로 있었다. 그는 자살 예방을 위한 사역과 기관들을 지원했지만 정작 본인은 2017년 12월 4일 자살로 세상을 떠났다.

3. **클라우스 랑에:** (St. Thomas Aquinas/ Fr. Thomas Aquinas OP, 1225년 ~1274년 3월 7일) 본명 토마스 아퀴나스. 도미니코회 수사 신부이자 중세 기독교의 대표적 신학자, 스콜라 철학자, 토마스 학파의 창시자, 교회 학자 35명 중 한 명. 주요 저서로는 『신학대전』(Summa Theologica), 『대이교도 대전』(Summa contra Gentiles), 『명제집 주석』 등이 있다.

4. **게오르그 짐멜:** (Georg Simmel, 1858년 3월 1일~1918년 9월 28일)은 독일 출신의 사회학자. 그는 신칸트 학파의 영향을 받아 상대주의적 철학을 일관, '생의 철학'의 입장을 고수했다.

5. **이은주:** 경남대학교 간호학과 교수. 여성건강간호학 전공.

6. **백세희:** (1990년~) 문예창작학과 졸업 후 출판사에서 5년 근무. 그녀는 기분부전장애(경도의 우울증)와 불안장애로 10년 넘게 정신과를 찾았다. 책을 읽고 글을 쓰는 것과 떡볶이를 좋아한다. 주요 저서는 『죽고 싶지만 떡볶이는 먹고 싶어 1, 2』, 『다름 아닌 사랑과 자유』(공저)이다.

7. **켄 산데:** (Ken Sande)는 피스메이커 미니스트리 설립자이자 대표. 현재는 미국 중재협회의 회원이며, 기독교 법률회와 몬태나주 논쟁 해결위원회의 이사로 활동 중. 1982년부터 성경적인 원리를 사용해 교회 분열과 사업, 가정 상의 논쟁을 포함한 수백 개의 갈등사를 해결하는 데 큰 역할을 했다. 주요 저서로는 『피스메이커』, 『화평하게 하는 자』, 『화평한 가정 만들기』 등이 있다.

8. **톰 라브:** 톰 라스(Tom Rath)는 미국의 저명한 저자. Gallup 조사기관의 공동 저자. 그는 인적 자원과 조직 개발 분야에서 활동 중, 성과 개선, 직원 참여, 리더십, 삶의 만족도 등 다양한 주제에 대해 연구하고 책을 출판하고 있다. 대표작으로는 『Strengths Finder 2.0』, 『Wellbeing: The Five Essential Elements』, 『Eat Move Sleep』, 『화평한 가정 만들기』 등이 있다.

9. **손양원:** (1902년 6월 3일~1950년 9월 28일) 장로교 목사. 1929년 경남 성경 학교를 졸업하고 전도사로 일하다가 1938년 평양 신학교를 졸업. 신사참배를 거부해 감옥에 갇혔다가 8.15 해방으로 출옥하여 1946년에 목사가 되었다. 1948년, 여순 사건으로 2명의 아들이 공산당에 의해 살해되었으나 가해자들을 탄원하여 석방시키고 양자로 삼았다. 1950년에 6.25전쟁 때 피난을 가지 않고 행동이 부자유한 병자들과 교회를 지키다가 공산당원들에 의해 미평에서 순교.

4장

1. **쇼펜하우어:** 아르투어 쇼펜하우어(독일어: Arthur Schopenhauer, 1788년 2월 22일~1860년 9월 21일)는 독일의 철학자. 자신이 칸트의 사상을 비판적으로 받아들였으며 칸트의 사상을 올바르게 계승했다고 확신했다. 대학강의에서 헤겔과 충돌한 후 대학교수들의 파벌을 경멸하여 아무런 단체에도 얽매이지 않고 대학교 밖에서 줄곧 독자적인 연구 활동을 지속했다. 인생 전반에 관한 수필집 『여록과 보유』로 유명 인사가 됐다.

2. **칼 바르트:** (Karl Barth, 1886년 5월 10일~1968년 12월 10일) 스위스의 개혁 교회 목사이자 20세기의 대표적인 신학자로 꼽힌다. 당시 주류를 이루던 자유주의 신학에 반대했지만 정통주의 신학의 관점과도 차이를 보여 그의 신학적인 성격을 '신정통주의'라고 부른다. 폴 틸리히, 에밀 브루너와 루돌프 불트만과 함께 20세기 초 개신교 신학계를 주도했다.

3. **성 어거스틴:** 아우구스티누스(Augustinus, 354~430) 오늘날 알제리에 속하는 로마제국의 아프리카 지역에서 태어났다. 그는 원래 마니교를 신봉하였으나 386년 기독교로 개종하였다. 아우구스티누스의 주요 저작으로는 『고백록』과 『신국』이 있다. 그는 『고백록』에서 마니교의 경험과 플라톤의 철학이 비물질적 실체의 존재를 생각하도록 하였다고 쓰면서도 이러한 관점에서 벗어나 악의 문제에 대한 신학적 응답을 시도했다. 『신국』에서는 그의 신정론을 더욱 발전시켜 인간의 역사 과정과 그 결과에 접목하였다.

4. **비벌리 엔젤:** (Beverly Engel) 분노와 정서적 학대, 여성, 인간관계 문제에서 세계적인 권위를 인정받고 있는 전문 심리치료사로서, 30년 넘게 임상 현장에서 사람들을 만나고 있다. CNN 방송과 「오프라 윈프리 쇼」를 비롯해 「Donahue」, 「Ricki Lake」, 「Starting Over」와 같은 여러 유명 텔레비전 프로그램에 출연해 사람들의 아픔을 어루만지면서 상담 지식을 대중화하는데 노력하고 있다. 최근에는 온라인 상담이 가능한 홈페이지(www.beverlyengel.com)도 운영하고 있으며, 자신의 풍부한 임상 경험을 바탕으

로 여러 책을 펴내기도 했다. 주요 저서로는 『화의 심리학』, 『이중인격』, 『사랑과 자아를 지켜가는 여성들의 아주 특별한 지혜』 등이 있다.

5. **토마스 J. 왓슨:** (Thomas John Watson Sr., 1874년 2월 17일~1956년 6월 19일) IBM의 전 회장이자 CEO이다. 그는 1914년부터 1956년까지 이 회사가 국제적으로 성장하는 일을 감독하였다.

6. **폴 트립:** 폴 데이비드 트립(Paul David Tripp) 미국 텍사스주에 있는 목회 상담센터(The Center for Pastoral Life and Care)와 폴트립미니스트리(Paul Tripp Ministries)의 대표이자 탁월한 강연자이자 목회 상담가이자 작가다. 리폼드에피스코팔신학교(Reformed Episcopal Seminary)에서 목회학 석사(M.Div), 웨스트민스터신학교(Westminster Theological Seminary)에서 성경적 상담으로 목회학 박사(D. Min) 학위 취득. 수년간 필라델피아에 있는 기독교상담교육재단(CCEF)에서 교수진으로 함께했다. 리디머신학교(Redeemer Seminary)와 남침례신학교(Southern Baptist Theological Seminary)에서 목회 상담학을 가르쳤으며, 텐스교회(Tenth Presbyterian Church)에서 목사로 섬겼다. 그의 저서로는 『지금 누리는 하나님 나라』, 『목회, 위험한 소명』, 『경외』, 『완벽한 부모는 없다』, 『고난』, 『눈보다 더 희게』, 『폴 트립의 복음 묵상』, 『폴 트립의 소망 묵상』(이상 생명의말씀사) 등이 있다.

7. **브레넌 매닝:** (Brennan Manning, 1934년 4월 27일~2013년 4월 12일) 미국 로마 가톨릭교회 신부이자 영성가. 로마 가톨릭교회 가정에서 태어났으며, 고등학교 졸업 후 미국 해병대원으로 한국전쟁에 참여했다. 샌프란시스코 대학교 졸업 후 신학교(Semitary)에 진학했다. 1963년 신학교를 졸업한 후 프란체스코 수도회에 입회하였다. 수도원에서 사제서품을 받은 그는 수년 후 프란체스코 수도회에 소속되어 있는 「예수의 작은 형제회」(The Little Brothers of Jesus)에서 노동에 종사하면서 수도 생활을 했다. 그의 저서로는 『어리석은 자는 복이 있나니』, 『아바의 자녀』, 『신뢰』, 『사자와 어린양』 등이 있다.

8. **폰라트:** 게르하르트 폰라트 (Gerhard von Rad, 1901년 10월 21일~1971년 10월 31일) 독일의 성직자이자 구약학자. 독일 뉘른베르크 태생. 에를랑겐 대학과 튀빙겐 대학에서 교육을 받고 20세기를 대표하는 구약학자가 되었다. 일생동안 18권의 권위 있는 단행본과 73편의 논문, 그리고 71개의 서평을 썼다. 그중에서도 1957년과 1960년에 출판된 그의 대표작 『구약성서신학』(Theologie des Alten Testaments Ⅰ, Ⅱ)은 오늘날 구약 학도들의 필독서로 간주되고 있다.

5장

1. **클린턴 가드너:** (Clinton Gardner)는 미국의 사회학자이며, 가족 및 부모·자녀 관계, 이혼과 재혼, 그리고 가족 간 갈등 등에 대해 연구했다. 미국 펜실베이니아 주립대학교에서 교수로 활동하고 있으며, 다수의 연구 논문과 책을 저술했다. 주요 저서로는 『Families Without Fathers』가 있다.

2. **데니스 레이니:** (Dennis Rainey, 1948~) 아내 바바라 레이니와 국제대학생선교회(C.C.C.) 협력 기관인 패밀리 라이프 닷컴(Family Life.com)의 공동 설립자이다. 그는 매주 「패밀리 라이프 투데이」라는 라디오 프로그램을 진행하고 있는데 매주 2백만 명이 듣는다. 또 그는 전 세계를 다니며 「기억할 주말」이라는 콘퍼런스를 진행하고 있으며 50건 이상의 책을 썼다. 주요 저서로는 『결혼 생활의 압력을 극복하는 쉼표 하나』(Pressure Proof Your Marriage), 『영적으로 건강한 가정 만들기』(Growing a Spiritually Strong Family), 『서로 친밀한 부부』(Building Your Marriage to Last), 『부부가 함께하는 순간』(Moments Together for Couples) 등이 있다.

3. **에드워드 기번:** (Edward Gibbon, 1737년 5월 8일~1794년 1월 16일) 영국의 역사가. 주요 저서로 『로마 제국사』가 있다.

4. **윌리엄 오그번:** 윌리엄 필딩 오그번(William Fielding Ogburn, 1886년 6

월 29일~1959년 4월 27일) 미국의 사회학자이자 통계학자, 교육자. 그는 1919년부터 1927년까지 컬럼비아 대학교에서 사회학 교수로 재직했고, 이후 시카고 대학교 사회학과 학과장이 되었다. 1929년에는 미국 사회학회 회장을 역임했고, 1920년부터 1926년까지 미국 통계 협회 저널의 편집인이었다. 또 1931년에는 미국 통계 협회 회장으로 역임했다. 1930년부터 사회 동향 위원회에서 연구 책임자로 일하며 최근 사회 동향을 만드는데 큰 역할을 했다.

5. **벤저민 워필드**: 벤저민 B. 워필드(Benjamin Breckinridge Warfield, 1851년 11월 5일~1921년 2월 16일) 아브라함 카이퍼와 헤르만 바빙크와 함께 세계 3대 칼빈주의 신학자로 프린스턴 신학교 교수였다. 짧은 기간 목회하고 그 뒤부터 신학을 가르치는 일에 전념했던 그는 성경의 무오류성을 주장하며 성경의 권위를 정립하는데 큰 공헌을 했다. 1921년 2월 16일 70세의 나이로 세상을 떠났다.

6. **루스벨트**: 프랭클린 델러노 루스벨트(Franklin Delano Roosevelt, 1882년 1월 30일~1945년 4월 12일) 미국의 제32대 대통령이며, 역대 최연소 미국 대통령, 미국 대통령 역사상 가장 많은 책을 저술한 인물, 가장 오래 연임한 인물로 여겨진다. 그는 12년의 임기 동안 대공황과 제2차 세계대전을 겪었지만 뛰어난 리더십으로 미국이 위기를 벗어나 초강대국으로 성장하도록 기반을 마련했다.

7. **안나 루스벨트**: 안나 엘리너 루스벨트(Anna Eleanor Roosevelt, 1884년 10월 11일~1962년 11월 7일) 미국 제32대 대통령인 프랭클린 D. 루스벨트의 부인이다. 그녀는 대중적인 인물로서 미국 역사에서 가장 활동적인 영부인으로 알려져 있다. 그는 영부인으로서 대통령 뒤에 머물며 국내적 문제만 다루는 것이 아니라 전국에 강의를 열고, 여성 리포터들만을 위해 350회의 기자 회견을 열었으며, 신문과 잡지를 위한 문서들을 썼다. 또 젊은이와 소수 민족을 위해 인권 투쟁을 벌였다. 제2차 세계대전 당시에는 미군들을 만나기 위해 세계를 순회하였다.

6장

1. **팀 켈러:** 티모시 켈러(Timothy Keller, 1950년 9월 23일~) 미국의 목사, 신학자 및 기독교 변증가. 뉴욕시 리디머 장로 교회(Redeemer Presbyterian Church)의 설립 목사이다. 펜실베이아 알렌타운에서 태어났고, 고든 콘웰 신학교, 버크넬대학교, 웨스터민스터 신학교에서 목회학 박사를 받았다. 여러 도시에 교회들을 개척하고, 도시문화 속에서 신앙생활을 하는데 도움이 되는 책, 자료들을 출판하는 「리디머시티투시티」(Redeemer City to City)의 이사장을 맡고 있다. 그는 10년이 넘는 기간 동안 48개 도시에서 250개의 교회를 개척했다. D.A. 카슨과 함께 2005년에 복음 연합을 세워 차세대의 목회자들을 훈련시키고 있다. 현재 그는 존 파이퍼와 더불어 '가장 영향력 있는 목회자'로 인정받고 있다.

2. **정윤경:** 현재 가톨릭대학교 심리학과 교수로 재직하면서 학생을 가르치며 연구를 병행하고 있다. 서울대학교 심리학과에서 학사 및 석사를 공부했으며, 심리학을 더 공부하고자 미국 시카고대학교 대학원에서 발달심리학 박사를 취득했다. EBS 다큐멘터리 「학교란 무엇인가─칭찬의 역효과」 편에서 부모들에게 큰 반향을 불러일으켰던 내용을 그대로 담은 『내 아이를 망치는 위험한 칭찬』으로 많은 부모에게 칭찬에 대한 오해와 진실을 알렸다. 그밖에도 EBS 교육프로그램 「생방송 부모」, 「아이Q」, 「동기」, 「정서 지능」, 「마더쇼크」 등에 아동심리 전문가로 출연한 바 있으며 저서로는 『내 아이를 망치는 위험한 칭찬』, 『아이를 크게 키우는 말 VS 아프게 하는 말』, 『아이를 키우는 행복한 잔소리』 등이 있다.

3. **정재훈:** (1963년~) 서울여자대학교 사회복지학과 교수. 서울대학교 문학사, 문학석사학위 취득. 독일 트리어대학교에서 '여성의 이익 관점에서 본 독일연방공화국 사회정책 발달'이라는 주제로 1999년 박사학위를 받았다. 저서로는 『저출산, 고령사회와 그 적들』, 『양성평등의 불편한 진실: 한국형 복지국가의 토대를 찾아서』가 있다.

4. **데이비드 올슨:** (David H. Olson) 미네소타 주립대학교 석좌 교수. 생활 혁신 연구소 회장. 미국가족학회 회장으로 역임 중이며 미국심리학회, 미국 가족치료 학회 연구위원, 임상 회원이다. '결혼과 가족치료' 분야에서 세계적인 권위자이며, 25권의 저서와 100편 이상의 연구 논문을 출판했다. 「라이프이노베이션 연구소」의 설립자이자 CEO로 30년 넘게 기관을 운영하고 있다.

5. **이호선:** 정신건강의학과 전문의. 현재 한양대학교 의과대학 정신건강의학과 외래교수이자, 서대문 '봄 정신건강의학과의원' 원장이다. 대한조현병학회 특임이사, 한국정신병심리치료학회 특임이사를 맡고 있다. 「정신의학신문」에 '부모의 심리학'과 '가족의 심리학'이라는 칼럼을 연재했다.

6. **폴 트루니에:** (Paul Tournier, 1898년 5월 12일~1986년 10월 7일) 스위스 제네바의 내과 의사, 정신의학자. 제1차 세계대전 이후, 오스트리아에 국제 적십자사의 대표로 파견되어 전쟁 포로들의 본국 귀환을 위해 일했다. 그는 의학기술과 인간에 대한 이해, 그리고 종교가 결합할 때 전인적 치유가 일어난다고 말하며 '인격 의학'을 주창했다. 또 심리학과 성경적 통합을 시도했고, 환자를 인격적으로 대하고 치료했다. 주요 저서로는 「고독」, 「고통보다 깊은」, 「모험으로 사는 인생」, 「비밀」, 「서로를 이해하기 위하여」, 「여성, 그대의 사명은」, 「죄책감과 은혜」 등이 있으며, 그의 생애와 사상을 조명한 책으로는 게리 콜린스의 「폴 투르니에의 기독교 심리학」이 있다.

7. **맥스웰 몰츠:** (Maxwell Maltz, 1899년 3월 10일~1975년 4월 7일) 컬럼비아 대학교에서 의학 박사 학위 취득. 성형외과 의사로 수많은 상담과 수술을 하면서 사람들에게 절실한 것은 왜곡된 내면의 자아 이미지를 바꾸는 '마음의 성형 수술'이라는 사실을 깨닫고 자아 혁명을 위한 프로그램을 창안하는 데 몰두했다. 강연과 세미나 상담 사례집, 오디오와 비디오테이프 등을 남겼고, 현재 이 유산들은 사이코사이버네틱스 재단(the Psycho-Cybernetics Foundation)에서 연구되고 있다. 그의 저서로는 「새로운 얼굴, 새로운 미래」, 「피그말리온 박사」 등이 있다.

8. **오스왈드 챔버스:** (Oswald Chambers, 1874년 7월 24일~1917년 11월 15일) 20세기 스코틀랜드 침례교회 목사이며 교사. 10대 때 찰스 스펄전의 설교를 듣고 회심했고, 이후 에든버러대학에서 예술과 고고학을 공부했다. 그러나 부르심을 받고 더눈대학에서 신학을 공부한 후 목사가 되었다. 그는 1906년부터 1910년까지 미국과 영국, 일본 등을 순회하며 성경을 가르치는 사역을 했다. 1915년 10월에 그는 YMCA 소속 목사로 이집트의 자이툰(카이로 근처)으로 가서, 그곳에 주둔해 있던 호주와 뉴질랜드 군대를 위해 목회 사역을 했다. 그러던 중 맹장이 파열되어 수술을 받은 후에 1917년 11월 15일에 하나님의 부름을 받았다. 비록 그는 43세의 젊은 나이에 생을 마감하였지만, 그가 기독교 역사에 남긴 흔적은 참으로 놀랍다. 특별히 『주님은 나의 최고봉』은 출간 이후 전 세계적으로 사랑을 받으면서 기독교의 고전으로 자리 잡았다.

7장

1. **본 회퍼:** 디트리히 본 회퍼(독일어: Dietrich Bonhoeffer, 1906년 2월 4일~1945년 4월 9일) 독일 루터교회 목사이자, 신학자이며, 고백교회의 설립자 중 한 사람이다. 반 나치운동가로써 아돌프 히틀러를 암살하려는 계획에 가담하였다. 1943년 3월 체포되어 감옥에 갇혔고, 결국 독일 플로센뷔르크 수용소에서 1945년 4월 교수형에 처해졌다. 주요 저서로는 『나를 따르라』, 『신도의 공동생활』, 『행위와 존재』, 『윤리학』, 『저항과 복종』 등이 있다.

2. **괴테:** 요한 볼프강 폰 괴테(Johann Wolfgang von Goethe, 1749년 8월 28일~1832년 3월 22일) 독일 프랑크푸르트 암마인 태생. 왕실 고문관인 아버지 요한 카스파르 괴테와 프랑크푸르트암마인시장의 딸인 어머니 카타리네 엘리자베트 텍스토르 사이에서 태어났다. 독일의 고전주의 성향 작가, 철학자, 과학자. 바이마르 대공국에서 재상직을 지내기도 하였다. 근현대 독일의 가장 위대한 문인으로 여겨질 뿐 아니라 서양 철학과 문학을 논

할 때 절대 빼놓을 수 없는 인물이다. 궁정극장의 감독으로서 경영·연출·배우 교육 등 전반에 걸쳐 활약했다. 1806년에 『파우스트』 제1부를 완성했고, 1831년에는 제2부를 완성했다. 연극 분야에서는 셰익스피어 뿐만 아니라 프랑스의 고전 작가들을 평가했고 그리스 고전극의 도입을 시도하였다. 자연과학 분야에까지 방대한 업적을 남겼다.

3. **로렌스 크렙:**(Lawrence J. Crabb, 1944년 7월 13일~2021년 2월 28일) 기독교심리학자로서 성경적 방법으로 상담을 시도했다. 1965년 미국 얼시너스(Ursinus) 대학에서 심리학을 전공, 1969년에 일리노이(Illinois) 대학교에서 임상심리학(Clinical Psychology)을 전공하여 문학박사(M.A.), 철학박사(Ph.D.)학위 취득 후 1971년까지 일리노이대학교 심리학과에서 조교수를 역임. 1973년부터 1982년까지 10년 동안 플로리다주 보카레톤(Boca Raton, Florida)에서 독자적으로 상담소를 운영하다가 1982년부터 1989년까지 그레이스(Grace Theological Seminary)신학교에서 성경적 상담학부 학장을 역임했다.

4. **수잔 존스:** (Susan M. Johnson, 1947년 12월 19일~) 관계 회복 심리학자. 정서중심치료 분야 권위자로 캐나다 오타와 대학교 임상심리학과의 명예교수이자, 미국 샌디에이고 얼라이언트 대학교에서 결혼과 가족치료의 연구교수이며, EFT 국제센터(www.iceeft.com)의 센터장이다. 미국 '결혼과 가족치료학회(Marriage and Family Therapy)'가 수여하는 '부부와 가족치료 분야 탁월한 기여 상(Outstanding Contribution to Marriage and Family Therapy Award)'과 '미국 가족치료 학회(American Family Therapy Academy)'가 수여하는 '가족치료 연구 분야의 뛰어난 기여 상(Distinguished Contribution to Family Therapy Research Award)'을 수상했다. 현재 커플과 가족 중재 및 애착과 유대 분야의 전문가들을 훈련하고 있으며, 미국과 캐나다의 군대, 미국 재향군인부(Department of Veterans Affaris), 및 뉴욕시 소방국을 포함한 수많은 기관들에게 컨설팅을 제공하고 있다. 주요 저서로『날 꼬옥 안아줘요(Hold me tight)』가 있다.

5. **토마스 아퀴나스:** (St. Thomas Aquinas/ Fr. Thomas Aquinas OP, 1225
   년~1274년 3월 7일) 도미니코회 수사 신부로서 중세 기독교의 대표적 신
   학자이자 스콜라 철학자, 토마스 학파의 창시자이며 교회 학자 35명 중 한
   명이다. 주요 저서로는 『신학대전』(Summa Theologica), 『대이교도대전』
   (Summa contra Gentiles), 『명제집 주석』이 있다.

6. **노희경:** (1966년 3월 21일~) 드라마 작가. 대표적인 작품으로 『그들이 사
   는 세상』과 『꽃보다 아름다워』, 『세상에서 가장 아름다운 이별』, 『그 겨울,
   바람이 분다』, 『괜찮아, 사랑이야』, 『디어 마이 프렌즈』, 『라이브』 등이 있다.
   그 외에도 여러 에세이집을 펴냈고 이전에 없었던 장르인 '읽는 드라마'를
   개척했다. 그녀는 지금도 하루에 8시간 이상 글을 쓰며, 글과 삶이 하나가
   되기 위해 사회봉사를 하고 있으며, 책의 수익금을 기부하고 있다.

7. **데일 카네기:** (Dale Harbison Carnagey, 1888년 11월 24일~1955년 11
   월 1일) 미국의 작가이며, 자기계발서를 최초로 펴냈다. 대표적인 저서는
   1936년에 쓴 『인간관계론』이다. 이 책은 미국에서만 1,500만 부 이상, 전
   세계에서 6,000만 부 이상 판매되었다. 그는 이후 '인간관계', '소통', '리더
   십', '성공' 등의 주제로 대중강연을 열었고 많은 사람들에게 인기를 얻어
   '데일카네기트레이닝'을 설립해 성인교육의 역사를 시작했다. 그 외 주요
   저서로는 『자기관리론』, 『성공대화론』 등이 있다.

8. **존 웨슬리:** (John Wesley, 1705년 8월 31일~1791년 8월 31일) 영국과
   미국의 감리교 창시자다. 영국국교회(Church of England)에서 안수를 받
   았으며 신학자, 사회운동가이다. 사역과 저술은 감리교의 활동만이 아니라
   19세기 성결 운동과 20세기 오순절 운동 및 기독교 사회복지 운동에 큰 영
   향을 끼쳤다. 웨슬리는 그리스도인 내면에 하나님의 사랑이 깊게 자리한
   다면, 이를 바깥으로 표출하여 사회적 성화를 이루어야 한다고 역설하였
   다. 주요 저서로는 『그리스도인의 완전』, 『존 웨슬리의 일기』 등이 있다.

9. **피터 마샬:** (Peter Marshall, 1920년 5월 27일~1949년 1월 26일) 스코틀

랜드 태생. 24세가 되던 때에 미국으로 이민을 가 신학을 한 뒤 장로교 목사가 되었다. 1947년, 미국 상원 소속 목사로 임명되면서 이름이 널리 알려졌다. 그의 저서로는 『종교개혁』이 있다.

10. **H. A. 텐 :** 이폴리트 아돌프 텐(Hippolyte Adolphe Taine, 1828년 4월 21일~1893년 3월 5일) 프랑스의 철학가, 사상가, 역사가이다. 실증주의 철학에서 존경받는 사람이다. 대표작으로 『지성론』, 『예술철학』, 『19세기 프랑스 철학자들』, 『현대 프랑스의 기원』 등이 있다.

8장

1. **프로이트:** 지그문트 프로이트(Sigmund Freud, 1856년 5월 6일~1939년 9월 23일) 오스트리아 심리학자이자 철학자, 정신과 의사이자 정신분석학의 창시자이다. 무의식과 억압의 방어 기제에 대한 이론, 환자와 정신분석자의 대화 통하여 정신 병리 치료하는 '정신분석학적 임상 치료 방식'을 창안했다. 정신분석학계에 자유연상을 제안한 것 역시 그의 업적이다. 주요 저서로는 『꿈의 해석』이 있다.

2. **알프레더 아들러:** (Alfred Adler, 1870년 2월 7일~1937년 5월 28일) 오스트리아 빈 출신으로 의사, 정신의학자, 심리치료사, 개인심리학의 창시자. 프로이트의 원인론적 분석에서 탈피하여 목적론적 분석을 기반으로 자신만의 학설을 세웠다. 대표적으로 '개인심리학'이다. 이 학설은 신프로이트 학파에 큰 영향을 끼쳤다. 1차 세계대전 이후 오스트리아 빈에서 정신병원을 개원했으나, 유대인이라는 이유로 나치당에 의해 1932년에 강제 폐쇄당했다. 이후 1934년에 미국으로 이주하여 롱 아일랜드 의과대학의 교수직을 맡았다. 주요 저서로 『신경쇠약의 특색에 관하여(Uber den nervosen Charakter)』, 『개인심리학의 이론과 실제(The Practice and Theory of Individual Psychology)』, 『삶의 과학(The Science of Living)』, 『인간 본성의 이해(Understanding Human Nature)』 등이 있다.

3. **윌리엄 로우:** (William Law, 1686년~1761년 4월 9일) 영국 노샘프턴셔 주의 스탠포드 근처의 마을 킹스 클리프 태생. 1708년 캠브리지 대학 학사, 석사학위를 취득했으나, 조지 1세 왕위의 충성 서약을 거절함으로 캠브리지 교우회에서 제명당했다. 그의 저서인 『경건한 삶을 위한 엄숙한 부르심(A Serious Call to a Devout and Holy Life)』은 많은 이들에게 큰 영향을 미쳤다.

4. **토마스 아 켐피스:** (Thomas a Kempis, 1380년~1471년 7월 25일) 15세기 독일의 수도자. 13세가 되던 해에, 네덜란드의 데벤터에 있는 공동생활 형제단 학교에 들어갔다. 거기서 근대 경건 운동의 핵심 인물이었던 플로렌스 라데빈스 아래에서 경건을 익혔다. 그는 가톨릭뿐 아니라 개신교에도 영향을 끼친 인물이다. 1392년에 네덜란드로 유학을 떠났고, 1399년 아우구스티노 수도회에 입회했다. 그리고 1413년에 사제 서품을 받아 신부가 되었으며, 1425년에는 수도원의 부원장이 되었다. 수도회에서 주로 수련 수사들을 교육하는 일을 맡았고, 설교와 저술 활동에 주력했다. 주요 저서로는 『준주성범』 또는 『그리스도를 본받아』가 있다.

9장

1. **아인슈타인:** 알베르트 아인슈타인(Albert Einstein, 1879년 3월 14일~1955년 4월 18일) 독일에서 태생. 역사상 가장 위대한 이론 물리학자로 널리 알려져 있다. 양자역학을 발전시켰으며, 상대성 이론을 개발해 현대 물리학 발전에 기여했다. 21세기에 증명되었던 중력파를 100여 년 전부터 예측을 하는 등의 지대한 영향력을 끼쳤다. 또한 그는 1921년 '이론 물리학에 대한 공로와 광전 효과 법칙의 발견'으로 양자 이론 발전의 중추적 단계에 관한 공로로 노벨 물리학상을 받기도 했다. 천재의 상징, 천재의 표본으로 임명받았으며, 타임지는 20세기를 대표하는 세기의 인물에서 아인슈타인을 선정했다.

2. **마틴 루터:** (Martin Luther, 1483년 11월 10일~1546년 2월 18일) 독일의 종교 개혁가. 아우구스티누스 수도회의 수도사이며 비텐베르크 대학교의 교수였던 그는 1517년 10월 31일 로마 가톨릭교회의 부패와 타락을 비판하는 내용의 95개조 반박문을 발표하고, 오직 성경(sola scriptura), 오직 은혜(sola gratia), 오직 믿음(sola fide)을 강조함으로써 종교개혁을 촉발시켰다. 로마 가톨릭교회의 면죄부 판매가 회개 없는 용서, 거짓 평안(예레미야 예언자의 가르침을 인용)이라고 비판했으며, 믿음을 통해 의롭다 함을 얻는 '이신칭의'를 주장했다. 주요 저서로는 『로마서 강의』, 『그리스도인의 자유에 대하여』, 『탁상담화』, 『노예의지론』 등이 있다.

3. **이영식:** 서울대학교 의과대학 졸업, 대한 소아청소년 정신의학회 이사장, 한국 중독 정신의학회 회장들을 역임. 소아청소년 정신장애, 중독 장애 분야에서 활발한 학술 활동을 하였고, 연구 업적을 크게 인정받았다. 대표적인 저서로는 『우리 아이 마음에 무슨 일이 생긴 걸까』가 있는데 그는 이 책을 통해 "문제 아이는 없고, 문제 어른만이 있다는 말처럼 아이의 행동은 부모에게 책임이 있는 것이고, 문제 행동 치료 또한 어린이와 부모가 함께 받아야 한다"라고 이야기하고 있다.

4. **피터 핸슨:** (Peter J. H. Jones, 1947~) 캐나다 출신의 예방의학자. 현재 하버드 대학교 의과대학 예방의학 교수. 과체중, 비만, 대사증후군, 당뇨병 등 만성질환의 예방과 치료를 위한 다양한 연구를 수행하고 있으며, 건강한 생활습관을 연구하는데 몰두하고 있다. 캐나다를 아울러 미국과 유럽 전역에서 스트레스 관리에 관한 강연을 펼치며 왕성하게 활동하고 있으며, 「The Peter J. H. Jones and Brenda Jones Nutrition Scholarship」 등의 재단을 설립하여 적극적인 자선활동을 하며, 건강한 식습관과 운동을 통한 건강 증진을 장려하고 있다. 주요 저서로는 『Stress Management for Wellness』, 『The Winning Way in Health Care』 등이 있다.

5. **에미 워너:** (Emmy E. Werner, 1929년 5월 26일~2017년 10월 12일) 어린이의 위험과 회복력에 대한 연구로 유명한 미국의 발달 심리학자. 삶의

어떤 경험과 사건들이 훗날의 질병 및 사회적인 부적응, 성격의 결함, 우울증, 정신질환 등을 만들어 내는지에 대한 구체적인 연구를 지속해 왔으며, 인간관계에 있어 끼쳐지는 악영향력에 대해서도 연구를 해왔다. 이러한 목적으로 전체 연구 대상 중 가장 열악한 환경에서 자란 아이들을 중점적으로 연구하면서 구체적인 인간관계를 연구했다. 이 연구를 통해 아이들에게 있어 고난을 이겨내는 유사한 속성이 있음을 발견했는데, 그러한 원동력을 일컬어 '회복탄력성(resilience)'이라 불렀다.

6. **가타다 다다미:** (片田珠美, 1961~) 일본에서 활발히 활동하고 있는 정신과 의사. 임상 경험을 바탕하여 범죄 심리와 마음의 병에 관한 구조를 분석하고 있으며, 사회 문제에 대해서도 심혈을 기울여 사회 근저에 숨어 있는 구조적인 문제들을 연구하고 있다. 주요 저서로는 『나를 미치게 만드는 사람들』, 『철부지 사회』, 『왜 화를 멈출 수 없을까』, 『나쁜 상사 처방전』 등이 있다.

10장

1. **리 하비 오스왈드:** (Lee Harvey Oswald, 1939년 10월 18일~1963년 11월 24일) 미국의 제35대 대통령을 지낸 존 F. 케네디의 암살범으로 지목되는 인물이다.

2. **비버:** 조지 W. 비버(George W. Beavers) 20세기 후반에 미국의 가족학 분야에서 활동한 인물이다. 텍사스 대학교, 펜실베이니아 주립대학교, 미국 행정대학교 등에서 교수 생활을 하면서 가족학 분야에서 많은 연구를 진행하였다. 그는 인간의 생애주기(life cycle) 관점에서 가족 구성원 간 상호작용과 가족체계의 성격에 관한 문제를 분석하고, 건강한 가정의 특성에 대해 연구하였다. 그는 건강한 가정의 8가지 요소를 제시하였으며, 이는 가족학 분야에서 매우 영향력 있는 연구 중 하나로 평가되고 있다. 그의 연구와 이론은 지금까지도 가족학 분야에서 많은 인용과 참고를 받고 있다.

〈위키백과 등 참조〉

이 책의 각 장을 읽으면서 받은 은혜와 감사,
또는 기도 제목을 적어 봅시다.

1. 독을 품은 부모, 복을 품은 부모

2. 역기능 가정의 치유

3. 가족 우울증의 뿌리를 뽑아라

4. 상처의 터에서 성장의 터로

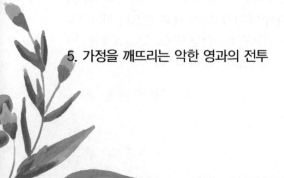

5. 가정을 깨뜨리는 악한 영과의 전투

① 자녀를 위한
무릎 기도문

② 가족을 위한
무릎 기도문

③ 태아를 위한
무릎 기도문

④ 아가를 위한
무릎 기도문

⑤ 십대의
무릎 기도문

⑥ 십대자녀를 위한
무릎 기도문

⑦ 재난재해안전
무릎 기도문
〈자녀용〉

⑧ 재난재해안전
무릎 기도문
〈부모용〉

⑨ 남편을 위한
무릎 기도문

⑩ 아내를 위한
무릎 기도문

⑪ 워킹맘의
무릎 기도문

⑫ 손자 / 손녀를 위한
무릎 기도문

⑬ 자녀의 대입합격을 위한
부모의 무릎 기도문

⑭ 대입합격을 위한
수험생 무릎 기도문

365 일 자녀축복
안수 기도문

A1 태신자를 위한
무릎 기도문

A2 새신자
무릎 기도문

A3 교회학교 교사
무릎 기도문

A4 선포 (명령)
기도문

보다 자세한 내용은
QR코드로 만나세요!

이순희 목사의
시대적 메세지

『 복음과 인생설계 』, 2022
나침반, 이순희

『 복음과 내적치유 』, 2022
나침반, 이순희

『 복음과 영적전쟁 』, 2021
나침반, 이순희

이순희 작사 & 작곡 찬양집
영혼을 살리는 찬양 1,2,3권 발간
"2023/05 영혼을 살리는 찬양 4권 출간 예정"

망망한 바다 한가운데서 배 한 척이 침몰하게 되었습니다.
모두들 구명보트에 옮겨 탔지만 한 사람이 보이지 않았습니다.
절박한 표정으로 안절부절 못하던 성난 무리 앞에 급히 달려 나온 그 선원이
꼭 쥐고 있던 손바닥을 펴 보이며 말했습니다.
"모두들 나침반을 잊고 나왔기에…"
분명, 나침반이 없었다면 그들은 끝없이 바다 위를 표류할 수 밖에 없을 것입니다.

우리는 삶의 바다를 항해하는 모든 이들을 위하여
그 나침반의 역할을 하고 싶습니다.
우리를 구원하신 위대한 주 예수 그리스도를 널리 전하고 싶습니다.

"하나님은 모든 사람이 구원을 받으며
진리를 아는 데에 이르기를 원하시느니라"
(디모데전서 2장 4절)

복음과 가족치유

지은이 │ 이순희 목사
발행인 │ 김용호
발행처 │ 나침반출판사

제1판 발행 │ 2023년 6월 1일

등   록 │ 1980년 3월 18일 / 제 2-32호
본   사 │ 07547 서울특별시 강서구 양천로 583
         블루나인 비즈니스센터 B동 1607호
전   화 │ 본사 (02) 2279-6321 / 영업부 (031) 932-3205
팩   스 │ 본사 (02) 2275-6003 / 영업부 (031) 932-3207
홈   피 │ www.nabook.net
이   멜 │ nabook365@hanmail.net

일러스트 제공 │ 게티이미지뱅크/freepik
디자인 │ 김한지/나침반
그림 │ 최은주 작가

ISBN ISBN 978-89-318-1653-2
책번호 나-1040

값은 뒤표지에 있습니다.